近代日本金融史要（明治大正編）

近代日本金融史要（明治大正編）

創業・戦勝・国際化

明石照男
鈴木憲久

書肆心水

本書について

本書二巻は、明石照男・鈴木憲久共著、東洋経済新報社刊行『日本金融史』第一巻（明治編、一九五七年刊行）第二巻（大正編、一九五八年刊行）第三巻（昭和編、一九五八年刊行）三巻全体の圧縮版である。

章全体を省いた場合、各章内で一つか複数の節を省いた場合、注、備考、付記、集計表や資料を省いた場合がある。この省略により全体の分量を圧縮し、読み物的な体裁に近づけた。章節を省略した版であるので、章節の番号は削除した。章か節の全体を省いたところには「＊省略章」「＊省略節」と印し、省いた章節のタイトルを［ ］で括って示した。表や文章を部分的に省いたところは特にそれと示していない（「次巻」を「次編」などに書きかえたところも同様）。元の本で注の体裁になっているものを生かした場合は、＊印を付したうえで括弧入れして本文に繰り込み、小活字を使用することを避けた（付記も同様）。巻末に一括して収められている資料類は全て省いている。

なお、本書では以下の表記調整をおこなっている。⑴送り仮名を現代的に加減調整したところがある（伴って「々」を使用したところがある）。⑵語句の表記ゆれを統一的に処理したものがある。⑶読み仮名ルビは選択的に採用し、多少の読み仮名ルビを新たに加えた。⑷読点を補ったところが多少ある。また読点と中黒点を相互に調整したり中黒点を省いたりしたところも多少ある。⑸ごく一部の片仮名語を現代的な表記におきかえた（例、スタムプ→スタンプ）。⑹引用文の表記は元の本のままである（読み仮名ルビの付加を除く）。⑺書肆心水による注記は［ ］で括った。

目次

明治編

（大正昭和編）　震災・恐慌・総力戦

承前大正編

関東大震災と善後施設
整理時代における財界の大勢
金融機関の整備改善

昭　和　編

震災手形善後処理
金融恐慌
金解禁および金再禁
準戦時体制下の金融界
日華事変期の金融界
太平洋戦争と金融界
終戦後の金融界

附録　各巻序文類

近代日本金融史要（明治大正編）

創業・戦勝・国際化

明治編

維新前後の通貨金融情勢

江戸幕府時代の経済事情

明治維新は、明治時代の通俗用語をかりるならば、たしかに「御一新」であった。ことに四年〔1871〕七月十四日の「廃藩置県」によって、従前の封建的地方分権の割拠体制が廃止されるとともに、府県制による中央集権的統治の新機構が「朝廷」の下に確立されたことは、とにかく「庶政一新」の第一歩を踏みだしたものと認められる。そんなわけで、明治維新は、政治的改革に関しては比較的にはっきりとした史的区画を描いた一方では、翌五年〔1872〕の断髪および帯刀禁止令により、チョンマゲや大小の刀が影をひそめたなど、社会的にも生活様式を一変したという意味で、「王政復古」の讃歌は同時に「文明開化」のスローガンと両立し得たのであった。

一　外来文化とその経済的影響

だが、経済界の「維新」は、こうした政治的、社会的変革とは必ずしも歩調をあわせなかった。もちろん革新の機運はどこかにその萌芽を現さずにはいなかった。たとえば維新に際し、明治元年〔1868〕（慶応四年に当る）に渋沢栄一が駿府（今日の静岡市）において合本《がっぽん》組織（今日の株式と同様の趣旨による企業体制）による「商法会所」（為替、金融、倉庫などの諸事業を兼ね営んだ商社）を開設したようなのは特筆に値するものであったが、もっとも、この商社ならびにこれに類する他の商社も、開設後、間もなく閉業して他に同業者の後をつぐものがなかったので、いわゆる維新経済史を彩る一こまとしての同会所の存在は、一般からは比較的に閑却されているような感じがある。

顧みれば、江戸幕府時代を通じてその末期までに、わが国に輸入された西洋または中国の文物制度の主なものとしては、もっぱらオランダ人により、わずかに医学、砲術の一端を伝えられた外、長崎でオランダおよびシナと多少の貿易が行われ、それによって受け入れたものくらいであった。幕末時代に至って進歩的な藩のうちには、多分に試験的な意味もあって紡績業を経営したものがあったが、永続しないままに立ち消えとなった。かような状態のもとに、旧幕時代にあっては、これらの外来文化がわが国の経済一般に寄与し、又はその発達を促した影響はほとんど見るに足るものがなかったといってよい。

いうまでもなく旧幕時代におけるわが国の最重要な産業は農業であって、商工業の如きは、はるかにその下位に見くだされていた。しかも、その商工業の主なものは「座」「組合」又は「株仲間」と称する特殊の協同体に従属し、一定の制約に服することになっていて、自由にこれを営むことはできなかった。かくて幕府も諸藩も各領内の主要物産に対しては、それぞれに専権を握り、土地の譲渡は禁制され（五年〔1872〕二月十五日、田畑の永代売買禁止が解かれた）、そうした条件の下に職業は世襲を原則とするというふうに、すべてが干渉制度の下に束縛されていたのである。

だから金融に関する業務などは、幕府または諸藩の支配者に従属していた少数の富豪の手に占められ、今日の意味における金融機関や、したがって金融業は存在しなかったと認めざるを得ない。しかも、そうした事情のところへ明治維新という大変革に遭遇したため、ことに金融はその急激な衝動を受けて、一時はさながら逼息状態に陥り、特に金融の基調とも見なされる通貨制度は混乱して、まったく新たに、これが立てなおしを図るより外はなかったのである。だから明治の金融史を述べるには、是非とも一応、維新前後にわたる幣制および通貨事情について、その要点だけは概説しておかなければならない。

二　幣制および通貨事情

江戸幕府時代の通貨に関する基本的事情として特に著しい現象は、何といっても通貨が全国的共通性又は統一的制度をもたなかったことである。ことに「江戸は金、大阪は銀」といわれていたように、この東西二大市場の諸取引は、通貨の基本的単位をそれぞれ金または銀勘定によるような傾向が自然に常態化され、それにともなって金、銀の比価の変動を目標とする投機取引が行われていたほどであるが、基本的単位とされていたものは金貨の「両」であって、その四分の一が「一分《ぶ》」、その又四分の一が「一朱《しゅ》」と呼ばれ、銀貨は定位貨幣の外は秤量して用いられ、一匁をもって単位とした。金、銀貨の外には、いわゆる銭（ぜに）があって、その最低が一文《もん》、千文が一貫、六百二十五文が一朱に当る勘定であった。かような貨幣制度を根拠として、各地に藩札《はんさつ》といわれた各藩それぞれの紙幣が流通していたが、その流通範囲は主として各藩それぞれの領内に止まっていた。

　こうした貨幣制度のもとに金融に関する機関としては、幕府のために租金（税金のこと）を預かり、為替をもって上納することを任務とした御用為替組、また旗本、家人や諸藩士などのために金融や為替の業務を営んだものに、江戸の札差《ふださし》、大阪の蔵元、銀掛屋、御用達《だし》があり、その外、東西両都に金、銀、銅の各貨幣の交換を本業とする本《ほん》両替の外に銭両替などがあって、特に江戸の越後屋（後の三井組）小野組、大阪の天王寺屋、平野屋、鴻池屋、泉屋（後の住友）など、いわゆる十人両替は本両替のうちでも特に有力なものであった。これらの金融関係業者のうちでも、比較的に恵まれていたのは御用商人としての立場にあったものたちで、かれらは預かった公金を利用し、それを民間に貸付けて利息を産みだすのを常としていた。

　だが、これらは、すべて、広く公衆から預金を受け入れ、貸付または割引の方法によって他に資金を融通することにより、あまねく金融の調達に寄与するというような仲介的または媒介的機能はまったく持っていなかったから、したがって、前に述べたように、今日いうところの金融業者と認められるものではなかった。たとい一部の商工業者を取引の相手とし、又同業者の間では浮《うき》為替および置《おき》為替という今日の割引および代金取立のような習慣もあるにはあったが、実体はむしろ幕府または各藩に隷属していた金融御用達とでも称すべきものと見てよかろう。

　しかしながら幕末になると、幕府或いは多くの諸藩が、ようやく財政難に陥るにともなって、幣制はだんだんと乱れ、信用取引がますます困難になってきたところへ、維新という大変革に遭遇したので、旧来の金融組織はほとんど崩壊し、越後屋および小野組など二、三の有力業者が、かろうじて難局を凌ぎ得たのを除く外、江戸、大阪を通じて、同業者は大部分が没落してしまった。しかも明治の新政府としては、旧来の封建的保護干渉政策を廃止したにもかかわらず、民間では、いまだ旧制度に代わるべき何らの新組織も起生するに至らなかったので、経済界は一時、さながら混乱の状態に陥ったのである。折あしくも明治元年〔1868〕および二年と打ちつづいた非常の凶作によって、民生の苦難は深刻なものがあったにもかかわらず、会津その他、東北方面の戦雲はまだおさまらないというありさまで、商工業のこうむった打撃は実にその極に達したのであった。

維新当初の幣制および通貨事情

だが、維新直後におけるこうした混乱状態のうちにも、当時の朝廷や民間の識者たちは決して難局を傍観していたわけではない。何よりも、まず外国に対して国威の発揚を図らなければならないが、それには強兵と富国とが不可分的に不可欠の要件とされた。というよりも、強兵のためには富国を前提とせざるを得ないという意味において、「富国強兵」は期せずして官民一致の国是とされ、かくて文明開化と富国強兵とは明治日本の国運を推進する左右の翼となり、行く手を示す二大スローガンともなって、当面の国策を規定しつつ進んできたのである。

だから、通貨金融に関する制度にしても、わが国ではヨーロッパやアメリカの諸国におけるように、必ずしも経済界の当然の必要または必然の社会的状勢に促されてできたのではなく、むしろ、その多くが主として新政府の当局者や民間の指導者たちによる積極的意図に基いて、諸産業よりも先行的に創始されたと見る方が適切であると思う。

一　金銀複本位で実際は銀貨国

すでに述べたように、通貨金融に関する制度は明治維新により、まったく中断されたといってよい。それは混乱というよりも、むしろ一時、空白状態を現出したように認められる。後に述べる通り、新政府は元年閏（旧暦による。新暦の六年一月一日に大陰暦すなわち旧暦を改めて太陽暦すなわち新暦を採用することになり、旧暦の五年十一月三日が六年一月一日となったものである）四月に商法司《し》という官庁を設けて、財政経済上の施設に当らしめることになったが、何よりも急務に属したのは通貨制度を確立することであって、ことにそれは全国的統一を目ざしつつ、同時に財政上の必要をも充たさなければならないという一石二鳥をもくろみたものであった。

かような意図の下に、これより先、明治元年［1868］（慶応四年）新政府に会計事務掛、つづいて会計事務局判事に任命された由利公正（前の福井藩士、三岡八郎）の財政策により、新政府は元年［1868］五月、後述の太政官札（金札）を発行したのに引きつづいて、翌二年五月には、金札を五年［1872］までに新貨に兌換する旨を布告し、新貨幣鋳造のことを決した。それは本位貨を一円銀貨として十進法によるものとし、太政官（今の内閣に相当する）の裁定の下に、同年十一月から鋳造を開始した。*（*二年［1869］二月十二日に造幣局を設置して、従前の造幣所「金座」および「銀座」を廃止した。）

しかるに、そうしたおりから、かねて財政経済事情を研究するためにアメリカ合衆国へ派遣されていた大蔵少輔伊藤博文から、同年十二月づけの意見書が到達して、金貨本位制度の採用方を建白してきた。その主旨はヨーロッパおよびアメリカの諸国を通じて、金本位制はようやく世界的常態となろうとしているから、わが国としても今からこの大勢に順応するが得策であるというのであった。

そこで太政官はこの建白に基いて金貨本位制度を採用することになり、四年〔1871〕五月十日に「新貨条例」を布告して、金本位制を採用することになり、二十円、十円、五円、二円および一円の各金貨（品位いずれも九百位）の外に、補助貨として一円（品位九百位）、五十銭、二十銭、十銭および五銭（品位いずれも九百位）の銀貨を制定した。もっとも、このうちのいわゆる円銀だけは原則として開港場（神奈川、兵庫、長崎、新潟および函館）に限り無制限の通用を許すこととし、ただし談合または示談によっては、いずれの地方でも自由に通用勝手ということになっていた。

ところが、新貨条例による品位から算出すると、金と銀との比価は一対十三・二という割合になっていたが、当時の市場相場は一対十五ないし十六の間にあったから、特に円銀だけは他の銀貨よりも純分量目を割り増して、一円金貨に対する円銀の比価を一円一銭の割合としたものであった。この円銀を流通させた目的は、当時わが国に多額の墨《ぼく》銀（メキシコ・ドル銀貨）が流入していたのに対抗して、貿易金融を円滑ならしめようとすることにあったが、その後、八年〔1875〕頃から銀価の下落がようやく甚だしくなり、翌九年七月には金一に対して銀二十という暴落の底を入れたのである。

かように事実上は無制限に通用していた円銀が暴落した関係上、海外で割安な墨銀は、円銀安、したがって国内的に割安な金貨と交換され、金貨の流出がおびただしくなったので、政府は十一年〔1878〕五月二十七日の布告をもって貿易銀の通用区域の制限（事実は無制限と同様になっていた）および支払高に対する制限を撤廃したのに引きつづき、同年十一月二十六日の布告をもって円銀の一円金貨に対する比価をまったく対等とし、かくて実際には墨銀と同価、同位を持ち合わせることになった。だから、名義上は金貨本位を施行しているとはいうものの、ここで、わが国の通貨制度は、実際には金銀複本位となり、むしろ墨銀と同価、同位の円銀を本位とする銀貨国になったと認むべきである。こうしたいきさつのもとに銀貨国となったわが国の幣制は、後に述べる三十年〔1897〕の金本位制確立まで継続して、それが通貨金融の基礎をなしてきたという次第である。

二　財政の窮乏から不換紙幣の続発

貨幣制度の建設と関連し、むしろ幣制確立事業の一部として、或いは、より困難であったとも想像されるものに紙幣整理という問題があった。

おもうに倒幕、新政府樹立という大事業が一大財力を必要としたであろうことは、むしろ想像の外であったかも知れない。しかも当時の朝廷としては、こうした大事業を遂行するに必要な財政については、ほとんど無力であったといってよい。官軍方としてのいわゆる征討費は、三井組、小野組などの富豪の外に、たとえば由利公正が京阪の富豪から調達したという三百万両、江戸の伊藤八兵衛（伊勢屋）からの借上金（この分だけでも三百数十万両と伝えられる）などによって、とにかくその目的を達することを得たが、新政府としての財政収入を調達するためには、しょせん政府紙幣の発行によって応急の支払を図るより外はなかった。

そこで新政府は治世の手はじめに際し、前に述べたように、まず元年〔1868〕四月十九日の布告をもって同年五月から金札（いわゆる太政官札）を発行することになり、翌二年十二月までに十両、五両、一両、一分、一朱の金札合計（円に換算して）四千八百万円分を発行した外、二年〔1869〕九月十七日以降、一両以上の金札と引き換えに二歩、一歩、二朱、一朱の民部省札を発行して、民間における小額貨幣の欠乏を補うとともに、引き換えられた大札を「截断」して銷却《しょうきゃく》する旨を布告したのである。

だが、何分にも国庫の欠乏はますます甚しくなってきたにもかかわらず、財政収入としては、とうていこれに見合うものはないという窮状にあったので、さきに「截断」することになっていた金札を、不実行のまま再び使用せざるを得なくなった。民部省札の発行は三年〔1870〕十月までに合計七百五十万円分に達したが、引き換えられた金札の大部分が再使用されることになったので、政府紙幣の発行高は通計五千四百五百万円分に達していたということである。そうしているうちにも、国庫の枯渇はいよいよ急迫をつげてきたので、政府は歳入の補充を名とし、翌四年〔1871〕十月十五日には三井組に託して大蔵省兌換証券なるものを発行し、十円、五円、一円の各券を通じて合計六百八十万円を調達したのに引きつづき、五年〔1872〕一月十四日には同じく三井組に託し、北海道の開拓費に充てるという理由をもって、別に十円、五円、五十銭、二十銭、十銭の政府紙幣合計二百五十万円を発行したので、けっきょく、五年〔1872〕までに発行された政府紙幣および兌換証券は累計六千数百万円に上った勘定である。

ところが、これに先だち、四年〔1871〕七月十四日に廃藩置県を実行したのにともなって、従前、各藩の発行していた藩札はすべて新政府の負担に帰することになった。その種類は諸藩を通じて千六百余の多きを数え、しかも紙質、印行ともに甚しく粗悪であったし、また明治政府の紙幣も製造が不完全であったので、政府は三年〔1870〕十月にドイツで百円、五十円、十円、五円、二円、一円、半円、二十銭、十銭の九種の新紙幣を製造させ、四年〔1871〕十二月二十七日の布告をもって旧紙幣はすべてこの新紙幣と引き換えることになった。したがって、さきに二年〔1869〕五月二十八日の布告をもって、五年〔1872〕までに新貨に兌換されることになっていた金札および民部省札はもちろん、大蔵省兌換証券および開拓使兌換証券もまたすべて新紙幣に引き換えられることになった。かくて政府発行の紙幣および証券は、新紙幣の名において、すべて不換紙幣と化しさったのである。

しかるに、前に述べた二年〔1869〕五月の布告による金札は、当時、新政府の財政に対する世間の信用が薄弱であったため、流通が不円滑を免れないような情勢にあった。そこで政府はこの布告と同時に、別の布告をもって、金札の流通期限（五年まで）経過後は年六分の利子を付することとし、その実行方法として金札引換公債証書を発行し、紙幣を引きあげるとともに、この公債証書を抵当として兌換紙幣を発行する銀行を設立することにより、紙幣の整理を遂行するため、五年〔1872〕十一月十五日に国立銀行条例を、次いで翌六年三月三十日に金札引換公債証書条例を発布し、同年七月二十日に第一国立銀行の創立を見たことは後章に述べるような次第である。

為替会社の設立とその業績

一　商法司と通商司

維新に際して、新政府が何よりもまず企図せざるを得なかった「富国」の方策は、いうまでもなく産業および貿易を促進して国富を増殖することであった。それで、当時、国内の統一はいまだ完成されず、しかも百事創始の難局に当面していたにもかかわらず、政府は、前に述べたように元年〔1868〕閏四月に商法司を設立して収税と勧商との事務を司らしめ、一面では財政収入を充足するとともに、他面では政府みずから農工商業に干渉して、民間の経済活動を保護しまた助長しようとした。しかし、この方針をいっそう実状に即応させるためには、なお適当でないというので、二年〔1869〕二月にはさらに通商司を設立して、翌三月に商法司を廃止し、貿易に関する時局的困難を救治するとともに、内外の商業を振興して間接に歳入を豊かならしめるという方針に改めたのである。

通商司が企図した施策はいろいろの方面にわたっていたが、実現された最も重要なものは、民間に通商会社と為替会社を設立させることであった。この二種の会社は相互に持ち合いながら、ともに通商司の命を受けて、それぞれの事業を営むという制度になっていた。前者は内外の商業を振興し、また経営することを目的とした一方、後者は前者の必要とする資本を融通運転して、その活動を援助するかたわら、民間への融資に便利を与えることをもって目的としたものである。

二　為替会社の組織および業務

この二種の会社に対しては、政府は特別の保護を与えたので、二年〔1869〕五、六月以来、開業するものが続出した。そのうちでも主なものは東京、横浜、新潟、京都、大阪、神戸、大津、敦賀の八個所であって、この外、堺、出雲、伯耆などの諸所に、それぞれ本社または出張所を設置したものもあったが、これらは、おおむね事業が栄えないで廃業した。為替会社の社員となって社務に最も尽力したものは、多くは旧幕時代に御用為替方を勤めた有力者であって、特に三井、小野、島田、奥田などの富豪がその主なものであった。（大阪の本両替、特にそのうちの十人両替の如きは、旧幕時代の金融機関としては最も発達したものであったが、維新後には信用が旧来のようではなく、ことに四年〔1871〕の新貨条例によって、本位としての銀目が廃止されたため、商売が立ち行かなくなって、多くは没落してしまった。）

為替会社はヨーロッパまたはアメリカにおける銀行の制度にならって紙幣発行の特権をもち、「総頭取をはじめ、社中一統分限に応じ、金子差出し、貸付ならびに為替元備《もと》へ差加」える定めであった。つまり一種の合資組織であって、その資本金を身元金と呼んでいた。

顧みれば維新前には人民同志の間で、営業上、協力的に合資するという習慣が薄弱で、わずかに組合または組合と称さるべきものがあったに過ぎない。しかも、その組合にしてもまた株仲間にしても、かれらは、おおむね同業者の連合とでも見らるべきものであって、たんに営業上の便益をはかるに止まっていたから、これらの旧幕時代における組合や株仲間から見ると、維新に際して設立された為替会社はまったくその組織の本質を異にし、いわば、これによって政府が民間に合本結社組織を起さしめるための一つの典型を示したものとも認められるのである。

為替会社の業務に関する規則によると、「社外の者にても社中へ預金致候儀は随意たるべし」というのであったから、公衆一般から預金を受け入れることを許されていたわけではあるが、もっとも、その額は僅少なもので、主な運転資金は、当初、政府から下付された太政官札、時おり運転を委託された官金、会社の発行する金、銀、銭券および洋銀券であった。こうして会社は貸付業務を経営し、信用制度の発展を促して金融の疏通を図ったのであるが、その貸付も、或いは「引当証拠物相預り、」或いは「荷物引当を以て」し、また時には「引当品無之《これなく》とも」、融通の需めに応ずることとした外、為替、両替および金、銀の売買をも併せて営んだのであるから、為替会社は明治維新の前後を通じて、わが国で「金融機関」と称し得る最初のものであったといってよいのである。

政府から為替会社に対し、「貸付ならびに為替元備金として御下渡」しになり、会社をして運転させた金額は巨額に上った。もちろん、それも時に増減があったので、総額は明らかでないが、各会社の創立に際して政府から貸下げられた額は次のように記されている。（単位千両）

東京為替会社	三三二	横浜為替会社	三〇〇
西京為替会社	三〇〇	大阪為替会社	四六〇
神戸為替会社	二三〇		

この貸付金は、一方では、もとより会社を保護するためであったが、同時にまた他方では、当時、民間で、とかく太政官札がきらわれがちであり、金、銀貨に対して、その価格が下落するような傾向にあったので、会社にこれを委託して、その流通を助成させようとする目的もあった。だから、貸下金はすべて太

政官札を以てしたのであるが、ただ神戸為替会社に対する分だけは、そのうちの十五万両だけを正金で下付した。もちろんこれは当時の金融通貨事情に対応すべき必要にいでたものであって、もっぱら例外的処置に外ならなかったのである。

三　為替会社の発券

すでに述べたように、為替会社は運転資金の一部に充てるため、金、銀、銭券を発行したが、これは、いうまでもなく政府の特許によるものであって、わが国における金融機関としての紙幣発行の最初であった。政府としてはこれによって民間の資金融通を便利ならしめようとしたものであるが、同時にまたこれによって、従来、諸藩の発行していた藩札を銷却させようとする目的をも、あわせてもっていたので、かく会社に発券を許すと同時に、四年〔1871〕七月十四日に旧藩札引換の布告を発して藩札の増発を厳禁し、且つ従来、諸藩や私立会社が政府の特許を得ないで発行していた米切手、金、銀、銭の預り切手の類をもすべて通用停止の処分に付したのである。

為替会社の発行した紙幣のうち、銀券および銭券は小札の欠乏と銅銭の不足とを補充するためであったが、どちらも政府紙幣で引き換えるという制度になっていたから、これらの券は一種の不換紙幣というべきである。そのうちの東京で発行されたものは銀目であったから銀券と称され、大阪、京都におけるものは銭目であったから銭券と呼ばれていたが、もっとも、これらの券は前に述べた太政官札や民部省札などとともに、間もなく流通を停止されたので、その流通期間はわずかに一ヵ年に満たなかったのである。

金券は各社ともにこれを発行し、正貨を以て引き換えることになっていたから、これは確実な兌換券であった。ただし、最初、一円券だけは政府紙幣を以て引き換えらるべき制度になっていたから、その限りにおいては一円券もまた不換紙幣であったが、後には他の金券と区別されないで、一様に兌換券であることになった。これらの官許による金券発行の総高については次の数字が示されている。

為替会社金券発行高（単位両）

為替会社名	金券発行高
東京	一、五〇〇、〇〇〇
大阪	一、八五三、四五〇
横浜	一、五〇〇、〇〇〇
西京	六四〇、〇〇〇
大津	二六二、〇〇〇
神戸	五〇〇、〇〇〇
新潟	五〇、〇〇〇
敦賀	四一、〇〇〇

この合計六百三十四万六千九《ママ》百五十両は、前記の通り、これらの為替会社が発行の許可を得た最高額を通算したものであって、実際の流通高は市場の状況や金、銀相場の異動などによって常に増減があった。（たとえば、六年〔1873〕四月調べによる横浜為替会社発行の券で流通していた分は二十九万四千百七十二

両、すなわち発行許可額百五十万両のうちの二割弱に過ぎなかったというようなものである。）

一体、金券は文字通りに何時でも正貨に引き換えらるべきものであったから、流通は比較的円滑であり得るはずであったが、何分にも当時は、民間では、とかく政府発行の紙幣がきらわれていた際のことと て、紙幣といえば、その性質いかんを問わず、一概にこれを排斥する傾向があって、ために為替会社発行の金券も、ややもすれば相場に高低を生ずることがあった。そんなわけで、金券発行の許可額合計六百余万両の外に、他の証券発行高をも加えると、その許可総額は八百六十四万九千五百九十五両の多額に上ったにもかかわらず、それが民間金融の発展に資したところは必ずしも期待された通りには行かなかったもののようである。

金券は前に述べたように兌換券ではあったが、その発行方法に関しては為替会社規則の中に二、三の条項があった外、別に何の規定もなく、また政府のこれに関する方針も、時おり変動して一定しなかった。もちろん、その発行は為替会社にとっては利益になるわけであるから、発行高は会社の設立後、一年ならずして前掲のような巨額を許されることになったのである。政府としては最初は各会社員の身元金総高を比較の標準としておのおのその発行高を定めたのであるが、積立準備すなわち準備金の額については、或いは発行額と対等といい、或いは十分の八でよいといい、或いは何分の一に制限するというなど、常に一定するところがなかった。準備金を発行額と対等とすることに決定して実行したのは五年［1872］以後のことである。

洋銀券は横浜為替会社だけにこれが発行を許した。それは外国銀行の洋銀券がわが開港場、特に神奈川で勢力を伸ばそうとするのを防ぐとともに、外国商人がわが国の市場で随意に洋銀相場を高低するのを抑制し、またわが商人が横書きの商業手形や約束手形の使用に不慣れであるために生ずる不便を救うためであって、これが発行には洋銀、わが国の正貨および外国銀行発行の洋銀券を準備に充てさせたのである。

四　為替会社の解散

かように為替会社は政府から多額の貸下金を受け、諸種の証券発行を特許されるなど、いろいろの保護にあずかりまたかずかずの干渉を受けて、一時は隆昌の観を示したけれども、何分にも、当業者に適材を得なかったこと、また当時の社会情勢が変動常なく、会社としても業務上に幾多のつまずきを演じたなどにより、その後、横浜を除く外の各為替会社は、ようやく業務が振わなくなって、損益が相償わないという逆境に陥ってきたのである。そうした折から政府が行政組織を整頓するについて通商司の権限を縮小し、ついに四年〔1871〕七月にこれを廃止したため、為替会社の勢力はますます衰退し、翌五年に国立銀行条例が制定されたのを機として、為替会社は国立銀行に振りかわるか、または廃業するか、二途のいずれかを選ぶ外はなくなったのである。しかも多くの為替会社は各自の債権債務関係の整理が困難であって、それぞれ窮状に陥ったので、国立銀行に振りかわるよりも、むしろ止むなく廃業することになり、ただ横浜為替会社だけが組織を改めた上、後に述べるように第二国立銀行となって再発足したのである。またその後、これにならって為替会社から国立銀行に振りかわったものもあった。

為替会社の解散に際しては、政府は特に多額の「官借金」を許した外、別に多額の援助金をも与えた。

当時、政府としては財政に窮迫していた折から、しかも、かように厚い恩典を与えたのは、元来、為替会社が政府から幾多の干渉を受け、またそれぞれに背負っていた巨額の債務も、多くは政府の干渉に基くものであった関係上、会社側から、しきりに情実を訴えていたのによるものであった。かくて解散処分が終結するのを待ち、政府は金券の回収を急いで、九年〔1876〕五月にそれを完了したが、ただ洋銀券だけは貿易の関係から、にわかに廃棄することを得なかったので、横浜為替会社から振りかわった第二国立銀行をしてその発行を継続させた。かくて、その洋銀券は十八年〔1875〕五月に日本銀行の兌換銀行券の発行が許可されるまで流通し、まったく回収し尽されたのは二十三年〔1890〕十二月のことであった。

　かように明治新政府が経済関係の施設として第一着手に実現した商法司、通商司は、ともに新時代の要求に応ずるためのものではあったが、実際上の方策は江戸幕府時代の国産方《かた》や物産方《かた》の足跡を追って、しかも、いたずらに多大の保護や特典を与え、功を一時に収めようとしてこれが誘導援助につとめ、民間の業者をして自発的に新局面を展開させるような方針をとらなかったため、為替会社にしても設立後、わずかに四年で業務に行きつまり、政府の救済によって、ようやく解散処分を了し得たというような次第である。すなわち明治政府の金融政策は、まずその第一歩において歩調を誤ったとの評を免れないのであるが、しかしまた、これによって民間人に合本結社の意義を理解させ、且つ会社式営業の標本を示して、これが運営を体得させた効果については没却してはならないものがある。

　いうまでもなく共同企業は近世の世界における経済界の大勢であり、国民経済の進歩発展を促すべき一大原動力である。為替会社はわが国の金融機関として、いわば最初の試験に失敗の歴史を残したものであるが、しかも、これによって、わが国人に合資立社の必要を認識させるとともに、また、たとい局部的であったとはいえ、かれらが銀行業務のいとぐちを開いた功績は認めなければならない。すなわちそれが有力な示唆となって、四年〔1871〕頃から純然たる私立組織の銀行を開業しようとするものが次々と現れ、銀行の設立発展を促す一大機運を盛り立てたことは、少なくとも、わが金融史上の一記録に値するものであったといわなければならない。

国立銀行時代

国立銀行の設立事情

一　国立銀行設立の由来

為替会社の業績がおおむね失敗に終り、政府の通貨金融に関する政策がその目的を達し得なかったことは、当然これに代るべき方策、特に新規の金融機関の設立を必要ならしめた。すなわちその趣旨は、金融の疏通を図って殖産および貿易の増進に資すると同時に、経済界の安定発展を促すためには、是非とも、前に述べた不換紙幣整理の目的をも兼ねて、新たに強固な金融機関を設立しなければならないというのであった。

だが、為替会社が、おおむね失敗に終った基本的事由の一つとして見のがされないことは、為替会社自体がさながら政府の外側機関ででもあるかのように認められたほどに、私営的性格に欠けていたという点であるが、それは一面から見れば、当時、民間では、いわゆる合本結社に関する知識や、したがってその意向が著しく低調であった、というよりも、共同出資による会社経営の必要や利益が、一般には理解されていなかったことを意味する。およそ百事創始という革新期に際し、ことに資本の貧弱なわが国において、殖産興業を国策の一つに掲げなければならないという立場にあったとすれば、何をおいても、まず共同出資による会社の設立を促すことが、特に肝要であらねばならなかったはずである。

　ところが、かように、あまねく全国を通じて資本の合流を促し、又民間人相互間における意志の疎通、信頼の増進を図るためには、何はともあれ、まず郵政事業の開設と会社知識の啓発とにつとめる必要があった。そこで政府は前者のためには、三年〔1870〕に駅逓寮を設立して、前島密を駅逓権正《ごんのかみ》、すなわちその主宰者に登用し、今日の郵便その他郵政事業一般の基礎を定めさせ、また後者のためには、四年〔1871〕九月に渋沢栄一述『立会《りっかい》略則』および福地源一郎撰『会社弁』を公刊*して、民間一般の啓蒙に尽力し、民間の合本企業を助長した。これらの基本的対策が、やがて国立銀行の設立を促す上にも、少なくとも間接に寄与したところが少なくなかったことは想像するに難くないのである。（*立会略則の「立会」は会社を立てるという意味で、これは当時、大蔵大丞《だいじょう》の任にあった渋沢栄一が公務の余暇に、個人として述作したものである。また会社弁は、官命により福地源一郎に執筆させたものであって、四年〔1871〕九月「改正掛」から太政官に伺いを立てた上、両書とも「官版」として公刊された。その後、民間では『会社弁講釈』などという出版物も現れ、これら両書の解説本が時代の要求に応じたというところから見ても、当時の世情の一端がうかがわれて、興味を覚えさせるものがある。）

　こうした情勢のうちに、産業および貿易を促進し、あまねく経済界の発展に資すべき金融機関を設立しようとする要望は、つとに民間でもようやく高調されて、四年〔1871〕末頃から私立の銀行または銀行類似の業務を営みたいと出願するものが続出し、その件数は百を超えたということである。なかでも比較的有力なものとしては、後の東京商法会議所（十一年〔1878〕三月三日設立、東京商業会議所の前身）の会員たちが資本金七百万円をもって紙幣発行権を有する東京銀行という一大金融機関を設立しようと発起し、また三井バンクが七割五分の正貨準備を常備して兌換証券を発行したいと請願したのなどがそれであった。

しかし政府としては、さきの為替会社がおおむね営業に失敗した事実にかんがみ、新たな金融機関の設立を許すについては、あらかじめいっそう完全な制度を確立しておかなければならないという見地から、それらの新たに願いでた金融機関の設立は、しばらくこれを許可しないで、別に何らか適当な、また実状に対応すべき条例を制定した上、改めて詮議することとし、それらの新設願は一応いずれも不許可とした。国立銀行条例の制定を促した一つの動機はこれであった。

二　条例制定までの経過

国立銀行条例の制定を促した今一つの事由は、すでに述べたように、不換紙幣の回収整理の必要ということであった。すなわち政府は不換紙幣を引きあげるために金札引換公債証書を発行し、この公債証書を抵当として兌換紙幣を発行する銀行を設立し、この銀行をして引換未済の不換紙幣を引きあげさせようとするものであった。この議はすでに、引換公債証書の発行に関して二年〔1869〕五月二十八日に布告を発した当時に決定していたのであるが、何分にも政府の財政は引きつづき困難を極めていたこととて、引換公債証書による不換紙幣の引きあげは容易に目的が達せられないばかりでなく、比較的にその流通が円滑であった東京および京阪の三都においてすら、なお金札百両が正貨四十両と交換されたという記録をすら残したほどである。こうした通貨事情が国立銀行条例の制定を必要ならしめた関係もまた極めて切実なものがあったと思われる。

これより先、三年〔1870〕十二月二十九日、当時アメリカに滞在中の大蔵少輔伊藤博文から、金貨本位制度の採用方を建白してきた次第は、すでに前章中で述べたが、この建白の内容は三項目にわたっていて、他の二項目は金札引換証書を発行することおよび紙幣発行会社を設立することがそれであった。この二項目はアメリカ合衆国が南北戦争(一八六〇―六一年=万延元年庚申―文久元年辛酉)で多額の不換紙幣を発行して、その価格が暴落したのに対し、公債証書を基本として銀行を設立させ、この銀行をして不換紙幣の回収整理を遂行させた先例にならおうとしたものであったが、何分にも当時のわが国では朝野を通じて、なお理財の知識に乏しく、政府としては不換紙幣の整理には、引きつづき尽力してきたにもかかわらず、ほとんど成果の見るべきものがなかった。それがために困惑しきっていたおりからのこととて、当路者はこの建白に刺戟されて、いよいよ国立銀行条例を制定することに決したというのが、その設立に至る経過の一面であった。

かように国立銀行条例の制定が伊藤大蔵少輔の建白に基き、アメリカのナショナル・バンクにならったものであることは前述のような次第であるが、この条例の制定を見るまでには、政府部内においても反対の議論が烈しく唱えられた。反対派の中枢をなしていたものは、アメリカへ渡った伊藤少輔とならんでイギリスに派遣され、やはり財政経済の調査研究に当った吉田清成であって、その反対意見に基き、対案として主張した構想の眼目は、イギリスの制度にならって「ゴールド・バンク」（金券銀行）の組織による兌換制度を確立する方がよいということであった。すなわちナショナル・バンク説を反駁して、「この制度はわが国情に適せず、且つこれによつては、たうてい紙幣銷却の目的を達する能はずして、かへつて一種の不換紙幣を増加するに至らん。いはんや米国の銀行制度は個々分立して統一する所なきを以て、金融暢達《ちょうたつ》の点に於て欠くる所なきを得ざるにおいてをや」というのであった。

かくて対立した賛否両派はそれぞれに自説を固持して譲らないばかりか、相互に弁難抗議をたたかわして四年〔1871〕八、九月の交に及んだが、ついに同年十一月に参議大隈重信、大蔵大輔井上馨および同少輔伊藤博文が会談討究*の末、国立銀行論者はその主張に係る紙幣兌換の主義を捨て、正貨兌換の方式によることを納得するとともに、金券論者は公債証書を抵当として銀行紙幣を発行するという計画に、あえて反対しないことになり、ここに双方の協調を見たので、いよいよ国立銀行条例案およびその施行細則に当る「成規」案の編成に着手し、翌五年〔1872〕六月にこれが成案を見た上、同年十一月十五日太政官布告として国立銀行条例が発布されたという次第である。（*四年〔1871〕六月二十七日大蔵卿に任命された大久保利通は、同年十月四日特命全権副使として外遊中であったから、この会議には参加していなかった。）

国立銀行条例の要綱

国立銀行条例は通計二十八条、百六十一節から成っていた。条例には銀行の設立、組織に関することはもちろん、営業に関しても、貸付の制限、預金準備金の割合、国庫金の取扱などについての主要な事項を列挙しているが、今日から見れば、なかには法規の条項というよりも、むしろ教訓的な説示と見られるようなものもないではない。たとえば貸付金の利息および為替の打歩《うちぶ》（手数料）は、なるべく安くすべしというようなのがそれである。しかし、これは何といっても、当時はまだ人民一般が銀行業務の内容を理解していなかったから、その説明や例示をできるだけ丁寧にする必要があったし、また立法に際しては、周知のために親切を主旨としたいという事情があったのにもよるもので、もとより現状をもって、ただちに既往を類推するわけには行かない。

この条例には、前文が付けられている。その初頭には「貨幣流通の宜しきを得、運用交換の際に梗阻《こうそ》の弊なからしむるは物産蕃殖《はんしょく》の根軸にして富国の基礎に候」とあるし、また条例そのものの書きだしには、「国立銀行は政府より発行する公債証書を抵当として、これを大蔵省に預け、紙幣寮より通用紙幣を受取り、引換の準備金を設けてこれを発行し、もって、その業を営むものなり」と明記されている。これは、いうまでもなく国立銀行の二大使命ともいうべき金融の疏通と政府紙幣の銷却とを意味するものであって、その眼目とするところは、第六条の「銀行は元金高《もときんだか》の制限およびその集合方法、公債証書、紙幣交収等の手続を明らかにす」るという項目にあると認められる。

この条項によって、国立銀行の元金（資本金のこと）は設立地における人口の多少に従って制限されるが、少なくとも一行五万円以上であることを必要とした。銀行はその資本金の十分の六に相当する政府紙幣を大蔵省に納付して同額の公債証書を受け取り、さらにその公債証書を抵当として大蔵省から同額の銀行紙幣を受け取り、これを発行して流通させる一方、資本金のうちで政府紙幣を大蔵省に納付した残余の十分の四はこれを本位貨幣で銀行に積み立て置き、その発行した紙幣の交換準備に充てる。しかも、その準備はいかなる場合でも紙幣発行高の三分の二を下ることを得ないし、また、いささかでも紙幣によって要求される金貨との交換を拒み、もしくは怠ってはならないと規定されていた。

国立銀行の発行する紙幣に対しては、公債の利子と海関税とを除く外、「日本国中何れの地においても租税、運上（官、公有物の使用料）、貸借の取引、俸給その他いっさい公私の取引に用いて、かえって正金同様の通用」能力を有することを保障し、もし「この紙幣受取渡《うけとりわたし》を拒み或いはこれを妨げ、その他不正の所為あれば、その者は国法に従ってこれを罰すべし」と規定し、かくて、この条例に準拠するものの外は、すべて紙幣や金券などの発行を禁止されたのである。これは、いうまでもなく紙幣発行の特権を、政府以外では、国立銀行に独占させるために外ならなかったのである。

ところが、前に述べた金札引換公債証書の引換期限の満了にともない、国立銀行はこの引換公債証書を抵当として、銀行紙幣を発行することになっていたが、その抵当とする公債の利子は年六分であったから、預け入れる公債と同額の紙幣を発行して、これを運転するという便益がある。そして、たとい資本金額の四割方を交換準備として庫中に眠らしておくとしても、なお、預金の運用や為替の取扱から生ずる利益を合算すれば、銀行はけっきょく年一割以上の利益を収め得るという見積が立っていた。だから、一方では民間の営利事業として好望であると同時に、他方では国立銀行の増設にともない、多額の不換紙幣が銀行を経て国に回収され、したがって正貨兌換の銀行紙幣がこれに代って民間に流通することになり、久しく待望されていた金融通貨の調整は、あいまって実現され得るもののようであった。しかし実際には、そうした当初の企図は必ずしも達成されないで、条例の制定後、わずかに四年を経ない九年〔1876〕に至り、早くも同制度の一大要点に関して改正を施すの止むを得ない窮状に陥ったのである。

初期の国立銀行の経営難と通貨政策の失敗

一　国立銀行の設立とその営業

国立銀行条例が発布されると、これに準拠して最初に設立されたのは東京の第一国立銀行（現在の第一銀行の前身）であった。同行は、従前「御為替組」として官金を取り扱っていた三井、小野の両家が主たる出資者となって、五年〔1872〕八月五日に同条例が裁可される前、すでに創立の申請をなし、同年八月十七日に創立の許可を受け、翌六年六月十一日に創立総会を開いて、同年七月二十日から開業したものである。

（第一国立銀行の創立に際しては、最初、五年〔1872〕中に三井組および小野組が連合して、「三井小野組合銀行」という名称を掲げることとし、準備的組織を整えるとともに、必要な施設を進めていたようであるが、国立銀行条例に従って第一国立銀行を設立することになったので、この「組合銀行」の計画は中止し、第一国立銀行の資本金予定額三百万円の大部分をこの両家から出資するとともに、頭取、副頭取、支配人などの役員はすべてこれを双方から均等に並べ立て、これを統一運営するために渋沢栄一を総監役という名称をもって事実上の主脳者たらしめたのである。これより先、五年〔1872〕十一月東京日日新聞に出資勧誘の公告をだしたが、応募額は僅かに四十四万八百円に過ぎず、三井組および小野組の二百万円と合わせて二百四十四万八百円という端数で総会を開いたのである。）

第一国立銀行に次いで設立されたのは横浜の第二国立銀行であった。これは横浜為替会社がその組織を変更し、国立銀行として更生したものである。当時、大阪に第三国立銀行設立の計画が成り、その設立許可の指令も発せられたが、これは株主総会で紛議を生じ、ついに開業を見ないままに解散したので、事実上の第三番目は新潟*の第四国立銀行（現在の第四銀行の前身）がそれに当り、次いで大阪の第五国立銀行が設立され、条例発布以来、一年九ヵ月の間に国立銀行は計四行の開業を見たのである。（*新潟は当時は、東京、大阪および京都の三府に次ぐ五港といって、横浜、神戸、函館、長崎とともに、その一つに数えられ、わが国有数の一大都市であった。）

国立銀行の主たる業務は、同条例第十条によれば、「為替、両替、約定為替、荷為替、預り金その余、引請貸借、または引当物を採りて貸金をなし、貸借証書その他の諸証券および貨幣地金の取引等」であるが、おのおのその開業後の状況はいろいろの事情によって各行必ずしも一様ではなく、また繁閑の程度にもおのずから異なるところがあった。概観すれば、貸付金が最も多きを占め、各種の預金および振出手形がこれに次ぎ、為替、荷為替などの業務はほとんどいうに足らなかった。およそ為替の多くは、当時、政府の為替方を勤める為替組がこれを扱い、したがって官金もまたこれらの為替組に預けられる金額が少なくなかった。こうした状勢のもとにあっては、国立銀行のコレスポンデンス約定の如きはその範囲がおのずから狭く、また当時は国庫金の取扱も分散していたので、国立銀行に預けられる官金はとうてい多額には上り得なかった。しかも銀行の役員はいまだ業務に不慣であるところへ、取引先もまた銀行業の何であるかをすら、よく理解していない。したがって預金取引の風がいまだ発生しないままに、世間では、銀行といえば単に貸金取扱所というくらいにみなしていたに過ぎなかったということである。

一方、国立銀行の開業当初における銀行紙幣の流通状況を見ると、政府としては、あらかじめ条例をもって銀行紙幣の確実性を保障し、且つ銀行に対しては、厳格な監督と保護とをもって、これに臨むことになっていたばかりでなく、当時、紙幣と正貨とは価格にいまだ著しい開きを存しなかったので、従前、世間では藩札および官札のために苦い経験をなめてきたにもかかわらず、銀行紙幣の流通は少しも渋滞することなく、また銀行としては正貨との引換要求に煩わされないで、条例の趣旨は、一時は行きちがいなく実現された。しかし、そうした順調な傾向は、その後、必ずしも最初に予想したようには持続されなかったのである。

二　銀行紙幣の流通状況と小野組および島田組の破綻

というのは、これより先、条例の制定に際し、政府はあらかじめ銀行紙幣千五百万円分を製造して、銀行が設立されると同時にこれを下付し、流通させようと計画していたのであるが、前述のように銀行の開業したものはわずかに四行だけで、その紙幣発行高も最高百四十二万円に止まっていた。しかも、その流通高が七年〔1874〕下半期に入って以来、目立って減少しはじめ、九年〔1876〕六月頃にはついに市場からその姿を消すような状態とすらなってきたのである。

銀行紙幣の流通が不円滑で発行額が減少したのは、もっぱら正貨の騰貴によるものといってよい。すでに述べたように五年〔1872〕以後には、政府紙幣はすべて不換紙幣になったところへ、六年〔1873〕には、政府は歳入を補塡するため、さらに七百余万円という不換紙幣を増発したため、翌七年には紙幣の価格はさらに下落し、正貨に対して打歩《うちぶ》を生ずるようになった。それでなくてさえ、わが国の貿易は連年輸入超過を続けて、いきおい正貨が流出せざるを得なかったやさきのこととて、この不換紙幣はますます金、銀貨を海外に逃避させるというわけで、悪貨が良貨を駆逐したのである。しかも、それ以来、紙幣下落の傾向はいよいよ甚だしくなって、八年〔1875〕六月頃には金貨百円に対する紙幣の打歩は一円七十七、八銭に上った。一体、銀行紙幣は正貨兌換を約束された紙幣であるのに、このようにその価格が下落したのであるから、銀行紙幣を発行しても、発行すればしたがって戻って来るというふうで、民間では長くは流通しない。だから、発行者たる国立銀行は兌換の請求を受けて、いわば取付をこうむるたびに損失を免れないため、むしろ銀行紙幣を庫中に保留する方がましであるという不本意の状態に陥ったのである。

　顧みれば、維新の改革は旧来の制度や慣例を打ち破って、いわゆる御一新の世の中に改めたとはいえ、当時はまだ新組織が確立されず、内では廃藩置県とか地租改正条例の布告*（六年〔1873〕七月二十八日）とかいうような政治上、財政上の大変革が行われ、外には台湾征討とか清国との紛議とかいうような国際的事件が続出するなど、その他維新の改革や対外関係の変化にともなう政治的、経済的、社会的諸問題から、直接間接に金融界がこうむった影響は容易ならないものがあって、財界の動揺がこれほど甚だしい時代は、従前の例を見なかったように思われる。（*この地租改正条例により、従前の物納——主として米による——を廃して金納とすることになった。）

こうしたおりしも、七年〔1874〕の末には、従前、民間に託していた大蔵省預金の引揚および担保提出の命令が動機となって、小野組および島田組が破産したことから、金融市場はさながら混乱状態に陥った。これは両組合とも政府の預金に対する担保提出の請求に応じられなかったのと、別に小野組はその関係事業に失敗したことと関連して行きつまったのによるものであった。しかるに小野組は第一国立銀行の大株主であった関係上、同行はこれがために大打撃をこうむり、八年〔1875〕八月一日に臨時株主総会を開いて小野組の出資に係る株金百万円を切り捨て、それだけ減資*を決行して一大整理を断行し、努めて行運を立て直したのである。**（*第一国立銀行の資本金は前に述べたように、創立の際には二百四十四万八百円であったのが、七年〔1874〕一月に五万九千二百円を増資して二百五十万円を算していた。それが小野組の落伍によって百万円だけ切り落されたので、ここで百五十万円に減額されたわけである。**第一国立銀行の創立当時には、特にその総監役となった渋沢栄一が、前に大蔵省の大官であったことから、民間の一部では「堀留《ほりどめ》の商人が金時計をさげている」などと冷笑するものもあった。そうしたやさきのこととて、もし同行が小野組の破産に累されて再起することを得なかったならば、以来、わが国の金融界ないし経済界一般の状勢はどのように異なった途をたどったであろうか、速断されないものがある。この事件を救済するためには、大蔵大輔井上馨に負うところが多かったが、また「かかる悲境より免れ、かえって将来発展の動機をなせるは総監役渋沢栄一氏の周到なる注意と熱心なる努力によるもの」――『第一銀行年表』、七頁――であったという。）

三　国立銀行制度の失敗の原因

このような状態にかんがみて、既存の国立銀行四行は政府に対して連署の願書を提出し、通貨すなわち政府紙幣をもって銀行紙幣の兌換に充て得ることを要請した。これは当時の正貨兌換制度が政府紙幣を償却するという目的に適しないばかりか、かえって金貨が国外へ流出するのを助長するきらいすらあるし、またこれがために銀行としては、いたずらに営業難を免れないという主旨によるものであった。この陳情は、もとより国立銀行条例を制定した趣意にはもとるものであるが、しかも銀行を危難の窮状に陥らしめたままに放置して、それがため、ついに倒産するものが出たならば、必然に金融界を混乱させるばかりでなく、将来、銀行業の発達を妨げることは重大な問題であるに相違ない。そこで政府は審議の末、ついに願意を容れて救済策を立て、すなわち同年十二月、現に下付してある各銀行紙幣総額の半分を限度として、準備金のなかから政府紙幣を貸し下げるとともに、同額の銀行紙幣を返納させることになったのである。

しかし、それでも、なお銀行紙幣の下落は日を逐い月を重ねるにともなって甚だしくなり、とうていこれを防止する途はなく、ついに九年〔1876〕三月には打歩が四円九十九銭をつげ、その流通はまったく止まってしまった。そこで四行の国立銀行はふたたび政府に対し、残余の銀行紙幣を抵当として政府紙幣を借り受けたいと歎願し、政府もまた情状止むを得ないものと認めてこれを許可した。かくて同年六月末日現在で、実際、世間に流通していた銀行紙幣は全部でわずかに六万二千四百五十六円に過ぎなかったが、しかも政府からの「拝借金」は百三十四万円となっていたのであるから、銀行紙幣のほとんど全部は還流して不換紙幣となっていたわけである。つまり政府としては、さきに銀行に引き渡した金札引換公債証書を買い戻したと同様の関係にあったものとみなしてよいのである。

この施策によって国立銀行条例を制定した趣意はまったく覆されたわけであるが、しかし、また、もし同条例を飽くまでも固守して、一時しのぎの小細工を続けていたならば、銀行業の発達はかえって阻害されたであろう。そうした意味で、当時、官民の間に同条例を改正すべしとする意向が高まり、ついにそれが当局者を動かして、後に述べるように、九年〔1876〕中、同条例の改正を見るに至ったという次第である。

国立銀行制度に関する政府の最初の施策は、以上のような経緯を経てまったく行きつまってしまった。その直接の原因が同条例の不備というよりも、むしろこの制度のねらいに根本的な矛盾が宿されていたのにもよるものであることは、その経過を概観しただけでも、おおよそ肯かれるものがあろう。すなわちこの制度は、一方ではアメリカのナショナル・バンクの制度にならい、銀行をして公債証書を抵当として銀行紙幣を発行させるにもかかわらず、他方ではイギリスの中央銀行制度を模範として金貨兌換の制度を確立しようとし、いわゆる二兎を追うような無理をあえておかそうとしたものであるから、実施以来、一、二年にして早くも銀行券発行の困難に行きつまったのであって、それはむしろ当然の失敗といわなければならない。

だが、この失敗は必ずしも同条例の不備または制度そのものの不合理にのみ帰せらるべき問題ではない。本質的原因は、実は当時の政府が採った財政経済政策そのものの矛盾にあったと認められる。というのは、元来、政府としては、一面では、政府自身の発行にかかる不換紙幣を整理しようと企図しながら、しかも他面では、その不換紙幣を引きつづいて増発し、また四年〔1871〕五月の新貨条例は旧来の貨幣制度の混乱を救治しようとする目的に出でたものであったにもかかわらず、社会状態の動揺とあいまって続々と正貨を海外に流出させた。かくて政府の予期した不換紙幣の償却を遂行することができなかったばかりでなく、銀行は営業不振を免れないで、わずかに命脈を維持し得るに過ぎないという不結果に陥ったのである。もちろん、これには、維新匆忙の際という時勢の困難が然らしめたことも見落してはならないが、しかも、また政府の財政経済政策がいわゆる朝三暮四で、一貫した主義方針の確保されていなかったことが、何といっても主たる禍根をなしていたのであって、銀行政策が最初から的をはずれていたことは否定されないところである。

思うに貨幣政策と銀行政策とは正しく車の両輪でなければならないし、それはまた財政経済上の一般政策と緊密に持ち合って、はじめてその成果が期待されるのである。政府の財政に関する不手際と幣制の動揺とに累されて、経済界が負わされた困難は察するに余りあったとはいえ、国立銀行条例の目的がほとんど達成されないような窮状に陥ったことは遺憾であったというより外はない。しかし、また既存の国立銀行がかような逆境をしのいで、よくその業務を継続し、後年、続出した多数の国立銀行にその経験と実力とを示した苦難とともに、政府当局者がよくその時々の情勢を察して、かれらの厄難を救済した施策に機宜を得たところが少なくなかったことも見のがしてはならない。

もし、国立銀行が、さきの為替会社の轍を踏んで、同様の失敗を繰り返したとしたならば、わが国における銀行業の発展はおそらく、はるかにおくれたであろうことを想像しなければならない。為替会社は半官半民の金融会社であったというよりも、むしろ政府に従属した銀行類似の金融機関であったと評さるべきであろう。だから、たとい高度の保護や干渉のもとに、政府と特殊の関係でつながっていたとはいえ、本来、私立私営の基礎に立って、ヨーロッパやアメリカの銀行制度にならい、とにかく「銀行」としての存在を主持し得たものは、これらの国立銀行であって、かれらが維新匆忙の難局を打開し、後年のわが国における銀行業の先駆を果したその業績は、歴史的意味において評価さるべきものと信ぜられるのである。

郵便貯金および郵便為替制度の創始

駅逓事業の創始については、前に述べておいたが、郵便貯金制度は、第一国立銀行の開業後、翌七年〔1874〕八月に「貯金規則」が制定されて、翌八年五月からその事務が開始された。郵便貯金の利子は同年五月一日の布告によって、年三分と定められたが、その後、九、十および十一年〔1876-78〕の三回にわたる利上げによって、この十一年一月から年六分と改定された。

官営による郵便貯金制度の如きは、金融機関として、あえて問題とするには足らないもののようでもあるが、しかも、これは、わが国における郵便貯金制度の創始という意味においてだけでなく、実はその郵便貯金が財政上の一つの目的を託されていたほどに、当時の政府当局者が相当の期待をかけていたというところに、この制度の創始について、付説しておかなければならないものがある。

貯金規則制定の目的が、第一義的に国民貯蓄の奨励にあったことはいうまでもない。だが、当時の政府当局者が、同時に、或いはより以上に期待をかけていたのは、これが集積によって既発行の公債の、たとい一部にでも、その償還資源に充てたいということであった。前節で述べたように、政府は不換紙幣を銷却するためには、主として国立銀行にその役割を果たさせようとしたのであるが、しかも、それは予想外の結果に終ったのである。この状況から見ても、巨額の既発行公債を償還するには、しょせん全国民の支持による国民的運動に待つより外はないというのが着想の眼目であった。

郵便貯金制度の最初の目的が、これをもって国債償還資源の一部に充当するという単純な企図以上に出でなかったことは、おおむね諸国に共通の傾向であるといってよい。この当時にあっては、わが国としても、郵便貯金を社会政策または公共事業に利用するというような考え方は、まだその端緒をすらもつかまれてはいなかったが、さればとて、たとい全国民的協力によるとはいえ、零細な貯蓄の集まりが、当時としては不相応に多額の公債償還に何ほど役立ち得たであろうかは、おそらく見やすい数であったに相違ない。しかし、とにかく国民貯蓄を奨励するとともに、またたとい「千両のかたに笠一つかい」であっても、公債償還資源の一部をまかなうことができれば、いわば一石二鳥であるというところから、民間でもこれを支持する意向が相当に強かったようである。（*大正十四年〔1925〕に大蔵省預金部改革案が当時の帝国議会で審議されたとき、貴族院議員阪谷芳郎は「当時の日本の国民中には、この国債ということを深く心配する観念が強かった。で、いろいろの建議が政府に出まして、国民が毎日十銭ずつ積んで、国債を早く償還しようじゃないかという（中略）のであります。それで預金というものは残らず公債証書に換えて運用して、成るべく政府の負担を少なくし、あわせて、この公債証書の価格というものを市場で維持しよう。これが本体の大蔵省の趣旨であった。」（『第五十回帝国議会貴族院議事速記録第十号』大正十四年〔1925〕二月十三日官報号外）と力説するところがあった。）

郵便為替制度は同じく七年〔1874〕の九月に制定された郵便為替規則により、翌八年一月から実施された。最初は一口の金額を三十円以下に限り、取扱局も一部のものだけに特定されていた。種目は通常為替のみで、十八年〔1885〕十月から電信為替および小為替が取り扱われることになった。またその仕向先も最初はもっぱら内地のみに限られたが、十三年〔1880〕三月から横浜―オーストラリアおよび海峡植民地間に開始されて以来、明治年代に中国、ヨーロッパ、アメリカ、エジプトなどの数十ヵ国に拡張されたのである。

かように明治初年頃の郵便為替制度は、その取扱局、仕向先および金額に関する制限のために、利用効果はおのずから限られざるを得なかったが、それでも、国立銀行の為替業務は、いまだ、さしたる発達を見るに至らず、送金といえば、通運業者に現送を託するより外はなかったという当時としては、郵便為替が金融機関の一つとして役立った比重は、それだけ大きかったことを認めなければならない。

＊省略節〔国立銀行条例の改正／国立銀行の続設〕

不換紙幣の増発と第十五国立銀行の設立事情

九年〔1876〕八月に改正国立銀行条例が施行されたのを契機として、それ以来、国立銀行の営業は著しく発展の機運に向い、また銀行紙幣の流通に関しては、官民ともにその円滑増大に尽力したので、発行高はにわかに増加歩調をたどって来た。こうした状勢にあったところへ、これより先、七年〔1874〕冬に華、士族の禄制を廃止して、これに代わるべき秩禄（金禄）公債証書を下付することになったのに即応し、時の華族督部長、右大臣岩倉具視は華族諸家のために、かれら各自の受け入れた秩禄公債を利用して一大国立銀行を設立し、主として鉄道建設の大事業を興そうと企て、十年〔1877〕初め頃にその手続に着手したが、当時はいまだ同公債証書は下付されていなかった。そうしたやさきに、たまたま同年二月十五日に西南戦争がおこったので、これがために同銀行の設立および設立後におけるその業務は、政府の財政政策と不可分的に利用されるとともに、通貨状況とも重大な関係をもつようになったのである。

西南戦争は戦争と呼ぶよりも、むしろ内乱としての一事件に過ぎなかったと見るべきであるが、しかも当時の政府としては、それでなくとも財政の窮乏になやんでいたおりからのこととて、これがために非常な難局に陥った。すなわち軍費の調達は急を要したが、新たに国債を募集することも、また租税を増徴することも、当時はとうてい実行しがたいような状況にあったので、政府は止むを得ず前述の銀行設立関係者に仮証券を下付して、ここに第十五国立銀行の設立を遂げさせ、その代りに、同年五月同行の発行する紙幣総額のうち一千五百万円を限り、年五分の利息をもって二十年間にわたり政府に借り上げることを約定し、且つ同行に対していろいろの特典を許与したのである。

それらの特典のうちでも特に重要なものは発券制限の緩和であって、これは同行の資本金が一千七百八十二万六千百円であったのに対し、紙幣発行限度を一千六百六十六万八百八十円としたもので、すなわち資本金に対するその割合は九割三分余に当る勘定であった。しかも政府はその外に、さらに二千七百万円を限って政府紙幣を増発することとなったが、こうして強行的に軍費支払の算段を実行した結果は、必然に通貨の大膨脹を招来し、ひいて、また一般物価の騰貴を促したのである。

＊省略節〔国立銀行の営業状況／いわゆる松方デフレ政策〕

国立銀行の功罪

国立銀行が紙幣増発の責任の一部を負うべきは明らかであるが、しかし、この当時における紙幣、特に不換紙幣の増発が、元来、貨幣制度の不備と政府の財政政策上の要求とに基く過渡的または変態的現象であったことは疑いないところであるから、紙幣の増発に伴って招来された浮景気、したがって、これが回収整理を動機とする恐慌の原因を、もっぱら国立銀行または国立銀行条例のみに帰するのは、もとより失当の見解と評しなければならない。

およそ国立銀行の設立および経営の任に当ったものの多くは、さきには、その社会的地位において農工商の上位を占めていた旧藩主または士族の輩、或いは地方の豪家といわれる人士であった関係上、業務にとかく敏活を欠き、その一面には、比較的公共精神に富んでいたという美点もあって、改正国立銀行条例の二大目的を実現する上に、よく政府の意図するところに協調しつつ、商工業振興の先駆者たるべき使命を果し得たことは見のがしてはならない功績であったといえる。或いは国立銀行の生い立ちや、ことに当時における江戸幕府時代からの情勢的旧習などにかかわって、銀行自身になお多少の封建的臭味や官僚風のきらいを帯びていたことは想像するに難くないし(初期の国立銀行が設立された頃には、本部を頭取役場、支配人役場と称し、これに対して客だまりを人民控所と呼び、ことに大阪では、取引先たる顧客を、たとえば住友吉左衛門などと呼びすてにしていたほどである)、また後年、ことに西南の役後に続出した国立銀行のうちには、初期に設立された国立銀行の美風から遠ざかって、浮景気の禍根に培ったものも少なくなかったようであるが、いずれにしても、国立銀行が後年のいわゆる普通銀行として発展した素地を、みずから固めるとともに、銀行業者としての在り方を保全し、特に金融業者としての道義的方面に寄与した影響は、決して軽視されてはならないと思う。（*この場合の「好景気を惹起せし通貨膨脹の一半は、明治十年〔1877〕以後簇生せし国立銀行の負うべきところ」——大蔵省、『明治大正財政史』、第十七巻、第十二編、第一章、第三節、八〇頁——であるという見方が、後年大蔵省側から発表されている。）

要するに国立銀行は、十二年〔1879〕までに百五十三行という多数の設立が許可されたので、なかには業務上に多少の難点を存するものもないわけではなかったが、だからといって、後に設立された中央銀行すなわち日本銀行のように、専権に依存することはできなかったばかりでなく、また大阪などにおける国立銀行のうちには、さきの両替商の流れを汲むものもあって、そうした業者としては余ほどビジネスライクの特色を発揮していたものが少なくなかったようである。しかし、いずれにしても、多くの国立銀行が、最初期の国立銀行の創立事情からして、また、その指導に追随して比較的着実な営業方針を持続しつつ、後年いずれも預金銀行になり代り、一方に続出した私立銀行とともに、わが国における金融界の大勢をリードする枢軸となったことも見のがしてはならない。（*当時、政府のために銀行、通貨などに関する顧問の役を勤めていたイギリス人シャンドが、銀行の業務に関して当局者や当業者に幾多の教訓を与えたことは有名な話であるが、特に銀行の経営について、いわゆるサウンド・バンキングの方針を吹きこんでおいてくれたことは、後年のわが経済界のために大きな賜物であったといわなければならない。）

外国為替業務と横浜正金銀行

一　為替銀行設立の由来と政府の出資

西南の役が鎮定されて、十二年〔1879〕頃には国立銀行の増設興隆により、国内商工業のためにする金融機関は、一応、整備されたわけであるが、しかも当時のわが開港場における国際金融は、わが国に支店を設置していた二、三の外国銀行によって独占的に支配され、市場の商権とともに、外国為替相場はおおむね外人の左右するところとなり、わが国の貿易業者は常に外人に屈従せざるを得ないような状態にあった。ことにわが国としては、すでに述べたように不換紙幣が横溢して、いきおい多額の正貨を海外に流出せしめた結果、金貨の流通はついに、とだえるばかりに乏しくなって、貿易は非常な困難に陥ってきたのである。

こうした難局に当面したので、前述のように十二年〔1879〕二月横浜に洋銀取引所を開設し、洋銀の売買を便利にすることによって、その価格の騰貴を防止しようと試みたのも、もちろん、かような難局の改善を、さし当っての目的としたものであるが、元来、当時の銀価騰貴が根本的には紙幣の過多によるものであった以上、かようなその場しのぎの術策では、とうてい病根を救治し得るゆえんではあり得なかったのである。だから、この際、外国為替の取引および正貨吸収の任に当る特殊の金融機関を設置することは、外国貿易の増進、ひいては財政上の必要に顧み、何よりも急務に属していたといわなければならない。

かような情勢にかんがみて、十二年〔1879〕十一月愛知県人中村道太なるもの ら二十三名が発起人となり、

「(前略) 今ここに正金銀行を設立し、金銀貨幣の供給運輸を便にするは、先ず当今の急務と存じたてまつり候。よつて私ども申し合せ資本金三百万円をもつて横浜正金銀行と称し、国立銀行条例を遵奉し、横浜境町二丁目三十九番地に於て正金銀行を創立し、おいおい基本確定の上は、金札引換公債証書を抵当として銀行紙幣発行の議、願いたてまつるべく候 (下略)」という願書を提出した。

この当時、国立銀行に関しては第百五十三国立銀行を最後とし、それ以上には設立の許可を与えないことになっていたが、この正金銀行は営業目的が一般の国立銀行とは異なり、目前に必要な事業でもあり、また将来に多分の期待がかけられるようにも認められたので、同年十二月、横浜正金銀行という名称で、特にその設立を許可され、同行は翌十三年［1880］二月二十八日から開業した。但し紙幣発行の一事はついに許可が与えられないままに終ったのである。

横浜正金銀行に対しては、政府としては、その活動に少なからぬ期待をかけていたもののようで、ただに、その設立を例外的に許可したばかりでなく、政府みずから資本金の三分の一の出資を「差加金《さしくわえきん》」として引き受け、この差加金に対しては、同行の配当が年六分に達するまでは、他の株主と同様にこれを受け、それ以上に超過する場合には、その超過分を別途積立金として同行に保留すべき旨を定め、国庫準備金のうちから銀貨百万円を支出し、差加金として同行にこれを交付したのである。

この政府の出資による百万円と同様に、その余の二百万円もまた最初はすべて銀貨によって募集する予定であったが、何分にも、当時はなお銀、紙の値開きに甚だしいものがあって、さきに表示したように銀貨百円に対する紙幣の相場が百三、四十円から百七十余円というような暴落をつげた場合すらあったので、株主としては銀貨を買い入れることが困難であった。しかも銀行設立の際には、資金運用の方途が、まだ、はかばかしく進展しそうもないような状況でもあって、こうした二つの大きな支障に行き当ったので、止むを得ず、ついに民間持ちの出資については、払込額の五分の四に相当する分を限り、紙幣でもよいということにした。そして、この紙幣は金札引換公債証書に交換しておいて、おいおい内外の商業が拡張されて行くに従い、正貨の供給が欠乏した場合には、この公債証書を抵当として政府から銀貨を借り入れるという計画であった。かくて同行の資本金は銀貨百四十万円（うち百万円は政府の「差加金」また四十万円は民間からの出資）と、紙幣による資本百六十万円とを以て組み合わされ、十三年〔1880〕九月に第五回の株金払込によって、資本金全部の払込を見たのである。

二　正金銀行の営業難と政府の保護施設

この資本金払込が満了するに先だって、同年五月、当時は、あだかもわが国の特産物輸出季節に際していたので、同行は輸出商の便利に資するため、新たに輸出品を抵当とし、その金高に応じて紙幣を貸し付ける方法を採用しようと試み、その資金は政府から紙幣でこれを借り受け、これが返納は銀貨を以てするという条件で政府の認可を得、政府は同年八月、一ヵ年間、紙幣三百万円を限り、同行に預入して外国為替資金に利用させることにした。

かくて同行の取引は銀貨と紙幣とを混同することになったが、この外に官民の預金などで紙幣勘定によるものが、だんだんと多くなってきたので、おのずから、銀、紙の両勘定が対立するようになった。しかるに当時は銀、紙の価格に大きな開きがあったので、これを正金勘定の帳簿に混同して記載したならば、ただに計算が混雑するばかりでなく、銀行自体の運営や計画の上にも支障を生ずることになるので、同年七月から業務を二部門に分け、一つは本部として正金を扱い、他は紙幣部として紙幣勘定を受け持ち、両部の間に、計算上、貸借勘定を開いて、損益勘定はこれを本部でまとめることにしたのである。

だが、こうして銀、紙の両勘定を二本建にして行くことは、その価格が変動するにともなって、銀行みずからが少なからぬ損失を背負いこまざるを得ない結果となる。しかも十五年〔1882〕以降、経済界は不況が深刻になってきたので、同行としても、いきおい非常な営業難に陥らざるを得なかったのである。そこで同行は十六年〔1883〕一月、同行所有の金札引換公債証書百三万三千九百五十円を原価で、時価相当の金禄公債証書と交換的に政府から下付を受け、その収益の増加によって当面の窮状を緩和するという計画を立て、政府からその許可を得た。

ところが、同行設立の際には、同行の購入した金札引換公債証書を抵当として、政府から所要額を一円銀貨で借り受け、また銀券を発行することを得るという内約があったにもかかわらず、政府はついにその許可を与えなかったので、株主中から不平の声があがり、同行を閉店するか、官民分離するかという強硬な意見が生じてきた。そこで政府はこれらの株主の持株六千四百十四株を買収して局面を収めようと決意し、十六年〔1883〕五月にこれを実行したのである。

かくて同行は行内の異論を統一することにより、わずかに分裂を免れたが、何分にも営業上の損失はますます甚だしくなり、政府が同行の株式を買い上げた当時において、その額は百七万七千余円に上る見込であった。だから同行は、それとほぼ同時に臨時総会を開いて同行の組織を改革するとともに、定款を変更することになったが、政府としても事情止むを得ないものとして、ただちにこれを許可したのである。すなわち資本金は従来、銀貨本位であったのを、以後は「通貨」本位とし、また従前の本部の銀貨および積立金勘定を紙幣勘定に改めることにより、かくて生ずる差益をもって滞貨に対する準備となし、さし当って損失金の半額を補塡するために備え、その余の損失金および将来の営業上に生ずるかも知れない損失金については、営業費の節約と業務の拡張とにより、向う五ヵ年を予定して回復を期するということであった。政府としても、同行がまさに存亡のわかれみちに立っているのにかんがみて、同行の申請を容れ、同行の所有していた銀貨を時価で買い上げ、また営業維持の方法については内諭を下すなどによって、直接間接に多大の保護を与え、かくて同行の危機を救済したのである。だが元来、同行設立の趣旨からすれば、営業の在り方としては、できるだけ銀勘定に重きを置かなければならないはずであるから、資本金を「通貨本位」に改めたとはいえ、別に銀貨を客位に置いて、やはり銀、紙両建の営業を継続した。

そうしているうちに、同行にとっては幸いにも、銀、紙の開きが接近して平価を期待し得るようになってきたので、前述のような政府の保護誘導と改組後における役員の尽力とによって行運を立てなおし、営業がようやく持ちなおされてきた。そこへ、政府としては同行を利用して、紙幣の兌換準備に充てるべき正貨を海外から取りよせることになり、十六年〔1883〕七月から十九年〔1886〕六月まで（後に二十二年〔1889〕三月まで延長）同行をして御用外国為替の取扱に当らしめることになった外、日本銀行は同年七月、同行に対してコレスポンデンス契約を締結し、同行との取引上、二千万円を限度として資金を融通することにもなったなどの事情により、その営業状態はようやく改善されて、十八年〔1885〕七月には、同行はふたたび銀貨本位の組織に立ちもどったのである。

国際金融事情と正金銀行

維新以来、生糸、茶などの国産品は比較的早くから海外輸出の機運に向っていたし、また外国為替業務としては、第一国立銀行が十一年〔1878〕から旧韓国との間に取引を営んだ外、翌十二年の下期から第百国立銀行がニューヨークとの間に取引を開始していたというような事情にあったが、何分にも、当時はまだ取引先または取引関係が確実でない上に、肝心の為替または荷為替の取組に関する金融制度が保全されていなかったため、これらの国際取引上の難点が輸入超過の一因となるような関係にあったし、それでなくとも、全体としての貿易はいまだ発展を見るに至らなかったのである。

かくて当時におけるわが国民の通貨に関する知識の幼稚さと関連して、通貨の国際的流動といえば、けっきょくわが国側にとって甚だしく不利な正貨の逃避に終ったという次第である。だから正金銀行の設立によって、わが国としては初めて本格的な国際金融機関を有《も》つことになり、とりわけ輸出貿易上の要求に応ずるという点で切実なものがあった。同行が十三年〔1880〕二月に開業して以来、わずか五、六ヵ月の間に、茶、生糸などの為替または荷為替金融の供給を依頼するものが、通計二百万円に及び、同年中にはそれが五、六百万円の多額に上ったというに顧みても、当時、貿易金融機関の設立がいかに急務に属していたかを察するに足るものがある。

だが、すでに述べたように、同行が開業して以来、三、四年間にわたるその初期には国内では金融が非常に硬塞していたから、同行としては輸出為替のために、いわゆる市場資金を利用する途はなく、さりとて自行の資本をもってそれに充当するだけの余裕もなく、かくて輸出商の依頼に応じ得られないとすれば、必然に外国貿易に支障を生じさせるというわけで、国際金融機関としての同行の立場は甚だしく困難を免れなかったのである。そこで同行は十三年〔1880〕八月政府に申請して、準備金のうちから三百万円を限り、外国為替資金としてその貸下げを受け、外国貿易の助長に資するとともに、政府の海外送金の便を計ることになった。これを「御用別段預金」と称し、同行はこの資金を直輸出の荷為替および海外輸出品の荷為替元金または前貸金として運用することにより、資金難に対処したのである。

こうした貿易金融の利便が開かれたのによって、荷為替の取組を依頼するものは日増しに多くなり、また一般輸出品の生産も増進するにともなって、さらに為替資金の不足をつげるようになったので、十四年〔1881〕七月政府からふたたび百万円を限って、「増加預入金」を許され、後にこれを外国為替資本預金と改称した。その後、政府から引きつづき別口預金という名目の下に、準備金をもって同行に委託運用させたものが数項目を数えたが、本来、同行としては、当時、いまだその開業間もない初期に属していたとはいえ、この方法による取扱もまた宜しきを得ないで弊害が続出し、かえって輸出業者の投機を助長するような機会を与えることになったので、十五年〔1882〕三月以降は、すべて外国為替金取扱規定を遵守せしめ、このような弊害を一掃することになったのである。ただし、これらの預金は後に日本銀行の「外国為替貸付金」として大正時代の中期まで継続された特殊制度の萌芽をなしたものであり、また同行が外国為替業務に関して独歩的に振舞い得てきたゆえんのものも、実にここにあったと評してよい（大正編、「外国為替業務の伸展」章、「貿易金融の改善」節参照）のである。

こうした貿易金融施設はすべて輸出業者に便益を与え、わけても生糸、茶などの輸出を奨励するため、できるだけ為替金を潤沢に融通することにより、海外において正貨を取得しようとする目的にいでたものであった。だから、降って十七年〔1884〕には外国人に対しても外国為替の取組を許し、やがては外国為替に関する実権をわが国側で掌握しようと欲し、これがためにも、政府は正金銀行に対して多大の援助を与えたのである。

なお同行は開業早々、神戸に支店を開設した外、かねて政府からロンドン、パリ、ニューヨーク、サンフランシスコおよび上海に支店、代理店または出張所を設置することを許可されていたので、十五年〔1882〕十二月まずロンドン支店を開設したのを始めとし、上記の海外諸地に支店または代理店を続設し、それにともなって取引上の連絡もようやく円滑となりまた広くもなり、かくて同行はついにわが国における為替銀行業の大勢を制するようになったのである。

顧みれば、わが国における明治初期の国際金融は、上述のような事情のもとに、横浜正金銀行の盛衰にともなって消長したといってもよいが、しかしまた同行の初期の歴史は、ほとんどつまずきの連続で経過したことも否定されない。同行の営業の眼目とされていた為替業務は、設立以来の業績を通観すれば、時代とともにますます盛んになって、ついにわが国際金融の枢軸となったことは誰しも認めているところであるが、しかも、この間における政府の同行に対する施設や方策は、おおむね適切を得たものではなく、むしろ、ここにも銀行政策に関する失敗の跡を残したと評してよい。

というのは、元来、同行はその名称の示すように正金をもって、少なくとも正金を本位として取引を営むべき銀行であらねばならない。しかるに、設立に際して、すでに資本金の過半を紙幣で払いこましめたばかりでなく、開業後、数月にして銀、紙両建ての勘定を許し、また多大の保護や特典を与えたにもかかわらず、その方策が宜しきを得なかったがために、同行としての損失は多額に上り、一時は破産の外はないという窮状に陥ったこともあった。或いはその間、同行をして紙幣を発行させるべきであるとする便宜論を排し、銀貨本位主義を棄ててまでも、紙幣本位の勘定を許して難局を切り抜けさせたことなどは、一応、機宜を得た施策のようでもあったが、しかも、このような窮策のために、その後、同行はかえって同行本来の特色を失い、したがってわが国の貿易金融を助長しようとする最初の目的は、そのままでは、とうてい達成さるべくもなかったのである。

要するに、維新後ないし明治の初期における貿易や国際金融がいまだ幼稚の域を脱せず、したがってまた非常に困難を免れなかったことは、或いは想像の外であったかも知れない。また政府の国際金融政策が上述のように失敗に終ったことは、当時の経済事情や国際関係からすれば、或いは一概に責むべきではないかも知れない。しかし、とにかくわが国としての諸産業の発展、経済界としての興隆にともない、また政府の正金銀行を対象とする国際金融助長策が、前後一貫して保護と特典とに終始し、同行の営業をもり立てて、その基礎を固めさせる上に寄与したことは認めなければならないし、さらに維新後、外商や外国銀行が勢力を振って、わが国の諸市場を圧していたこの当時に、よくこれと対抗して国際金融の枢軸を確保し、わが貿易の増進に資するとともに、外人をして外国為替市場の鍵を掌握させないですんだことは、何といっても横浜正金銀行の存在によるものといわなければならない。

＊省略節［私立銀行と銀行類似会社］

中央発券銀行の創立

日本銀行の設立事情

一　金融の全国的統一の必要

国立銀行の発展、私立銀行および銀行類似会社の続出にともなって、金融機関の設備は全国的に普及し、経済界はようやく面目を改めてきたが、何分にも維新以来、十数年を経たばかりのこの時代としては、交通運輸機関の不備による取引の不円滑は容易に改められず、したがってこれらの銀行にしても、元来、比較的小資本をもって各地に割拠し、いわゆる縄張り主義の下に、何よりもまず独自の立場を維持することにつとめ、相互の間で業務上、緩急有無を調和するというような連絡は保たれていなかったから、金融界としては資金の偏在、金利の高低が甚だしくまちまちであり、また旧習にとらわれたそれぞれの地方色も抜けきらないままに、金融事情は全国的に統一を欠いでいたのである。

明治維新後、四年〔1871〕の廃藩置県によって政治上、財政上の中央集権は、一応その形だけは成立したが、経済界の状勢は必ずしもこれに歩調をあわせたわけではなかった。

顧みれば、江戸幕府時代だけでも二百六十余年という長い伝統に依存してきた封建的態勢の余波は、明治時代に入ってからでも、なお、容易にその跡を絶たなかったがために、経済界の血液となって、全国的に首尾一連の循環を必要とする金融の、いわば心臓にでも擬えらるべき中央銀行が存在しないということは、従前、こうした弊害を改め得なかった大きな一原因であったといわなければならない。ことに十年〔1877〕の西南の役後、とみに著しくなった不換紙幣の増発に対して、これが整理の方策はいまだ確立されず、銀、紙の差価は、十三、四年〔1880-81〕頃にはいよいよ甚だしくなり、しかも政府紙幣と、当時百四十余行を数えた国立銀行の紙幣とは混在して統一されないため、財政経済ともに安定を欠き、国運の進展を妨げるような傾向すら認められたので、新たに何らか適切な発券制度を確立して、紙幣の整理とともに金融の全国的統一を保全しなければならないとする機運が、十四、五年〔1881-82〕の頃には、いよいよ高調に達したのである。

もっとも、こうした趣旨の下に中央銀行を設立する必要があるということは、必ずしもこの当時に至って、にわかに認識されたわけではない。さきに国立銀行制度を採用するか否かが問題となった当時から、一部の人々の間に、これに関する反対の意見も主張され、中央銀行の設立を示唆する説も唱えられていたようである。その後、特に中央銀行創立計画の機運を促したものは、松方大蔵大輔に対するフランス蔵相レオン・セーの進言であったと思われる。すなわち十一年〔1878〕二月に「松方正義、大蔵大輔の現職のまま万国博覧会事務副総裁として渡欧したおり、フランスの大蔵大臣レオン・セーらと面談して中央銀行設立の要を指摘され、松方の帰国後も随員加藤清をベルギーに滞留せしめ、中央銀行制度について調査研究をなさしむ。」（日本銀行調査局）とあるところから見ると、後述のように、わが日本銀行がベルギー銀行の制度にならって設立されたことと思い合わせて、当時、松方としては、すでに相当の期するところがあったのであろうと察せられる。

二　松方の『財政議』と『日本銀行設立の議』

かくて松方は帰国後、十四年〔1881〕九月、内務卿として三条太政大臣に『財政議』を提出し、中央銀行設立の必要を論じたのに引きつづき、十五年〔1882〕三月一日、大蔵卿として、『日本銀行設立の議』ならびに日本銀行条例、同定款の草案および『日本銀行創立旨趣の説明』を、これに添えて三条太政大臣に提出した。これが日本銀行創立の礎石となった次第は後に改めて述べることとする。

もっとも、この問題については、独り松方のみが独歩的にその所見を表示したものではなかった。日付は明らかでないが、十三年〔1880〕の政変によって大蔵卿を辞任した大隈は、在任中に参議伊藤博文との連名で、「公債を新募しおよび銀行を設立せんことを請うの議」を建白したのに対し、同年八月一日付を以て「建議の趣、御採用相成るべきに付《つき》（中略）詳細取り調べ差し出だすべきこと」（大隈文書）という指令が出ているところから見ると、この建議はそれより以前に提出されたものであることがわかる。しかし、いずれにしても松方の大蔵卿就任によって大隈案は葬られ、松方案によって日本銀行の創立を見ることになったのである。

松方の『日本銀行設立の儀』および『創立旨趣の説明』を要約すると、その「旨趣」は、およそ五項目にわたっている。
(一)「金融を便易にすること」すなわち中央銀行を以て全国銀行の枢軸となし、国立銀行に対しては、あだかもこれを支店のように見なすことにすれば、貨財の流通する線路が国内に行きわたって、おのずから連絡融和の気風を養い、金融の繁閑を平均順調ならしめることができる。
(二)「国立銀行、諸会社などの資力を拡張すること」すなわち貸付、割引により一般銀行に融通の途を開いて、金融逼迫というデマを抑え、また商工業諸会社に対しては、その危急を救い且つ資力を拡張させるようにする。
(三)「金利を低減すること」すなわち、もっぱら手形の割引につとめさせ、貸金資本の流動運転を敏速にして、金融の不円滑を防ぎ、金利の低減を促すようにする。
(四)「中央銀行を設立し行務整理の日に至りては大蔵省の事務を中央銀行に託して害なきものは、分ちてこれに附すること」すなわち官金の繁閑を測って手形の割引に使用させ、国庫のために利益をはかるとともに、民間への融資にも便宜を与えるようにし、そして内外貨幣や金銀の地金を買い入れる資金に充てさせる。
(五)「外国手形割引のこと」すなわち外国手形の割引により、必要に応じて正貨を海外から吸収させ、正貨の流出入を助長または抑制する上に、割引歩合の高低を利用するという方策を用いる。
これらの五項目は中央銀行設立の旨趣というよりも、むしろ中央銀行が国に対して独自の立場から、当然に尽すべき義務に属するといわなければならない。ところが、中央銀行をしてこのように重大な責任を果させるためには、まず、同行をしてこれに堪えられるだけの資力を有《も》《あら》しめると同時に、同行に対してこれに相応するだけの特権を与えなければならない。いうまでもなくそれは銀行券発行権の独占ということであるが、何分にも、当時は正貨が欠乏して、一時に必要な兌換準備の正貨を充たすことができなかった。それかといって、公債証書を抵当とする銀行券発行の制度を採ったならば、またまた国立銀行の失敗を繰り返すことはわかりきった話であって、外に適切な方法も見出だされないところから、止むなく兌換券発行のことは、しばらくこれを他日の解決に待つこととし、その代策として政府はみずから資本金（一千万円の予定）の半額出資を引受け、しかも、これに対する利益金の配当については、他の一般株主よりも低位的に区別されることとして、保護助成の方針を明らかにし、かくて、いよいよ日本銀行設立の段取となったのである。

日本銀行の組織および業務

日本銀行条例および定款はベルギー銀行のそれを主たる典型とし（前節参照）、これにヨーロッパおよびアメリカ諸国の長所を採り入れ、さらにわが国固有の習慣をも参酌して制定された。かくて設立された同行の組織は次のような綱領になっていた。

（一）営業年限を三十ヵ年とすること。

（二）資本金を一千万円とすること。

但し政府は資本金の半額出資を引き受けて同行の株主となること。

(三) 資本金は開業前にその五分の一に相当する金額を払い込ましめ、残額は営業上の都合により幾回にでも分割して払い込ましめること。
(四) 営業に制限を設けて危険な事業を禁ずること。
(五) 政府の都合によって国庫の出納事務に従事させること。
(六) 兌換銀行券発行の特権を有《もた》しめること。但し当分の間はこれを許さない。
(七) 総裁を勅任とし、副総裁を奏任とすること。
(八) 大蔵卿に従属する同行監理官を置くこと。
(九) 毎月大蔵卿に報告を呈出させること。

こうした綱領は前節に述べたように、もっぱら松方大蔵卿の建議に基くものであるが、すべて太政官の容れるところとなって「日本銀行条例」が作成され、十五年〔1882〕六月二十七日太政官布告をもって公布されたのである。

日本銀行条例は全文二十五ヵ条から成り、その要目は第二、第十一、第十二、第十三および第十四の各条にわたりおよそ五項目に要約される。すなわち(一)本店を東京に置き、各府県の首都その他要衝の地に支店または出張所を設け、また他の銀行との間にコレスポンデンスを締約すること。(二)営業の範囲、(三)その制限、(四)国庫金の取扱および(五)兌換銀行券の発行がそれである。そして政府は条例を公布した当日、官民間から同行創立事務委員を任命し、同年八月には株主の募集が予想外の好況をつげ、官民双方の株式払込が円満に結了したのを待って、総裁、副総裁をはじめ、理事および監事をも、特に政府みずから任命した上、同年十月十日に同行の開業を見たのである。

初代の正、副総裁はいずれも大蔵省の官吏を抜いてこれにあてた。前者には吉原（重俊）大蔵少輔、後者には富田（鉄之助）大蔵大書記官がそれぞれに任命されたが、業務の運営には、むしろ実業家をしてこれに当らしめるこそ適任であるというので、安田善次郎、三野村利助および外山脩三を理事に、子安峻、北岡久兵衛および森村市太郎を監事に任命した外、別に割引委員と称するものを設けて、渋沢栄一らの数名にこれを依嘱した。この割引委員は、実務にはあまり触れなかったということで、いわば業務の運営に支障なからしめるように試みたという程度のものであったと見られる。

ところが、かように主脳部の陣容が備わったにもかかわらず、或いは同行の株式を買い占めて、中央銀行に威力を及ぼそうとする財閥などの策動もないとは限らなかったし、ことに勢力興隆の機運に乗っていた三菱の、そうした意味での介入を危惧せざるを得ないような情勢にあったので、日本銀行の株式名義の書替は、すべて大蔵大臣の認可を必要とするなど、政府は同行の立場を保全するために万全の注意を払ったのである。

維新後、十五年に満たないこの当時としては、政治、経済、社会その他百般の制度を通じて、創業後、日なお浅しというところである。しかも、そこにわが国の中央銀行たる日本銀行が設立されたことは、一つは経済界の情勢がそうした機運を促進するような関係にあったからでもあるが、それにしても同行の設立は、そのこと自体がわが国の金融史上に、否、財政経済の発展過程に一大時期を画したものといってよい。

すでに述べたように金融の全国的連絡調和をはかるとともに、紙幣の発行を一元的に統一するということは、中央銀行創立の二大眼目であって、その達成には前途なお遠しの感じがあるにはあったが、しかし、また政府当局者、特に松方大蔵卿がよくこの時勢の要求を見抜いて、これが実現に力を尽し、その後、数十年にわたる同行発展の基礎を確立したことは、たしかにその一大業績として推称に値するものと認められる。だが、それについては、他になお付記しておかなければならないことがある。

というのは、当時すでにわが国における最重要な金融機関として、その地歩を確立していた多数の国立銀行が、各自の利害、むしろそのこうむるであろう不利の予想にかかわらず、中央銀行創立の企画を冷静に見送っていたことである。もちろん多数の国立銀行のうちには、十四、五年〔1881-82〕の交、深刻な不景気のために営業が衰滞していて、この企画に対抗するだけの実力を失っていたものもないではなかったが、何といっても、有力な国立銀行の先覚者が自己の不利を顧みず、国全体の利益を重視して、進んで松方大蔵卿を助け、その計画の実現を支持したことは、日本銀行の設立を容易ならしめた一因であって、こうした国立銀行の態度もまた後代に伝えられなければならない事実である。

国立銀行紙幣の銷却

一　個別銷却から合同銷却へ

日本銀行に兌換銀行券発行の特権を専有させ、銀行券の全国的統一を期するということは、同行設立の一大眼目であるが、それには当然に、従来、国立銀行に与えていた銀行券発行の特権を廃止しなくてはならないから、政府は日本銀行が設立された翌十六年〔1883〕五月五日、国立銀行条例中に重大な改正を施したのである。改正の重点とするところは二つあった。一つは国立銀行の紙幣発行をおいおいに廃止するとともに、かれらをして普通銀行に振りかわらせること。その紙幣発行権は開業の許可を受けた日から二十ヵ年を期限とするということであったから、国立銀行はおそくも三十二年〔1899〕にはまったく姿を消すわけであった。いま一つは、国立銀行紙幣の銷却方法であって、その方法は次の六項目に要約される。

(一) 各国立銀行の紙幣引換準備金は、大蔵卿の指定する期限までにこれを日本銀行に納付して、営業年限内はこれを定期預けとなし、そして紙幣銷却の元資（甲種）にあてしめる。

(二) 各国立銀行は毎年、各半季の利益金の多少にかかわらず、その銀行に対する政府紙幣の下付高について、その年二分五厘に相当する金額を引き去り、これを日本銀行に預け入れて紙幣銷却の元資（乙種）にあてしめる。

(三) 日本銀行はこの甲乙両種の元資をもって公債証書を買い入れ、これから生ずる利子をもって、年々、銀行紙幣を銷却する。

(四) これらの買い入れた公債のうちで償還されるものがあったならば、その償還を受けた資金をもって、さらに他の公債証書を買い入れ、銷却元資を補充させることとする。

(五) 国立銀行のうちで営業満期に至っても、なお銷却未済の紙幣を残しているものがあったならば、乙種の元資金をもって買い入れた公債証書を売却し、すべてこれを銷却させる。

(六) 銀行紙幣銷却の事務は、すべて日本銀行をしてこれを取り扱わしめ、その政府へ上納した銷却紙幣はこれを焼きすて、同時にこれに相当する金額の公債証書を還付する。

この改正と同時に大蔵省から布達した詳細な目論見書および図解なるものによると、条例の改正は銀行側に対して何ら過重の負担を課することにはならないばかりでなく、紙幣抵当の公債証書および甲種の銷却元資金はそのまま銀行の所有するところとなっているし、且つ乙種の元資金にあっても、多少の剰余を生じてその分配を受け得ることとなる。またこの方法によれば、多額の紙幣を一時に銷却することにはならないから、金融上に激変を生ぜしめて経済界に動揺を起させるような恐れもなく、いわば、知らず知らずのうちに紙幣整理の目的を達するとともに、政府も銀行もそれぞれ、この処分によって生ずる利益にあずかり得るというのであった。

かくて政府は十六年〔1883〕五月各国立銀行および日本銀行に対し、それぞれに命令書を交付して銷却に関する趣旨の徹底を期したが、何分にも当時、百四十余行を数えていた各国立銀行の紙幣銷却勘定を各別に整理することは、手数も煩雑にわたるし、また費用も少なくない。そこで政府は国立銀行および日本銀行の請願をいれて、同月中さらに紙幣の合同銷却方法を令達した。これによると、各国立銀行の紙幣銷却には、毎季の紙幣銷却元資金による公債証書の利子を基準とし、全部の発行高を合同して便宜に銷却すればよいことになる。だから、その年々の都合によっては一銀行の決算期に、或いは紙幣発行高と実際銷却高とが均衡をとらないという場合もあり得るが、終局までには、すべて銷却を完了することができるようになっていた。よって各国立銀行は翌六月それぞれに日本銀行と紙幣銷却に関する契約を締結し、日本銀行は同年十一月八日に銀行紙幣支消部を設けて、翌十七年〔1884〕からこれを実行したのである。

二　実施後の経過と第十五および第二国立銀行の立場

この紙幣銷却計画は国立銀行の側からすれば、むしろ歓迎さるべき関係にあった。というのは、前年来の深刻な不景気は、引きつづいてそのままに経過し、最初、政府が紙幣銷却を励行するにともなって、金融市場も一時は非常な不振に陥り、国立銀行のうちには営業難から、つまずきをするものが続出し、その他、一般の国立銀行にあっても、多少の損失をこうむらないものはなかったといってもよいほどであるが、こうした難局に際して、この紙幣銷却計画が発布されたことは、かれらにとっては、さながら暗夜に一道の光明を認めたような感じすらあったから、ただに国立銀行側ばかりでなく、世論もまたこれを歓迎したのである。

ところが、この計画は後年、公債証書の価格が騰貴したのに反し、その利子が低減したのによって、予想外の期待はずれに陥った。すなわち各国立銀行としては、俗にいうところの算用合って銭足らずの関係をよぎなくされ、おのおのその営業満期に際して、ただに剰余金の分配を受けられなくなったばかりでなく、かえって紙幣の残高を銷却するために多額の出金を要することになった。そこで当業者はしきりに政府に迫って善後策を要請し、ついには、後に二十七、八年［1894-95］頃に至って国立銀行営業満期の延期論をすら生じ、これがために一時は政界財界を通じて非常な騒ぎをひき起したほどであった。

この紙幣銷却について問題となったのは第十五国立銀行および第二国立銀行に与えていた特典または銀行それぞれの特殊的立場であった。第十五国立銀行はすでに述べたように政府の財政政策と特別の関係をもち、したがって一般の国立銀行とは別に重要な特典を与えられていたわけであるが、日本銀行の設立にともなって一般の国立銀行に対する処理方策が定まった関係上、同行もまた一般の国立銀行と同列に伍せしめられることになった。だから政府は十六年〔1883〕七月、さきに同行から借り入れていた一千五百万円を返済し、これをもって、同行の資本金高の八割という制限外の紙幣発行額二百四十万円の銷却に充てさせると同時に、準備金を制規通りに積み立てさせることにした。但し同行がかく特典を失うことによって受けるであろう損失を償わせるため、政府は同行に対する未償還の借入金一千万円の利子を、従前の年五分から年七分五厘に引き上げて、過渡的調整に資するところがあった。

次に第二国立銀行は、これまたさきに述べたように洋銀券発行の特権を持続してきたが、日本銀行の設立にともなう当然の一対策として、政府は十七年〔1884〕五月二十六日同行に対し、翌十八年五月限りその通用を禁止する旨を通達した。かく政府がこれら二国立銀行の特殊的立場にかかわらず、他の一般国立銀行と同様の立場に伍せしめることにしたのは、いうまでもなく兌換銀行券の統一を確保するという基本的方針を貫くためにほかならなかったのであって、これがためには、政府としては何らの情実酌量をも施すべきでないという決意のほどが察せられたのである。

日本銀行兌換券の発行

一 兌換券発行のおくれた事情

日本銀行は十五年〔1882〕十月十日の開業後、同年十二月十五日に大阪支店を開設したが、同年中はわずかに営業のいとぐちを開いたというだけに終った。（*同行は開業と同時に公定歩合の形式を定めて、公債抵当貸、金銀貨抵当貸および割引の三種とし、且つ当所割引歩合を二銭八厘と定めて同年十月十一日から実施した。）翌十六年〔1883〕に入って以来、業務がようやくその歩を進め出し、国庫金の取扱、造幣、造貨の払渡、銀行紙幣の銷却などもおいおいにはかどり、また他の銀行との間にコレスポンデンスの締約を実現するなど、同行としての業務や必要な手続を進めてきたが、当時はなお政府勘定が大部分を占め、民間その他政府関係以外の取引は、いまだ一小部分に過ぎなかった。すなわち金額において、後者は前者の三分の一に止まっていたということである。

越えて十七年〔1884〕には官民双方に対する業務が、ともに前年よりも著しく進展し、ことに送金手形、割引手形の取扱が目立ってきたが、しかし民間からの預金は、いまだ甚だしく少額に止まっていた。ところが十八年〔1885〕には、政府勘定の出納はますます増大してきたにもかかわらず、民間の勘定はかえって退歩の状を示し、ことに預金が不成績に傾いてきた。かく預金が増加しないのに、資本金には制限があることとて、同行としての活動は、とかく不如意を免れなかった。同行の営業資金が潤沢になったのは、その兌換券を発行するようになってからのことであって、それが初めて発行を許されたのは十八年〔1885〕五月九日のことであった。（*この場合には、さしあたり二百万円の銀貨を引換準備として、最高五百万円までの発行を許され、十円券を発行した。したがって、その後、国立銀行紙幣は銀貨兌換の日本銀行券と交換されることになった。）

元来、中央銀行創立の一大眼目が、不換紙幣の銷却整理と、これにかわる兌換銀行券発行の一元的統一ということにあったにもかかわらず、日本銀行の設立に際し、当分これを許さないこととした事情は前に概説しておいたような次第であって、ことにその兌換券発行がようやく十八年〔1885〕五月に、初めて実現されるまでには、いろいろの重大ないきさつがあったことを見のがしてはならない。

十四年〔1881〕十月の政変によって、新任の松方大蔵卿が政府紙幣の減少、財政緊縮の方針を実現しようとした頃には、海外の形勢はとかく不穏をつげてきたこととて、師団を増設せよという説がようやく高まってきたところへ、国内には鉄道の建設や生産の奨励に多額の経費を要するものがあって、官民間に積極的な財政経済政策を要望する声が湧き上がってきたにもかかわらず、政府はかえってデフレーションを堅持しようとする方針であった。しかも実際、民間のデフレーションに処する苦悩の声はますます高まってきたという状況で、それがために、紙幣銷却の計画は、一時、或いは失敗することになりはしないかとすら危ぶまれるほどであった。

だが、かねて、こうした難局に出会うことを予想していた松方大蔵卿は、前に述べたフランス蔵相レオン・セー、またわが国の山本覚馬（新島襄の岳父）の言を重んじていたという関係もあって、この計画については最初から一大決心を固めていたこととて、既述のように明治天皇に上奏して特別の嘉納を得ていたのであるが、とにかく、こうした難局に処して、かれは一意その方針を貫徹するにつとめた。かれの主持した財政経済政策のねらいは紙幣の銷却と同時に正貨の増殖をはかり、そして兌換制度を確立しようとするにあった。それが難事中の難事に属していたことは想像に余りあるところであるが、しかも、かれが終始一貫してこの難事業を遂行し、おおむね予定の成果を収め得たことは、わが財政金融史上、特筆に値するものといわなければならない。

いわゆる松方デフレ政策が遂行された一面には、これがために、わが国の経済界が当然に忍ばなければならなかった苦難は実に重大深刻なものがあった。すなわち紙幣銷却の計画が進められて行くにともなって、その価格はだんだんと回復歩調をたどってきたのに反し、物価および金利はますます低落してきた。かくて商工業は沈退するとともに農業は生気を失い、経済界を通じて破綻倒産するものが続出してきた。だから銀行も国立、私立の別を問わず、ひたすら警戒の手を引き締めて自衛につとめたが、何分にも投資の途は狭められ、すでに貸し出した資金は停滞して回収が困難となり、しかも抵当物件の値下りによってこうむる損失は著しいものがあって、前に述べたように銀行の閉店または営業停止をよぎなくされるものが続出してきた。そのような状況のうちにデフレーションによる不景気は実に深刻なものがあったので、日本銀行の兌換券発行も、なおその時機が到来しなかったというわけである。

二　兌換銀行券条例の内容およびその改正

しかし、紙幣整理の計画はやがてその効果を挙げてきた。すなわち十七年〔1884〕七月には銀、紙の価格差は一円につき僅かに四銭七厘となり、その後紙幣の直接銷却は廃止となったほどであるから、政府はいよいよ日本銀行の兌換券を発行してもよい時機が来たものと見て、同年五月二十六日に兌換銀行券条例を公布し、翌々七月一日からこれを施行したのであった。かくて十八年〔1885〕には銀、紙の差価はほとんど消滅し、また政府は兌換準備に充てるべき銀貨を、できるだけ国庫に充実することにつとめ、前述のように同年五月九日に、はじめて十円の兌換券が発行されたのに引きつづき、九月八日には一円券および百円券が発行された。そして、国立銀行紙幣はこの銀貨兌換を保証された日本銀行券と交換されることになったのであるから、国立銀行紙幣は流通過程において自然に銷却されるという関係におかれたわけである。

兌換銀行券条例は全文十二ヵ条から成り、その主旨とするところは、同条例の第一、二条に規定されていた。すなわち兌換銀行券は銀貨をもって兌換されるものとし、日本銀行はその発行高に対して相当の銀貨を置き、これが引換準備に充つべしというのであって、発行高および兌換準備率に関しては何らの規定も設けられていなかった。およそ兌換券の発行について特に慎重を期せなければならないことは、いうまでもなく発行高の制限および兌換準備の割合に関する点であって、この意味からすれば、同条例が発行高および準備率のいずれについても、何らの制限をも規定しなかったことは、或いは不備の評を免れないところであったかも知れない。だが、当時、政府および国立銀行の紙幣はなお数量的に多大の勢力をもっていた関係上、この場合の兌換券発行はむしろ多分に試験的意味をもち、政府としては別の命令をもって、前述のように十円券を発行するに際し、差当り二百万円の銀貨を引換準備とし、最高五百万円迄の発行を許したというのも、おそらく時宜に応じて、その発行限度を指定することとしたものではなかろうか。けだし止むを得ない処置であったと思われる。(日本銀行券に限って「兌換」の二字を冠したのは、もちろん当時としては、国立銀行の発行にかかる不換紙幣が、なお盛んに流通していたので、これと区別するためでもあったが、この区別はまた日本銀行券が「兌換」される故に、海関税の支払にも通用するという点で重要な意味をもっていた。ちなみに、この「兌換」の二字が後に太平洋戦時中に廃止された事情は、昭和編の中で改めて述べるところに譲ることとする。）

兌換券の発行にともなって政府紙幣および国立銀行紙幣はともに流通高が減少し、兌換券の流通が円滑になるにつれて、政府はその発行限度の拡張を許し、十八年〔1885〕十二月二十八日には最高五百万円を七百万円に改めたのに引きつづき、十九年〔1886〕二月一日には、さらにそれを九百万円に拡張し、翌三月四日には二千万円に改定（但し、うち八百万円は銀貨を発行準備とすべき旨の通達があった）した。かく兌換券の発行、流通が円滑になってきた経過を顧みて、政府は従前、多分に試験的であった兌換制度を本格的に確立すべき時機が到来したものと認め、且つ政府紙幣償還の資に充てるため、日本銀行から二千二百万円を（年利八分で）借り上げる必要もあったので、二十一年〔1888〕八月一日に勅令をもって同条例第二条に改正を加えたのである。その要点は次のようなものである。

(一) 日本銀行は兌換券発行高に対して、同額の金銀貨および地金銀を置き、その引換準備に充てなければならない（正貨準備）。

(二) 日本銀行はこの外に特に七千万円を限り、政府発行の公債証書、大蔵省証券その他確実な証券または商業手形を保証として兌換銀行券を発行することを得る（保証準備）。

(三) 日本銀行は市場の景況により、流通貨幣の増加を必要と認めるときは、大蔵大臣の許可を得て、前二項による発行高の外、さらに政府発行の公債証書、大蔵省証券その他確実な証券または商業手形を保証として兌換銀行券を発行することを得る（いわゆる制限外もしくは限外発行）。但しこの場合には、その発行高に対し年百分の五を下らない割合をもって発行税を納めなければならない。この割合はそのたびごとに大蔵大臣がこれを定める。

第二項のいわゆる保証準備発行限度七千万円のうち、前述の通り政府に貸上げとなる二千二百万円の外、さらに二千七百余万円は二十二年〔1889〕一月以降、国立銀行紙幣を銷却するにともなって発行するものとし、けっきょく、日本銀行自身の随意に発行し得る額は二千万円となる勘定であった。

ところで、かく保証準備発行限度を七千万円と定めた採算の根拠は、既往の十年間にわたるわが国の通貨需要高を調査した結果、年間の最高額は常に一億二千万円より下ったことがないから、その五分の三に当る約七千万円は経済界が常に必要とする額であり、しかも、それは兌換の要求なくして市場に流通する高と断定しても不当ではないということ、またこの金高は当時の国の財政状況に照らすに、なおその歳入総額に達しない程度で、当然に租税その他のいわゆる上納のために民間で必要とする高であり、さらに、これをわが国の人口との振合に見ても、その額は一人当り平均一円二十九銭を算し、試みにこれをイギリスの実状と対照しても、甚だしく失当であるとは認められないというのであって、政府当局者がこの問題のために細心の注意を払ったことが推察されるのである。なお政府が二千二百万円を限り、年百分の二という低利で日本銀行から借り上げ、ことにそれを三十一年〔1898〕以降は無利子とすることにしたのは、保証準備の発行を許すという特典に対し、日本銀行側として当然に負うべき報償的義務の一つに属するものと解してよい。

この兌換制度はいわゆる屈伸法を採用したものであって、保証準備の発行高は七千万円に限られていても、正貨準備が増減しただけ、正貨準備＋ 7,000 万円がそれだけ増減し、もし制限外発行をよぎなしとする場合には、年五分を下らないという比較的高率の租税により、それだけ金利高となって、おのずから兌換銀行券の増発を抑制しまたは回収を促すことになるわけであるから、つまり発行高が自然に屈伸するという意味である。

顧みれば、維新以来、歴代の政府当局者が実行した銀行紙幣発行政策は、ほとんど失敗の連続であったといってよい。だが、この兌換制度は、そうした失敗を重ねるごとに体得してきた経験に基き、さらにヨーロッパ諸国の中央銀行制度の長所を採り、これにわが国の特殊的事情を調和させることによって、最善を期したものであるだけに、制度としては、当時、世界中で最も優れていたものと高評されたほどである。（当時、兌換券発行制度において世界的に最も完備していると評されていたドイツのライヒスバンクのそれと対比しても、たとえば、かれにあっては正貨準備の在高の発券総高に対する割合を制限しないこと、またわが国が制限外発行について発行税の増減により、いきおい制限外発行を制約し得るという仕組になっていた点などは、いずれもわが国の制度における優れた特色と認められていたのである。）

兌換制度実施当時のわが財政経済事情

日本銀行の設立前後にわたる経済界の深刻な不況については前に概説しておいたが、この恐慌的逆転はすでに述べたように、さかのぼれば維新以来、続発された不換紙幣の暴落と、これが回収整理とに由来した必然の反動的傾向であって、必ずしもわが国における経済界自身の本質的な転落を意味するものではなかった。否、わが国の経済界としては維新後の動揺がようやく安定に向い、十年〔1877〕の西南戦争を一段落として、政治的にも社会的にも、国情はおおむね平安を待望し得るような状勢にあったから、経済界としても、それ以来、新規の企業を開設しようとする機運は、むしろ年を逐って高まってきたのである。

西南戦争の起った翌十一年〔1878〕の三月三日には東京商法会議所（後の商業会議所、次いで商工会議所）が、次いで同年九月には大阪商法会議所がそれぞれに設立され、また同年六月八日には第一国立銀行が朝鮮釜山に支店を開設した一方、同月一日に東京株式取引所（現在の証券取引所）が、次いで翌々八月には大阪株式取引所（同前）がそれぞれに設立され、且つ十一年〔1878〕十二月には東京海上保険会社が創立されて、はじめて保険会社という名称を使用した外、*十二年〔1879〕十二月一日には、わが国最初の手形交換所として大阪交換所が、また翌十三年九月一日には東京銀行集会所が設立され、さらに翌十四年七月九日には、わが国で最初の生命保険会社たる明治生命保険会社が開業し、さらにわが国最初の紡績会社たる大阪紡績会社は十五年〔1882〕五月に創立され（後に三重紡績会社と合併して現在の東洋紡績会社となる）、十五年〔1882〕七月二日には風帆船、北海道運輸、越中風帆船および運搬の四会社が合併して、政府の一部出資により、改めて共同運輸会社を創立したなど、日本銀行の設立に先だち、経済界は諸方面にわたって創始的活動をはじめていたのである。（*わが国における損害保険業の先駆は、十年〔1877〕五月二十八日に、第一国立銀行が「海上受合業」を案出し、大蔵省の許可を受けて実施したのがそれであるが、保険会社と名乗って開業し、したがって、またその存在を一般から認められるようになったのは、この会社が最初であった。そして第一国立銀行の海上受合業務はいっさいこの会社に譲渡された。）

日本銀行の設立後、憲法発布（二十二年〔1889〕二月十一日）頃までの主な新企業は、ほとんど交通運輸関係に集中されていたような観がある。十六年〔1883〕二月十五日に東京電灯会社が創立されて、二十年〔1887〕一月二十二日にわが国ではじめての電灯が点ぜられたことは、当時としては一大ニュースであったし、九年〔1876〕四月五日以来、東京府瓦斯《ガス》局の所管事業となっていたガス事業*は、十八年〔1885〕十月一日民間に払い下げられて、東京瓦斯会社となった。（*ガス事業は東京におけるよりも、横浜において早く開始されている。すなわち横浜においては四年〔1871〕九月に瓦斯局を開設し、五年〔1872〕九月から市中に点火している。）また十七年〔1884〕三月十五日には地租条例が公布されたことも、わが国における財政経済上の一大問題であったが、新規の企業として経済的にも社会的にも特に重要な意義をもっていたものは鉄道と海運とであって、ことに鉄道の方は、後世それが私鉄企業熱の興隆期と呼ばれるほどであった。

わが国における最初の鉄道は、官設（国有国営）による東海道線の一部、東京、神奈川（現在の横浜）間であって、それが六年〔1873〕に開設されて以来、毎年、これを西方へ延長するとともに、京阪地方でも敷設を進めて、終点の神戸まで連絡全通したのは二十二年〔1889〕七月一日のことであったが、民業としては十六年〔1883〕十一月に日本鉄道会社（東京、青森間、資本金二千万円）の創立を見たのをはじめとし、翌十七年六月十六日には阪堺（わが国における純民設鉄道の先駆）、越えて二十年〔1887〕五月には両毛および水戸、さらに翌二十一年には一月四日に山陽（資本金一千三百万円）、同六月二十七日には九州（同一千百万円）の各鉄道会社その他の中小会社が、それぞれ創立された。一方、海運関係では十七年〔1884〕四月に大阪商船会社が創立され、翌十八年〔1885〕九月二十九日には三菱会社が前記の共同運輸会社と合同して、新たに日本郵船会社を創立し、太平洋戦争当時まで、この両社がわが国の二大汽船会社として対立してきたことは周知の通りである。

かく明治時代における企業界が、すでに日本銀行の設立に先だって活躍しはじめていた経過を顧みると、日本銀行の設立は、遅れたとはいえるにしても、先走ったとは、とうてい認められないもののようである。いずれにしても、企業界の活躍と日本銀行の設立とが、あいまってわが国の財政経済、特に金融史上に一時期を画したことは、こうした事情によるものであるが、何分にも同行の設立ないし最初の兌換券発行当時における金融界は、前述のように不換紙幣の整理によるデフレーション政策が進行中のことと て、日本銀行および政府としての金融政策には幾多の困難が生じたものと想像される。試みにこの当時における日本銀行公定歩合の異動に見ても、ほぼその状況がうかがえるのである。

日本銀行が設立されて以来、公定歩合の形式を公債抵当貸、金銀貨抵当貸および割引の三種として、はじめて発表されたのは、前述のように十五年〔1882〕十月十一日のことであって、この場合の「当初割引歩合」は二銭八厘であった。しかるに、その翌十一月にこれを二銭六厘に引き下げたのにつづいて、二十二年〔1889〕の憲法発布までに二十六回の上下を重ね、二十一年〔1888〕九月の改定によって、当所割引歩合を一銭八厘五毛と定めている。これを最初の二銭八厘に比すると、九厘五毛という下開きに当るのであるが、これは前述のように、不換紙幣の銷却にともなって、金融がおのずから安定の傾向をたどり、金利の低落を促すような機運が進んできた事情を反映しているものとみなしてよいと思う。

日本資本主義の生成期

経済界の発展と日本銀行の興隆

一　わが国の産業革命と資本主義の生成

日本における産業革命の始期については、経済史家の間にも、いまだ定説とみなされるものがないようである。というのは、いわゆるマニュファクトリーの形態による生産様式の生成、普及を目標とするもの、資本の蓄積過程から見た産業資本充実の程度に重点をおくもの、金融制度の整備が進展した段階に画期点を求めようとするものなど、それぞれに観察の角度を異にするからであるが、資本主義体制に入ったのは日清戦争後であった*と見る点では、おおむね一致するもののようである。（*たとえば土屋喬雄『日本経済史』第一編、第一章、四頁。楫西光速『昭和経済史』、序説、「二」、六頁など。）

日本銀行の設立前におけるわが国の経済界は、産業、金融のいずれの方面においても、産業の近代化とか資本主義の体現とか見られるような現象は、いまだ、ほとんど現れていなかったといってよい。しかし前章に述べたように、日本銀行設立の前後にわたって、紡績、鉄道、海運などの諸企業がようやく擡頭してきたことは、わが国の経済史上に見のがすことのできない著しい事実である。そうした傾向は、もちろん主として日本銀行の設立後において発展したものであるには相違ないが、その勃興機運がすでに同行の設立前から萌芽を現わしていたことも否定されないところであるから、前後の関係を一見しただけでは、或いは日本銀行の設立が経済界の近代化を促進する一動機となったともいえようし、或いはまた経済界の発展機運が日本銀行の設立を誘導したというふうにも見られよう。いずれにしても、この両者が相互的に因果関係を成したことは疑いのない事実である。そこに招来された局面は、これを金融の方面から見れば日本銀行の興隆時代と称し得るに対し、産業の側からすれば商工業の進展時代といってよい。

もっとも、ここにいうところの商工業の進展は、農業に対する状勢の比重的異動を意味するものであって、こうした関係においての農衰、商盛の傾向は、封建経済の特徴である農本体制の後退と、これに代って擡頭してきた商工業の資本主義的態勢への進化とを物語る過渡期的現象に外ならない。ただし、この場合、わが国の経済界が何時頃から資本主義態勢に移ったかを、具体的に指摘するわけには行かない。日本銀行の設立後における経済界の発展が反動期に入ったのは二十三年〔1890〕新春のことであって、『日本金融年表』（日本銀行調査局）の同年一月の欄に「我国最初の資本主義的恐慌を迎う」とあるところから見ても、とにかく、わが国における産業革命、したがって資本主義化の傾向が、大体、日本銀行の設立後、明治時代の中期には、すでに進展しつつあったことが推察されるのである。

だが、こうした意味での産業革命または資本主義化の傾向は、決して順調、平安の一路をたどって進展してきたわけではなかった。いわゆる松方デフレ政策にともなって十四年〔1881〕以来、とみに逆転してきた経済界は、翌十五年に日本銀行が設立された後においても、十六、十七年〔1883-84〕と引きつづいて深刻な不景気のうちに推移し、ことに十七年〔1884〕十二月四日には京城事変が勃発した一方では、十八世紀の後半以来、紛争をつづけてきたフランスとインドシナとの関係は、十七年（一八八四年）の第二回フランス・カンボジア条約の締結によって、インドシナが事実上、仏領インドシナ（仏印）となり終ったというような事情もあり、そうした国際不安の影響が、わが国の商況にも少なからぬ累を及ぼしたというわけで、翌十八年には経済界は不振の底に陥ったかの感じがあった。

二　いわゆる松方デフレの反動による好況

しかし、顧みれば十四年〔1881〕以来、持続されてきたデフレ政策と、これにともなって整理の歩を進めてきた経済界の立ち直り傾向とは、あいまって、ようやく局面を好転させるような機運を促した。前章中に述べたように、十七年〔1884〕七月中、銀と紙幣との格差は一円につき四銭七厘まで縮小し、それにともなって招来された物価下落の傾向は、いきおい輸出貿易を増進して正貨の蓄積に寄与した。こうした好転状勢に処して、政府は十九年〔1886〕一月、銀および紙幣の格差がほとんど消滅したのを機とし、日本銀行をして政府紙幣の銀貨兌換を開始させ、かくて日本銀行兌換券がようやく市場に流通するようになった。したがって通貨の価格に対する民間の不安は一掃されるとともに、経済界はおのずから生色を回復し、商況の立直りにともなって金融もおいおいに活発に向ってきたのである。

越えて翌二十年〔1887〕の初春には金融はおおむね緩慢となり、ことに金利がなお比較的に低かった関係上、当時、株式取引に注がれていた人気はおのずから実業界の活躍を促していろいろの企業熱をあおり、わけても鉄道会社の創立を推進して、いわゆる私鉄企業熱勃興時代を現出したことは前章中に述べたような次第である。

だが、こうした財界の活況は必ずしも堅実な発展のみを意味するものではなかった。この間に諸商品の取引が活発になってきたことはとにかく、一方には、たんに株式の売買によって巨利を得ようとするだけの投機が流行し、株式相場はしきりに高騰し、銀行は一般に金融の繁忙をつげるようになった。こうした財界の活況は二十一、二年〔1888-89〕と引きつづいて、ますます盛んになり、当時、諸会社の資本金は総計二億八千百万円に上り、十九年〔1886〕の現在高に比べて二倍強の激増振りを示した。かくて世間の投機熱はいよいよ高まり、株式の人気は絶頂に達して、各種の商工業は未曽有の好況をうたったのである。

こうした状勢にあったので、日本銀行としては、いわゆる手もとの準備を充実するため、二十年〔1887〕六月三十日および同じく十二月三十一日の二回にわたり、未払込資本金の払込によって同年末現在の払込資本金額を一千万円に増加した外、同年七月六日には、後に述べる横浜正金銀行条例の公布にともない、日本銀行自身と横浜正金銀行との特殊関係を一層緊密ならしめるため、大蔵大臣が必要と認めたときには、日本銀行副総裁をして横浜正金銀行頭取を兼ねさせること、または横浜正金銀行頭取をして日本銀行理事を兼ねさせることができるという新制度を設けたのである。この間、兌換銀行券発行限度額について、十八年〔1885〕十二月の拡張に引きつづき、十九年〔1886〕二月および二十一年〔1888〕八月の二回にわたり、ことに後の場合には屈伸制限法を採用して、保証準備発行限度を七千万円と定めたことは、すでに述べたところである。

この景気好転期に当る二十年〔1887〕十二月十九日には日本銀行の吉原初代総裁が病死したので、翌二十一年二月二十二日に富田鉄之助が第二代総裁に就任したが、同総裁はわずかに一年半で辞任し、二十二年〔1889〕九月三日に川田小一郎がその後をおそって第三代の総裁に就任したのである。

この期間には日本銀行の興隆が目ざましかった一方では、一般銀行業の発展もまた著しいものがあった。国立銀行はおいおいに預金を増加して基礎がますます強固となり、銀行類似会社はようやく衰退に傾いてきたのに反して、私立銀行はおいおいにその数を増し、資本金も年を逐って増加し、その経済上に及ぼす影響は見のがすことができないほどに有力な存在となってきたのである。

財界の反動的逆転

一　反動の様相と金融緩和策

このような好景気は、ただに行き過ぎであったというだけでなく、ことに起業熱の沸騰は時に狂気的ですらあるように認められたほどである。いわゆる泡沫会社が続出したばかりでなく、真面目な起業にも常軌をはずれた計画が少なくなかったため、その後、市場資金は固定したり滞ったりしたものが、おびただしい額に上り、金融は需給関係のバランスを失って、ようやく逼迫してきたあげく、財界は必然に到来すべかりし反動傾向に逆転したのである。

顧みれば、十九年〔1886〕から回復の機運が擡頭して以来、連年躍進してきた財界の好況は、それに先だつ数年間にわたって下落を続けてきた銀価が、おのずからわが輸出貿易を有利ならしめた結果、正貨の流入を誘って通貨を膨張させるとともに物価の騰貴を促すところとなった。だから銀価が回復するにともなって、こうした好況は逆転し、早晩、その反動をひき起すであろうと予想されていた危機は、すでに財界自体のうちに包蔵されていたものとみなされる。

しかるに、たまたま二十二年〔1889〕の産米が不作に終り、翌二十三年には米価はますます騰貴してきたため、多量の外米を輸入しなければならなくなった一方、アメリカの銀買入条例による銀価騰貴のために、外国における為替相場は急変をきたし、かくて、わが輸出貿易の好調は必然に逆転せざるを得なかった。ここに至って、久しく浮き立っていた起業熱はついに反動を起し、二十三年〔1890〕一月には、前述のように恐慌状勢をすら現し、多くの新興会社は内部の弱点をおおいきれないで破綻を暴露し、株価は急落して金融はとみに逼迫し、金利は急騰して、大阪では日歩五銭を告げ、東京でも同じく三銭を下らないという状態であった。

この状勢にかんがみて、政府は同年二月および五月の二回にわたり、金禄公債八百万円を償還して金融市場の逼迫緩和を図るとともに、日本銀行に対して同年二月二十六日、初めて制限外発行の許可を与え（翌三月三日発行。またこの場合の税率は年五分の割合）、また五月には兌換銀行券条例中に改正を施して、保証発行限度を八千五百万円に拡張するなどにより、金融の緩和につとめるところがあった。もっとも、この最初の制限外発行は総額五十万円を出でなかったし、その継続期間も三十日に止まったが、この場合としては金融を緩和する上に大いに役立った。日本銀行自身としては、これに呼応して同年五月二十日、日本鉄道会社の株券をはじめ、十五種の株券を担保として手形割引を行うという制規を開始し、十月三十日には政府紙幣銷却のためにする日本銀行からの借上げ総額二千二百万円を、以後、無利子で政府に貸し上げることになった。

二　日本銀行の見返品制度と金庫事務

日本銀行の株券担保による手形割引はいわゆる見返品《みかえりひん》制度であって、当時の川田小一郎総裁が渋沢栄一にはかり、東京同盟銀行の発議を容れて決定したものであった。これによって金融界としては、その疏通に資するところが少なくなかったし、日本銀行自身としては、それだけ営業上の制限を緩和されるゆえんであって、経済界一般にとっても好都合の処置であったといえる。

これらの一連の臨機的施策は、一時これによって金融の硬塞を緩める上に、もちろん多少の効果をもたらしたが、さればとて、基礎の薄弱な、また事業の不確実な会社などは、たとい「泡沫」の汚名を着せられないものでも、健実なものと一様に救済さるべきいわれはないし、また投機熱に浮かされていた事業家は失脚して再起の余力を失い、一かく千金を夢みていた大衆も息をのんで各自の失敗に反省せざるを得なかったのである。

こうしたおりから、二十二年〔1889〕二月には既述のように帝国憲法が発布され、翌二十三年七月一日には第一回の衆議院議員総選挙が執行されたのに引きつづき、同年十一月二十九日、第一回の帝国議会が開会された外、さきに十八年〔1885〕五月中に公布された府県制に引きつづいて、二十一年〔1888〕四月には市制および町村制（二十二年〔1889〕四月施行）、翌々二十三年五月には郡制がそれぞれ公布され、かくて地方自治制が確立されたなど、政治上の変革はまったく旧態を一新するものがあったため、国民一般の注目はおのずから政界方面に集中して、実業問題に対する世間の関心は、一時、期せずして冷却するような傾向を免れなかったのである。

この年四月には商法が公布され、二十六年〔1893〕一月からその一部を施行することになった外、政府としては、かような好ましからぬ状勢を回復するために、或いは工業の振興を奨励し、或いは前田正名などによる啓蒙運動を助成して、「五二会」と称する勧業施設を後援し、或いは二十三年〔1890〕三月に第三回内国勧業博覧会を開設するなどにより、局面の逆転を阻止することにつとめたが、経済界全般にわたる不況の度はますます深まるばかりで、ほとんど回復の曙光をすらも期待しがたいような逆境の底に陥ったのである。

しかし、こうした恐慌的状態に処しても、日本銀行はよく財界の指針たる役割を発揮したばかりでなく、営業成績もにわかに発展の機運に際会した。ことに二十三年〔1890〕四月二十三日から、従来、一般の銀行および銀行類似会社の当座預金については無利子であったのを改めて利子を付することになった外、前述の担保品付手形割引を開始したところへ、外国手形の再割引が増加してきたことなどにより、同年中には同行の当座預金ならびに割引手形の金額は前年のそれに比して五倍の増加を示したほどであった。また二十三年〔1890〕四月一日から会計法および会計規則とともに金庫規則が施行されたのにともなって、日本銀行は政府から金庫事務のいっさいを委託されたので、同行は営業部から国庫金取扱の事務を分離してこれを「中央金庫」に移し、また各地方の銀行は所在地府県の本、支金庫の出納を司ることになったから、それらの銀行としては、公金預金の少なからぬ減少をよぎなくされたばかりでなく、多額の保証金を日本銀行に納めなければならなかった。

だから、日本銀行はこれによって、かえってその利益を増大することができるようになったばかりでなく、政府紙幣や国立銀行紙幣の減少するにともなって、日本銀行兌換券はますます増加するようになったから、これらの直接、間接の原因があいまって、同行の金融界における地位は名実ともに唯一の最高峰に確立され、その隆々たる威勢は財界をして、一時、その脚もとにひれ伏さしめたかの観があった。川田総裁時代に日本銀行総裁を目してローマ法王とすら呼ぶようになったのも故なしとしなかったのである。

だが、こえて翌二十四年〔1891〕に入っても、経済界の不況は一向に好転の気配を示さず、金利はかえって引き締りの傾向をたどり、東京同盟銀行の平均利息は年九分九厘五毛から一割二厘三毛八糸の間を上下していた。この状勢に処するには、日本銀行としても、いきおい高金利方針をとらざるを得なくなり、同年三月二日には当所割引歩合を二厘方引き上げて二銭と改めたが、この場合の利上げは金融界一般に対して少なからぬ影響を及ぼしたので、これが訂正の趣旨をも含めてか、翌々五月六日には二厘方を引き下げたのにつづいて、さらに翌々七月二十一日には一厘方を引き下げ、ここで当所割引歩合を一銭七厘と改定したのである。このような金利の連続的改定は、一つは従来、同行の割引歩合が一般の金利と甚だしい開きを示し、それがために財界に及ぼす弊害が少なくなかったことを反省的に確認したからでもあって、かくて同行の割引歩合が金融界一般の消長に切実な関係をもつようになったのは、おおよそこの頃からであったとみなしてよい。

三　産業および金融それぞれの協調傾向

経済界の不況が一つの動機となって、二十四年〔1891〕は産業界も金融界もともに、連絡または協調の足どりに一歩を進めた年であった。一月には、前年九月十一日に公布された商業会議所条例に基いて東京および大阪の各商業会議所（後商工会議所）が設立された一方、従来の東京手形交換所は同年二月限り廃止されて、翌三月一日から東京銀行集会所内に「東京交換所」を設置し、これにともなって、日本銀行もまた客員として手形交換に参加し、交換尻を同行の当座勘定をもって振替決算することになった。こうして商工業ならびに金融の両方面とも、それぞれに活動の新基礎を固めたところへ、同年九月一日には日本鉄道の上野、青森間が全通して、わが国の経済界も、この辺からようやく新時代的段階に入ってきたのである。

だが、経済界の逆運はむしろ一層深刻になり、同年六、七月に至って私立の久次米銀行が休業したところへ、東京米商会所事件が発生し、その余波に累されて二、三の関係銀行はしきりに預金の取付にあった外、第一国立銀行や三井および安田銀行のごときも多少の影響を被らざるを得なかった。当時の新聞はこれらの大銀行を目して鞘取銀行と悪評し、巷には流言浮説が乱れ飛んで、人々はいたずらに不安の人気におびえ、一時は世情もおちつきを失って動揺した。しかし、幸いにして、この場合の騒ぎは恐慌というまでには至らず、金融はやはり緩慢をつづけて、金利は一日一日と低下してきた。かくて日本銀行は翌二十五年〔1892〕十一月二十四日、前年に引きつづいて利下げを行い、当所割引歩合を一厘下げの一銭六厘と改めたが、一般の金利は前途なおますます軟化の状勢を示していた。

もっとも、二十四年〔1891〕には銀価が下落してきた影響もあって、輸出貿易はやや好況をつげ、米の豊作に恵まれて農村はようやく生気を回復するなどにより、経済界は多少とも愁眉を開き得たというような楽観的事情もあった。しかしなにぶんにも数年来、逆境に沈んできた財界は、二十五年〔1892〕に入っても、なお好転の気配を示さないままに、一般の商況は前年来の不振が改まらず、株価は多少の反騰をつげたが、実業界としては、引きつづき活況を呈するに至らなかった、というような陰うつな状況のうちに推移していたから、金融もおのずから安定を欠き、日本銀行をはじめ他の一般銀行もまた資金需給の均衡を失って、一時は預金の多きに苦しんだほどであった。

かような状勢は翌二十六年〔1893〕に入っても、さしたる変化を生じなかったばかりでなく、金融の緩慢、金利の低下はかえって一層著しくなり、日本銀行の公定歩合（当所割引歩合）は同年三月二十三日に二厘下げの一銭四厘、翌々五月三十一日にはさらに一厘下げの一銭三厘と改められ、公定歩合制度をはじめて以来、明治時代の末期に至るまでの十数年間を通じて、ここに公定歩合の最低記録を作った。市中金利も又これと歩調を合わせるように低下して、翌六月には東京の平均割引歩合は一銭七厘となり、これに対して、整理公債の相場は百八円ないし百十円どころを唱えたのである。

かように金融が緩慢で銀行は遊資の潤沢をもてあまし、金利が著しく低下したことは、必然に事業の反動的振興を促す動機となって、同年下半期から翌二十七年〔1894〕にわたり、財界の人気はとみにあらたまってきた。そして経済界はおそらく一大活躍の時代に入るであろうと予想されていたが、そうしたおりから、同年七月二十五日、はしなくも日清戦争が勃発した（宣戦の布告は同年八月一日）のを契機として、財界の発展機運はにわかにくじかれ、局面は実に国運をかけて戦わなければならないという重大な関頭に行きついたのである。

この間、二十六年〔1893〕三月四日には取引所法が施行されたのにともなって、同年十月中、東京米穀取引所が営業を開始し、翌々十二月十五日には三菱合資会社が設立された。また七月一日から銀行条例および貯蓄銀行条例が施行されたが、これについては、あらためて後に述べるところに譲ることとする。

横浜正金銀行に対する保護とその発展

以上に述べたところは、もっぱら国内の金融ないし経済界一般の状況であるが、次には、この期間における国際金融事情に関しても、その動静を概観しておかなければならない。これは主として横浜正金銀行に関するところである。

横浜正金銀行はすでに述べたように、開業後、国内各地に支店を開設した一方、十七年〔1884〕十二月一日にロンドン支店を開設した外、その前後にわたり、ヨーロッパおよびアメリカの各枢要な都市に支店、出張所または代理店を設置して、業務の経営、発展に尽し、設立以来、十年余にわたる活動のおかげで、ようやく内外の信用を高め、外国為替に関する業務をだんだんと手中に収めてきた。かように同行の営業が発展したのは、もちろん一つは、その方針が時宜にかなってもいたし、また業務に精励したからでもあろうが、同時に、それは政府の与えた特別の保護によるところが少なくなかったことも見のがしてはならない。わけても外国為替の取扱および為替資金の融通に関して、政府および日本銀行から受けた援助は格別に多大なものがあったからである。

横浜正金銀行は十三年〔1880〕二月の開業以来、十六年〔1883〕六月二十九日には「御用外国為替取扱」を三ヵ年間にわたって許可され（後に二十二年〔1889〕まで延期）、翌七月には日本銀行との間にコレスポンデンス契約を締結し、且つ日本銀行の同行に対する取引上、二千万円を限度とする融資を受け得ることになった（三十五年〔1902〕五月まで継続することとして）外、十八年〔1885〕四月からは政府の海外各地に向けて発送する官金の取扱を、いっさい同行に委託されたのに引きつづき、翌十九年〔1886〕三月には海外各地からわが国に向けて回送される官金についても、いっさいの取扱を委託された。さらに二十一年〔1888〕三月一日には政府から、輸入為替資金としてロンドン支店取扱による英貨五十万ポンドまでを一ヵ年間、またニューヨーク支店取扱にかかる米貨五十万ドルまで、およびリヨン出張所取扱の仏貨百五十万フランまでの各使用を許可されたなど、これらの恩恵だけでも、同行がその営業上に受けた便益は重大なものであったと認められる。

そうしているうちに、前述のように二十二年〔1889〕には会計法が公布され、翌二十三年四月から施行されることになった結果、また「御用外国為替取扱」は二十二年〔1889〕三月末までの期限となっていたので、期限通りにそれを廃止されたが、これがために、年来、発達の歩を進めてきた外国為替業務をつまずかせることがあっては、独り同行に関するだけのことでなく、わが国としての損失であるという理由のもとに、二十二年〔1889〕十月十二日から、あらためて同行は日本銀行から外国為替手形割引により、一千万円を限度とする年利二分という特別の融通を受け得ることになり、その代り同行は日本銀行に対し、手形代金の取立、金、銀地金の輸入を引き受けてこれに報いることとなったのである。

これより先、同行は前に述べたように、その設立に際しては一時の便宜により、国立銀行条例の適用を受けて、そのまま二十年に及んだが、かように営業が発展するに従い、同条例の管理下におかれていたのでは、いろいろと不便を生ずるようになり、且つ同行の性格も、それがために、おのずから不明確になってきて、ひいては外国に対する信用上にも影響を及ぼすところが少なくないという状勢に当面した。また同行は二十年〔1887〕五月に資本金三百万円を倍加して六百万円に改めたなどの事情もあって、引きつづき同行の発展をますます助成して行く必要が切実になってきたので、同年七月六日、政府は新たに横浜正金銀行条例を公布し、同行の特殊銀行としての地位を確保したのである。この条例によって同行の株式は日本国民以外のものに対する売買、譲渡を禁止されるとともに、営業の範囲を限定されて、主として外国為替および同荷為替の業務を営む外は、政府の命令によって、外国に関する公債および官金の取扱をなすことになったのである。

＊省略節〔条例再改正後の国立銀行〕

国立銀行紙幣の銷却と国立銀行の終了

一　紙幣銷却問題のいきさつ

元来、国立銀行紙幣の銷却ということは、中央銀行たる日本銀行の設立にともなう幣制統一の大方針に属し、十六年〔1883〕中にすでに確定していたことであって、もちろん中途でその政策を改むべきものではなかった。もっとも、紙幣銷却の計画は、実際には最初から一片の予想に止まっていた。その実行に関しては何らの補償も与えられなかったばかりでなく、紙幣銷却の命令書にも、万一、銷却元資に不足を生ずる場合には甲種公債を売却してこれを補うべき旨が明記されていた。だから、政府としては、国立銀行側の請願書にいうところの損失なるものは、ひっきょう銀行業者が将来に期待していた利益の減少または消失することに外ならないし、ことに銀行としては、その所有している公債の価格が騰貴すれば、それだけ財産価格を増加し得るわけであるからとて、飽くまでも銷却に関する所信を貫こうとし、けっきょく、この請願に対しては、何らの指令をも出さなかったのである。

だが、政府としても、従来、国立銀行がそれぞれの地方における金融の中枢的地位を占めて、その盛衰はわが国勢全体の消長に重大な関係を有するという現実を見のがすわけには行かないので、これについては深く苦慮したようであった。かくて一応、これが対策について立案するところがあったが、しかも、早急に決断を下す必要はないというので、あいまいな態度のうちに二十六年〔1893〕まで形勢を見送ったのである。

しかるに翌二十七年〔1894〕の初頭に至って、状勢の赴くところ、もはや政府としてもこれを放任すべきではないと認め、ついに同年五月、国立銀行の満期継続（私立銀行に振りかわって継続するという意味）および解散の手続に関する法案を作成して、これを第六回帝国議会に提出したのである。しかも、折あしく同議会は衆議院が解散されたため、同法案は審議未了に終った。たまたま同年七月には日清戦争が勃発したので、第七議会は、大本営所在地となった広島市で同年十月十八日に開かれたが、同議会は臨時急要の軍事費予算を設定することを目的としていた関係上、政府は同年十二月に開かれた次の第八議会に、前同様の法案を提出したのである。

これより先、国立銀行業者から紙幣銷却に関する違算について申請する陳情はますますやかましくなり、営業満期を延長して紙幣銷却の年限をゆるめ、当初に予想した利益を保全しようという目的をもって、東京同盟銀行が先達となり、関東、関西、九州、四国、奥羽および北海道の国立銀行六団体を合せ、二十七年〔1894〕六月に国立銀行延期趣意書という声明を発表して世論をよび起した。それによって第八議会が開かれた同年十二月頃には、国立銀行の継続と延期との両派は議会の内外にわたって対抗し合い、ほとんど互角と認められるような対勢のもとに激しい論争が展開されたのである。

だが、この場合、国立銀行が政府に反抗して立ったのは、必ずしも紙幣銷却に関する違算のみによるものではなかった。顧みれば、十六年〔1883〕に条例の再改正が行われた当時の国立銀行は、不振のうちに沈滞して、条例の再改正に反抗するほどの気力を欠いでいたが、その後、かれらは年を逐って急激に実力を充実してきたばかりでなく、一方、過去数年間にわたる日本銀行の専横振りは、いたく国立銀行側の感情を害していたという事情もあったので、国立銀行側としてはその延期に関する法案の成立によって、日本銀行にいわゆる一泡吹かしてやろうというような裏面のこんたんも、根づよく盛り上がっていたもののようである。だから、冷静にわが国全体としての利害にかんがみ、公共的立場から事の是非を判断しようとする識者達としては、そうした感情の動きを認めながらも、およそ不換紙幣時代の遺物である銀行紙幣のごときは、一日も早く市場から一掃すべきであり、したがって延期は百害あって一利なしとまで痛論していた。げんに国立銀行業者のうちでも、たとえば渋沢などは、そうした意味での有力な正論者の一人であったと評してよい。

二　私立銀行としての継続に関する両法律

こうした情勢のうちに、第八議会では衆議院で政府の提出にかかる継続法案が否決され、中野武営の提出にかかる延期法案が七ヵ年延期のことに修正可決されて貴族院に送付された。当時、貴族院においても、この問題に関する両派の論争はやかましく湧き立ち、ことに第十五国立銀行のごときは、その資力的背景となっていた華族社会（貴族院の構成上に一半の勢力を占めていた）に働きかけて法案の通過に尽力を要請するところがあった。

かような純然たる経済財政上の問題に関して議会がやかましく騒ぎ立てたことは、その開設以来、はじめての現象であったが、それはとにかく、衆議院から送付された法案は貴族院で否決され、延期論者の鋒先はこれがためにへし折られたかの感じがあった。しかし、もしこのままで何らの処分方法も決定されないままに推移したならば、国立銀行はその後の経営上にも支障を免れなくなるので、何とか継続の方法を速やかに決定されたいと望む声がようやく高まってきた結果、ついに二十九年〔1896〕の第九議会において営業満期国立銀行処分法および国立銀行営業満期前特別処分法の両法が成立し、二十九年〔1896〕三月、前者は九日、後者は二十三日にそれぞれ公布されて、この多年にわたる懸案ははじめて解決を見たのである。

この両法律はあいまって国立銀行の営業継続および解散の手続とともに、紙幣銷却に関する方法を規定したものであるが、眼目はもちろん紙幣銷却の方法におかれていたのであって、その要綱は次のようなものであった。

一、国立銀行が営業満期または満期前営業終了に際し、銷却未済の紙幣があったならば、その未銷却残高に相当する金額を政府に納付させること。

二、政府はこの納付金額をもって、以後、銀行紙幣交換の業務を継承すること。

三、政府はこの金額を納付した銀行に対しては、その預っている紙幣抵当公債証書を還付するが、この金額を納付しないときは、紙幣抵当公債証書を売却して銷却の基金に充当すること。

四、国立銀行のうちで、私立銀行となって営業を継続しようとするものが、この納付すべき資金の借入を必要とするときは、大蔵大臣は日本銀行に対し、無利子でその資金の貸付を命ずることを得ること。

(この無利子貸付に関する条項は、国立銀行のために紙幣銷却に関する負担を多少とも軽減しようとする趣旨に基くものであって、政府は行政的にこれを実現すべき旨を、しばしば議会で言明していたが、関係当事者間になお疑念をいだくものが少なくなかったので、けっきょく、この趣旨を条文のなかに明示することになったものである。)

なお、国立銀行営業満期前特別処分法によって、国立銀行のうちで営業満期前に私立銀行に振りかわり、営業を継続しようとするものに対しては、解散などの手続を省略し得るような便法を規定した外、別に国立銀行紙幣の通用期間に関する法律を公布して、その通用期間を三十二年〔1899〕十二月九日までとし、これが引換期間をその翌日から起算して満五ヵ年と定めたのである。

三　国立銀行に関する批判

かくて当時、百三十三行を数えていた国立銀行の多くは、その後、おいおいに私立銀行に振りかわって営業を継続した一方、解散したものはわずかに八行、満期前に閉店したものは二行および合併によって消滅したものは一行に過ぎなかった。だから最初に設立された第一国立銀行以来、設立の許可を得た総数百五十三行のうち、私立銀行として営業を継続したものは百二十二行、その間に合併によって消滅したものは十六行、閉店したものは七行に過ぎない勘定であった。すなわち第一国立銀行が二十九年〔1896〕九月二十五日に営業満期に達し、銀行条例によって私立の株式会社第一銀行となり、その営業を継続することになったのを先駆として、三十二年〔1899〕二月に第三十三国立銀行（彦根）が同様に満期継続となったのを最後とし、六年以来、二十七年間にわたって存続した国立銀行は、ここでまったく存在を没したのである。

顧みれば、維新後の混乱期に生れでた国立銀行が、その後、予想外の成長発展を遂げたことについては、すでに付記しておいたイギリス人シャンドの適切な指導に負うところが少なくなかったことも見のがしてはならない。元来、わが国の国立銀行制度は、前に述べたように主としてアメリカのそれにならったものであったにもかかわらず、その運営原則はイギリス式のサウンド・バンキング主義によっていた。これは、何といってもシャンドの指導が有力な動機となったからであって、わが金融史上、特筆に値するものと評してよい。すなわち、かれは大蔵省の御雇外人として、或いは著書により、或いは銀行員の養成により、たんに銀行業の進歩に尽したばかりでなく、国立銀行の検査に臨んでは一歩も仮借せず、しかも、いろいろの問題について適切な意見を述べたなど、その功績は多大なものがあったことを認めなければならない。

もちろん、わが国の銀行業者としても、その経営には幾多の艱難をしのいで精励努力した。第一国立銀行の主脳者渋沢をはじめ、およそ国立銀行の経営に当った人々が銀行の本質を理解して、その運営によろしきを得たことは、後年の私立銀行時代における銀行業のそれとくらべて、はるかに優れていたものがあったといってよい。ことに国立銀行が存続した二十七年間は、わが国では経済界の激しい変動期であって、盛衰浮沈の跡は著しいものがあったにもかかわらず、全般的に見て、国立銀行がよく難局にたえつつ、しかも発展の機運に乗っていたわが経済界に枢要の地位を占め、産業、貿易の助長と財政上に寄与した功績とは忘れてはならないものがあった。またその営業満期に際して普通銀行に振りかわるについては、資本金を増額したり、業務の刷新を図ったりしたものが多く、かくて、その後にあっても引きつづきわが金融機関としての枢要部を占め、ますます国民経済の発展に寄与してきた跡を顧みれば、国立銀行としては設立の目的を果し得た上、終りをまったくし得たものと評してよいと思う。

＊省略節［銀行条例の制定／貯蓄銀行条例の制定および改正／銀行団体その他金融関係諸機関の設立］

日清戦争中および戦後における金融界

軍事費の調達と銀行

一　経済力の充実と戦前および戦時中の金融事情

前に述べたように、わが国における産業革命の始期を何年頃と見るべきかについては、いまだ定説がないといってよいが、以上に述べてきたところから見れば、わが国の経済界が金融および事業の両方面にわたり、日清戦争前において、すでに、いわゆる近代式体制を備えかけていたことは明らかである。

日清戦争が一大契機となって、わが国の経済界が画期的な発展を遂げたことはあまりに顕著な史実であるが、そうした飛躍的発展の素地が、すでに戦前から培養されていたことは疑いないのであって、それは、少なくとも、わが国における経済界自体の資本主義的発展を予告した前奏曲であったと見なさなければならない。だから、日清戦争の勃発にともなって、戦時から戦後にわたり、経済界の進運は一時、渋滞したような観もあったが、戦後の繁栄は目ざましいものがあって、ことに金融界の発展は著しい記録を残している。

二十七年〔1894〕七月二十五日にはじまった日清戦争は、翌二十八年四月十七日の講和条約調印によって終結したが、同年中はなお経済界は戦争の影響による沈滞気分を免れなかった。開戦前のわが財政金融事情を見ると、一般会計の歳出は一億円を出でず、開戦前の二十六年〔1893〕末における日本銀行の正貨準備額は八千五百九十二万余円、保証準備発行限度は八千五百万円（二十三年〔1890〕五月十七日の改定による）にすぎなかった一方、日本銀行および横浜正金銀行の二特殊銀行をはじめ、国立銀行（一三一行）、私立銀行（六〇四行）および貯蓄銀行（二四行）を通じて、全体の資力は、払込資本金九千四百五十一万二千余円、官公および一般預金合計一億一千五百十一万四千余円を算し、日本銀行の公定歩合（当所割引歩合）は二十六年〔1893〕五月の改定にかかる底値一銭三厘から、同年九月の二厘上げによる一銭五厘、同年十一月の同じく二厘上げによる一銭七厘をもって、引きつづき開戦の二十七年〔1894〕を迎えたが、その年一月から七月まで四回にわたる各一厘上げの改定によって、二銭一厘まで引き上げられ、終戦後の二十八年〔1895〕七月十二日に二厘下げの一銭九厘に改定されるまで、すなわち戦時中を通じ、公定歩合は二銭一厘の据置で過したわけである。

二　軍事公債の発行と金融界

こうした財政金融事情に処して、この戦争のために支出した軍事費の総額は二億円余に上ったにもかかわらず、当時のわが国としては、いまだ戦費のための外債を発行するだけの条件を備えていなかった。というよりも、金融上、国際的には、いわば無援の立場にあったこととて、こうした巨額の軍事費を調達するについては、必然に金融界に対して重大な圧力を加えずにはいられなかったのである。

この軍事費を支弁した総決算を見ると、その国庫関係で自弁し得た財源は償金七千百九万円、国庫剰余金二千三百四十万円、行賞公債一千万円、合計一億四百四十九万円で、実際に民間の資金に依頼した額は約一億円に止まった勘定であるが、これらの財源について資金が融通された額は日本銀行貸上金八千五百六十万円、前記の国庫剰余金二千三百四十万円および軍事公債八千万円、合計一億八千九百万円で、前二項の計一億九百万円が日本銀行の庫中から引きだされた外、後の一項目八千万円は民間銀行の応募によるものと見てよい。ところが終戦後の二十八年〔1895〕十月以降、三十三年〔1900〕までにさらに軍事公債一千万円の発行があって、けっきょく、軍事費支弁のために発行した公債は九千万円に上ったのであるが、とにかくこうした金融上の大異変は、銀行に対して重大な衝動を与えずにはおかなかったのである。

もっとも、これは事後に明らかにされた総勘定であって、開戦当初にははたして何ほどの軍事費が必要であるかは、政府としても必ずしも予想の限りではなかった。だから民間一般、特に銀行側としても軍費の調達が著しく困難であろうという予想の下に、何よりもまず貸出を引き締めるとともに資金の回収につとめた。試みに当時の金利状況を見ても、日本銀行が開戦前から数回にわたって公定歩合の引上げを続行したことは既述の通りであり、これと並行するもののように、各銀行の金利引上げも、かなり急激なものがあった。すなわち開戦前の二十七年〔1894〕三月における東京の市中金利平均率は二銭三厘であったのが、六月には二銭五厘に、翌七月にはさらに二銭六厘に高騰しているのであって、開戦前後における金融の引締りがいかに急激であったかを察せしめるものがある。

こうした金融事情の下に、事業界としては当然に拡張その他新規の活動を見合わせざるを得なかったのであるが、しかも外国貿易は二十七年［1894］中を通じて入超の増加を避けられなかったから、正貨の流出にともない日本銀行の発券状況はようやく不順に傾いてきて、同年末には、ついに制限外発行をよぎなくされたのである。もっとも、こうした悲観的状態は戦局が引きつづき、わが方に有利に展開していったのにともなって、おいおいと好転し、むしろ開戦前ないし開戦時における前途の危惧が過大に失していたと思われるまでに安定化してきた、というような関係もあって、わが国としては前例を見ないこの戦争を比較的平穏に敢行し得たことは幸運であったといってよい。

だが、それは事後から、たんに幸運とみなし去るにはあまりに重大な困難であった。ことにこの困難に処して金融市場がいささかも混乱の気配を見せなかったばかりか、当時、一般の銀行が協力して立ち上がり、よく八千万円という巨額の公債を消化して、なお東京、大阪ともに預金の増加をつげたことは、民間銀行が預金銀行としての職責を実地に試験され、しかも遺憾なくその特色を発揮し得たものと評してよい。もちろんこれには日本銀行の発券政策と政府の金融政策とがあいまって、おおむね、よろしきを得ていたことも見のがしてはならないが、いずれにしても日清戦争という一大国難が、かく比較的順調に成功を遂げた地盤として、わが国の経済的実力が切実に発揮されたこと、特に一般銀行の活動が多大の寄与をなしたことは、わが国の金融史上に特筆さるべき事実であったといわなければならない。

戦後経営と金融界への影響

日清戦争はわが国側の連戦連勝のうちに終局をつげ、二十八年〔1895〕四月、講和条約の締結によって平和克復となった。しかるに戦勝の結果、わが国側は、はからずも、ロシア、ドイツ、フランス三国の干渉を受け、最初、講和談判によって、わが方に領有することになっていた遼東半島一帯の還付をよぎなくされ、そのかわりに、けっきょく台湾を領有するとともに、償金として三億七千余万円*を金勘定で受け取ることになった。（*この金勘定は旧清国の庫平銀二億両《テール》をロンドンで英貨三千二百九十万九百八十ポンド、遼東還付の報償金三千万両を同じく四百九十三万五千百四十七ポンドに、また威海衛守備費償却金の年額五十万両を同じく八万二千二百五十二ポンドにそれぞれ換算し、さらにこれを当時の日英為替相場二シリング一ペニー——平価は一ポンド＝九円七十六銭三厘——で邦貨に換算したものである。）かくて、わが国民は新付の版図に活動の新天地を開拓するとともに、当時のわが国としては、むしろ予想外とも見られたほどに巨額の償金を受領したことが経済界に一大衝動を与え、特にそれが金融界を刺戟した影響は著しいものがあった。

前に述べたように、日清戦争が一大画期となって、わが国の経済界が飛躍的な発展を遂げたことは、もちろん戦勝そのことが一大動機をなしたからに相違ない。しかしまたそれは必ずしも領台とか償金とかいう好材料のみによるものではない。すでに述べてきたところによっても明らかなように、わが国の経済界が、当時のわが国としては不相応とも思われる大戦争の軍事費を支弁するに堪え、何らの動揺もなしに、よく完勝の目的を達し得たことは、ひっきょう維新後、年を逐ってその実力を養い、戦前つとに、うつぼつたる発展の機運に乗っていたからであって、戦勝の結果、かち得たところのものは、当然のトロフィーというよりも、むしろ国民一般をして、過大の楽観的期待をいだかしめる動機となったもののようである。

戦後経営として政府の企画したものまたは国営事業として実行した主な施設は、軍備拡張および軍備拡張を枢軸とする産業、交通の助長策であった。これを二十九年〔1896〕度から三十八年〔1905〕度に至る十ヵ年計画として、総経費八億円を要するという概算であったから、この十ヵ年間にわたる財政計画上の経常および臨時費の支出予定額と、戦後経営のためにする諸経費とを合算すると、十年間に十七億円に上る勘定であった。すなわち陸軍の六個師団増設（全部で十二個師団とする）、海軍の戦闘艦（戦艦）および装甲巡洋艦（巡洋戦艦）各六隻の建造を重点とする軍備拡張計画をはじめ、航海奨励法（日本郵船会社が、わが国として、はじめてヨーロッパ航路を開いたのは二十九年〔1896〕三月十五日のことであった）および造船奨励法の施行、八幡製鉄所官制の公布（以上いずれも二十九年〔1896〕三月、前二者は二十四日、後者は二十九日）、北海道鉄道敷設法公布（同年五月十四日）などによる遠大な計画になっていた。しかも、これが財源の一部を公債によって調達するため、同年三月三十日事業公債条例を公布し、四十一年〔1908〕三月までに一億六千六百万円を発行することになっていたのである。

かく公債の続発と償金の受入との外に、戦勝による経済界の振興にともなって期待される租税の増収にも相当に見るべきものがあったので、財政計画としては一見したところ多少の余裕をもっていたようであるが、それにしても、戦前、八千万円内外に過ぎなかった歳出が、戦後の二十九年〔1896〕度には約倍増したのに引きつづいて、翌三十年度以降は連年二億円以上、三億円近くにまで膨張したという経過に顧みると、このいわゆる十ヵ年計画が必ずしも国力相応の規模でなかったことは察するにかたくない。しかも三国干渉、遼東還付という国辱的事件に憤激した人心は、一途に戦後経営の増進をこいねがって止まないままに、このように過大な財政計画についてすら、なお不満足とする意向に走っていたのである。

だが、この戦後経営計画は、はたして経済的に破綻を生じてきた。というのは、公債の続発はしばらくおくとしても、償金の繰入は、最初から一つの預合《あずけあい》勘定によるものでしかなかったのであって、現実に国内で正貨を獲得したものではなかったからである。すなわちわが国が受領した償金は前述のように英貨によったものではあるが、かくて入手した正貨は在外預金としてロンドンに保管され、これを準備として日本銀行から兌換券を発行し、政府はそれを借り上げて財政上に使用するという仕組になっていた。つまり在外正貨準備によって発行された兌換券が、それだけ通貨を膨張させるような関係にあったため、いきおい物価の高騰を促し、財政計画そのものに違算を生ぜしめたばかりでなく、二十九年〔1896〕十二月には東京株式取引所の株価暴落と時を同じくして大阪地方に始まった十数行の銀行取付、三十一年〔1898〕四月の久留米銀行の支払停止など、引きつづいて襲来した経済界の動揺は、ますます公債の発行を困難ならしめ、またそれがために経済界のこうむった影響は重大なものがあった。

顧みれば、維新後わが国の経済界が政府の指導援助によって、その発達を助長された跡は多大なものであったし、また財界としては、政府を顧客的地位における対象とすることによって、はじめて成立しうるような事業が少なくないことも認めなければならないが、しかしまた経済界、といううちにも金融界が財政のために圧迫され、その犠牲に供されながら、しかも、なお常に屈従に甘んじてきた無為無力さも否定されないのであって、以上に述べた日清戦後の反動期における経済界の立場、特に金融界のこうむった困惑などは、その顕著な一例をなしたものといわなければならない。

金本位制度の確立

一　諸国の幣制改革と銀価の世界的暴落

戦後施設のうち、特に戦勝を動機として実現された経済関係事項のうち最も重要なものは、貨幣制度の改革であった。というよりも、この貨幣改革によって金本位制度が実現されたことである。

先に述べたように十九年［1886］一月から紙幣の正貨（銀貨）兌換が開始されて、従前、紙幣を本位としていたわが国の通貨制度は、ここで、とにかく硬貨本位に改められたのではあるが、これがために実現されたものは銀貨本位の通貨制度でしかなかったのである。

しかるに、これより先、普仏戦争（一八七〇—七一年、明治三、四年）の頃から、たまたま世界的に銀の産出が増加して、銀価がようやく低落の傾向を示してきたところへ、この戦争に勝ったプロシァを枢軸として建設されたドイツ帝国は、幣制の統一を実現するについて、一八七三年（明治六年）金貨本位制度を採用するとともに、多額の銀を売却したため、銀価の低落は急激に歩調を早め、当時、金銀複本位制を採っていたヨーロッパおよびアメリカの諸国をして続々と金本位制に転向しめることになり、*したがって銀価の下げ足をますます促進するようになってきたので、**わが国としても、いきおい、その影響に累されざるを得なくなったのである。（*当時、金または金貨本位制を採用しまたは銀貨の鋳造に制限を加えた主な国々としては、アメリカ合衆国がドイツと同年の一八七三年に先頭を切ったのをはじめとし、スウェーデンおよびノルウェーは翌年これにつづき、オランダおよびスウィスはともに翌々一八七五年（明治八年）銀貨の鋳造を停止することになり、翌一八七六年（明治九年）にはフランス、ベルギー、スペインおよびロシアの諸国もまたこれにならった。その後、一八九二年（明治二十五年）にはオーストリア、ハンガリーが金貨本位制を採用し、インドは同年、銀貨の自由鋳造を停止し、日清開戦の一八九四年（明治二十七年）にはペルシァ（今日のイラン）もまたこれにならい、翌一八九五年（明治二十八年）にはチリが、さらに翌一八九六年（明治二十九年）にはコスタリカがそれぞれ金貨本位制に移ったという経過にある。**ドイツおよび合衆国がそれぞれに金貨本位制または金本位制を採用した一八七三年以前にあっては、金、銀の比価は世界的におおむね金一対銀十五・五内外に持ち合っていたのが、その後、銀価の下落は年を逐って著しくなり、日清開戦の前年、すなわち一八九三年には金一対銀二十六・四九に、また翌一八九四年（明治二十七年）には金一対銀三十二・五六に、すなわち約二十一年間に銀価は半値以下に低落して、ここに底入《そこいれ》の記録を印したのである。）

もっとも、この間における銀価の落勢は必ずしも一途に推移してきたわけではなくて、高低常なく、動揺をつづけながら、大勢としては低落の外はないという波瀾を繰り返したのである。だから銀貨国であったわが国としては、輸出貿易の増進に多少の資するところはあったとしても、その代りにまた輸入はおのずから阻止されて物価の高騰を促し、経済界をして浮動景気に酔わしめた。しかも、その反動は必然に二十三年〔1890〕の恐慌となって現われた。かくて、わが国としてもまた、とうてい幣制をこのままに持続することを許されないような状勢に当面したのである。

二　世界金融の一環としての立場確保

そこで政府は二十六年〔1893〕十月十四日貨幣制度調査会を設置し、二十名の委員を任命して現行幣制（銀貨本位制）を改正する必要があるか否か、もし改正する必要があるとすれば、どのような本位制度を採用すべきかを諮問した。これに対する各委員の答申意見（二十八年〔1895〕七月三日調査報告書提出）は、改革を必要とするもの八名、改正の必要なしとするもの七名で、その改革を必要とする八名のうち六名は金本位制を可としたのに対し、他の二名は金銀複本位制を採るべしとしたのである。二十名の委員のうちで五人だけは意見が明らかでないが、この色分けから見れば、委員会の大勢は金本位制を主持するものとみなしてもよいわけであったから、政府としても、ここでいよいよ金本位制に改めようと、その方針だけは決定して、調査会は二十八年〔1895〕十二月五日に廃止されたのである。

だが、実際に金本位制を断行するためには多額の金準備を必要とするにもかかわらず、当時のわが国としては必ずしも十分の準備を確保し得るとはいわれないような状態にあったところへ、日清戦争という大事件に当面していたため、政府としても、かねて金本位制採用の避けられないゆえんを認めてはいたものの、これが実行には、ひたすら慎重の態度をとって、ためらいながら戦争を終ったのである。しかるに戦勝の結果、三億七千余万円という償金を英貨（金勘定）で受領したので、政府はこれを準備に充てて、いよいよ金本位制を実現することに決し、三十年〔1897〕三月帝国議会（今日では国会）の協賛を経て貨幣法を公布（同月二十九日）し、同年十月一日からこれを施行することになった。それにともなって同年三月二十九日に兌換銀行券条例も改正され、さきに十八年〔1885〕五月九日以来施行してきた銀貨兌換を改めて金貨兌換とし、引換準備としての銀貨および銀地金は正貨準備総額の四分の一を超過するを得ないことになったのである。

この場合に制定された貨幣法では、貨幣の種類は四種、九階に分類されていた。すなわち金貨は二十円、十円、五円の三階、銀貨は五十銭、二十銭、十銭の三階、白銅貨は五銭の一階だけ、そして青銅貨は一銭および五厘の二階とし、従来発行されていた一円銀貨は金貨一円の割合を以て無制限に通用するが、但し、これは政府の都合によっておいおいに引き換える一方、この法律の発布後には一円銀貨の製造を中止するというのであった。

顧れば維新以来、幣制の不備不確実のために、久しく経済界の発展に累されてきたわが国は、かく完全な金貨本位制度が確立されたことによって、世界的な銀価の変動からこうむる不利な影響を免れ得ることになったばかりでなく、進んで世界の金融市場につながりを持ち、ヨーロッパ方面の低利な資金を導入し得る基礎ができたわけである。

このことは、後年日露戦争という空前の大事件に際しても、多額の外債発行を可能ならしめた決定的条件となり、さらにわが国の金融界をロンドン、パリ、ニューヨークの金融市場とますます密接ならしめる上に、あずかって大いに力があったといってよい。わが国が、ともかくも世界金融圏内の一環として、たとい一隅にでも、その存在を確保し得たことは、実にこの金本位制度の実現によるものといわなければならない。

＊省略節［戦後数年間の金融と銀行業／日本銀行の発券政策／民間銀行の発達］

特殊銀行の創立

太平洋戦争前わが国でいわゆる特殊銀行とは、すでに述べた（一）横浜正金銀行をはじめ、（二）日本勧業銀行、これと同系に属する北海道拓殖銀行ならびに各府県農工銀行、（三）台湾銀行、（四）日本興業銀行および（五）朝鮮銀行を総称したものであって、そのうちの（一）が十三年〔1880〕に、また（五）が日露戦争後の四十二年〔1909〕十月に韓国銀行として、それぞれ開業したのを除く外は、すべて日清戦争後、日露戦争前に設立されたものである。

だから、これらの日清戦争後―日露戦争前に設立された三系統、五種類の特殊銀行については、日清戦争後における金融関係事項の一つとして記述さるべきもののようであるが、普通銀行とは別にこれらの特殊銀行を創立したことは、必ずしも日清戦争後における経済界の特殊的事情のみによるものではなくて、元来、それは、わが国民経済の固有の事情に由来する避けられない関係の所産であった。なかには日清戦争とは関係なしに、たとえば日本勧業銀行の如き、早くから問題とされ、また企図されていたものもあるので、ここでは特に別の一章に取りまとめて、おのおのその設立事情を述べることとする。なお日本銀行も中央発券銀行という「特殊」の立場にある関係上、そうした意味では、もちろん特殊銀行の一つであるに相違ないが、わが国で一般にいうところの「特殊」銀行なる概念規定にはあてはまらないので、同行に関しては、いっさいこれを別に取りあつかった次第である。

日本勧業銀行および農工銀行の設立

一　設立の由来および趣旨

維新以来、わが国で創立された金融機関はすべて内外にわたる商業を主たる対象としての金融機関であった。そうした意味での預金銀行は、特に日清戦争後、著しい発展を遂げたというだけでなく、なかには本来の商業銀行たる在り方から逸脱したものも少なくはなかったが、とにかく国立銀行の消滅にともなう私立銀行制度の確立によって、商業金融を使命とする金融機関は、いちおう、完備されたような観があった。

だが、農工業の改良発達に資すべき比較的長期低利の資金を供給する金融機関としては、何ものも存在していなかった。元来、わが国が農業国として存続してきたその伝統的国情は、維新以後にあっても容易に変革さるべきものではなかった。むしろますますその改良発展を促さなければならないような状態にあったにもかかわらず、これが基本的対策の一つとしての適当な金融機関をもたなかったことは、たんに金融上の問題としてだけでなく、あまねく経済政策上の欠点として、維新後、早くから政府当局者の着目していたところであった。

日本勧業銀行を設立しようとする計画については、事前には、これを興業銀行と称するつもりで、十五年〔1882〕中、松方大蔵卿が「財政議」のうちに、貯蓄銀行とともに、いわゆる興業銀行を設立する必要を主張したことによって、それが、はじめて政治上の問題となったといってよい。ただし何分にも当時は公債ですら、なお七分利付以上のものがあったほどであるから、低利の金を吸収して、これを長期に利用するということは、実際問題としてはきわめて困難であった。したがって政府はしばらく速行を避け、この種の銀行に関する調査を進め、かつ十分に研究を重ねた上で、適当な機会にこれを発表しようとしていた。かくて二十七年〔1894〕にはいよいよその法律案の作成を見たが、おりあしく同年中、日清開戦という重大局面に遭遇したため、よぎなくこの戦時中には同法律案の提出を見合わせることになり、ようやく戦後の二十九年〔1896〕四月二十日に、日本勧業銀行法および農工銀行法が公布されたという次第である。

この両種の銀行を設立した趣旨は、次のようなものであった。

「およそ物産の増殖を求め、農工事業の振興を謀らんには、開墾、治水の業を進め、灌漑疏通の便を開き、耕作の方法を改良し、肥料の供給を自由にし、機械を精巧ならしむるなど、必要の事項挙げて数うべからず。」これがためには、「不動産の信用を増進し、農工の事業者と資本家とを媒介して、互に気脈を通ぜしめざるべからず、興業（勧業）銀行は実にこれが機関たり、その債券を発行するや、これに対しては確実なる土地抵当の担保あるのみならず、自己資本金の第二の担保たるべきものあり、且つ監督を厳にしてその発行額を制し、元利支払の期を誤らざるときは、その信用ますます堅く、したがって資本を得るの区域又いよいよ拡張することを得べく、貸付金の利を低くしてその期限を長くするも、あえて損失を招くの憂なかるべし。（中略）日本興業（勧業）銀行は土地その他の不動産を抵当とし、低利にして且つ長期の貸付をなすを業務とす、ただ恐る、規模やや広大にしてその利益農家一般に普及せざることを。故に各地方の状況に応じて、農業銀行（農工銀行として実現された）の設立を許し、もっぱらその地方の地域内において農業の改良発達を計らしめんとす。」

二　組織、業務および割増付債券の発行

こうした趣旨のものに、名称を日本勧業銀行とすることに改め、二十九年〔1896〕四月二十日日本勧業銀行法、農工銀行法および農工銀行補助法を公布し、日本勧業銀行は翌三十年八月二日、資本金一千万円をもって営業を開始したのに引きつづき、農工銀行はさらにその翌三十一年一月九日に静岡農工銀行が開業したのを最初として、その後、三十三年〔1900〕九月までに、全国三十六府県に一行ずつの開設を見たのである。便宜上、この両種の銀行に関する法規の要点を対照的に表示すると次のようなものである。

一　目的　業務に関し、農業および工業の改良発達のために資本の貸付をなすことに限定されていた点では、両者はまったく同一であるが、勧業銀行は中央機関的立場において、全国的に、規模の比較的大きな農、工業に対する資金の供給を任務とするに対し、農工銀行はもっぱら地方機関としての立場をとり、比較的小規模の農、工業資金の供給にあたることを本務とした。だから勧業銀行は農工銀行の発行する債券を引き受けることがある代りに、農工銀行をして勧業銀行の代理店たらしめることができるというふうに、両者をいわゆる親子関係において連繋させることになっていた。

二　組織　勧業銀行は資本金一千万円、存立期限百ヵ年の株式会社とし、総裁、副総裁および理事はすべて政府の任命によることになっていたのに対し、農工銀行は資本金二十万円以上、一株の金額を二十円とし、株主はその営業区域内に原籍および住所を有するものに限ることとなっていた。

三　営業　両者はともに長期低利の不動産抵当貸付を主たる業務とし、その方法は次のいずれかによるものとした。

(イ)　年賦償還の方法によるものは、勧業銀行にあっては五十年以内、農工銀行にあっては三十年以内に限るものとする。

(ロ)　定期償還貸付の方法によるものは、両者ともに二十五年以内に限られ、その金額限度は、勧業銀行にあっては年賦償還貸付金総額の十分の一、農工銀行にあっては同じく五分の一に、それぞれ相当する金額の範囲内とする。

(ハ)　市町村またはその他の公共団体に対しては、両者ともに無抵当で前二項の貸付をなすことをうることとした。

(ニ)　農工銀行にあっては、二十人以上の農業者または工業者が申し合わせ、連帯責任をもって借用を申しいでたときは、信用の確実なものに限り、五ヵ年以内において定期償還の方法により、無抵当貸付をなすことができる。

受信業務に関しては、両者はともに定期預金、地金銀および有価証券の保護預りのみが許された。

貸付に関する条件としては、抵当不動産はすべて第一抵当であるべきこと。かつ農工銀行にあっては貸付金の使用目的を列挙し、しかも厳重な拘束を加えられること。

四　資金　両者ともに、貸付資金源の一部をおのおのその資本金に依存する外、資本金の四分の一以上の払込を終ったときは、勧業銀行にあっては払込資本金額の十倍、また農工銀行にあっては同じく五倍を限って債券を発行することをうる。ただしその発行額は、前者にあっては年賦償還貸付総額およびその引き受けた農工債券の現在高を超過することを得ない。しかし前者は割増金を付することを許されたのに対し、後者にあっては、払込資本金の五倍を限って債券の発行をなすことを得ただけで、割増金付の方法は許されなかった。（後に三十五年〔1902〕の改正により、農工銀行はその有する年賦償還貸付金の債権およびその担保たる抵当権を担保として、勧業銀行から年賦償還貸付を受けることになった。）

五　政府の監督および補助　両者はともに大蔵大臣の監督に属するはもちろん、その監督が特別に厳密な制規によって行われる代りに、補助施設として、勧業銀行に対しては、その配当金が年百分の五に達しないときは、創立の初期から十年を限り、これに達するまでの金額を補給する。また農工銀行に対しては、その補助法により、政府は当該府県の宅地、鉱泉地、池沼を除き、有租地反別百町につき七十円以内の株式引受資金を交付し、これに対して農工銀行はその創立初期から五ヵ年間は利益配当をなすことを要しないで、すべてこれを準備金に編入することとした。ただしこの交付金はいかなる場合においても、一府県三十万円、また農工銀行払込資本金額の三分の一にあたる金額を超過してはならないというような規定が設けられていた。

日本勧業銀行法に基く当該銀行の設立は、民間から多大の期待をもって迎えられ、翌三十年〔1897〕四月の株主募集は、募集株数五万株に対して応募株数は七十三万四百九十五株、すなわち十四倍余という好況をつげた。もっとも同年中は創業期のこととて、貸付の申込に対しては払込資本金をもって十分にこれに応ずることを得たが、その後、業務の発展にともなって資金の需要がますます増加してきたので、翌三十一年〔1898〕三月十六日にはじめて割増金付勧業債券（額面五十円）を発行した。しかし、たまたま当時は、前述のように金融が逼迫して商工業界は一大難局に陥ったので、政府は同年六月、あらたに五百万円の勧業債券を引き受け、この資金を利用して「臨時工業救済貸付」を行わしめたのである。

勧業債券の発行は、当初は必ずしも好況とはいわれなかったが、元来、これは債券に対する公衆の理解が普及していなかった上に、当時としては五十円という額面金額がなお過大にすぎるような振合いにもあったので、同行はそのいわゆる民衆化を促すための方策を施すとともに、額面を引き下げて二十円に改めるなどにより、その第四回以後の募集成績をようやく好調に向わしめるようになり、また各種の貸付額も年ごとに増加してきたのである。

三　農工銀行初期の業績

いっぽう、農工銀行に関しては、これより先、勧業銀行の設立を待って、政府は三十年〔1897〕六月各府県に内訓を発し、勧業銀行にならってそれぞれの府県内に農工銀行一行ずつの設立を実現させるように促した。かくて鳥取県では直ちに設立計画に着手したのに引きつづいて、奈良、岡山、三重、茨城などの諸県もこれにならったが、最初の開業は前述のように三十一年［1898］一月の静岡であって、東京、鳥取、岡山、宮崎がこれに次ぎ、最後は三十三年［1900］九月の徳島県の阿波農工銀行であった。

農工銀行の資金運用に関しては、後年、往々にして地方の政争に累された弊害が少なくなかったようであるが、当初はおおむね堅実を期し、農業または工業のいずれにもかたよることはほとんどなく、また地方公共団体への貸付も請求に応じて融通の便を与えるなど、だいたい、順当に営業をつづけてきた外、対人信用による貸付については、もっぱら確実を期して、しかも、みだりにこれを増進することなく、わが国における創始の金融機関としては比較的良好の成績を挙げていたのである。

いわゆる特殊銀行を設立して、これに特典や保護を与えるに対し、特殊銀行を政府の政策に利用するという相互的関係については、この当時としても必ずしも論議の余地がないわけではなかった。これは、ただに日本勧業および農工の両種銀行のみに関する問題ではなかったが、とにかく従来、農工業の多くが地方の金貸業者や小銀行から搾取の対象とされ、または農工業が金融難のために、かえって発達を阻害されるような傾向にあった事実に顧みれば、これら両種の特殊銀行がそうした弊害を幾分でも緩和しまたは改善する上に役立ったことは明らかなところであったといわなければならない。

かくて設立当初、比較的順調に発展してきたこれら両種の銀行は、予想されていたように不動産抵当銀行としての役割を果たしつつ、わが国における金融の一脈を主持して行くものと察せられたし、したがってまたその後、この両種の銀行法に関して数度の改正が施されたが、大綱にはなんらの変更もなかった。

しかるに四十四年［1911］の改正によって両種の特殊銀行は、ともに、まったくその性格を一変し、農工業の改良発達を促すための不動産銀行たらしめるという設立の趣旨は、ほとんど消失してしまったといってよい。

北海道拓殖銀行の設立

北海道は地理的または地勢上、本州とはおのずから異なった立場をとっている。軍事上、いわゆる北門の重鎮を成していると同時に、その広大な地域に依存している豊富な資源の開発は、わが国の経済上に重大な寄与を約束していた。だから維新後、明治政府としても早くからこの点に着目して、「北海道開拓使」を設置するなどにより、その開発経営に着手してはきたが、何分にも未開発の同地としては、金融が不円滑で金利が高いために資本は常に欠乏をつげ、有望な事業はあっても、経営は容易に進捗しなかった。だからといって、農工銀行法により、同地に農工銀行を設立させようとしても、所要の株式を募集することは、ほとんど不可能の状況にあったので、政府はけっきょく、同地に特殊の一銀行を設立することになり、三十二年〔1899〕三月二十二日に北海道拓殖銀行法を公布し、翌三十三年四月一日に同銀行の開業をみたという次第である。

北海道拓殖銀行は資本金を三百万円とし、政府はそのうちの百万円を限度として株式の引受けをなし、しかも政府の引き受けた株式に対しては、同行創立の最初の営業期に属する末日から十ヵ年を限って利益配当を要しないこととし、別に払込資本金の五倍に相当する金額を限って債券を発行しうるという特典をも与えられた。かくて同行は本店を札幌に置き、営業としては、（一）三十ヵ年以内の年賦償還方法による貸付、（二）五ヵ年以内の定期償還方法による不動産貸付、（三）区（後の市）町村その他の公共団体に対する貸付など、おおむね農工銀行と同様であるが、別に、（四）北海道の拓殖を目的とする株式会社の株券または債券を質とする貸付およびその社債券の応募、引受けならびに（五）北海道の農産物を担保とする貸付および荷為替を営むことを許され、同法に規定されていない業務はいっさいこれを営むことを禁じられたのである。

同行開業の当初は、たまたま諸種の起業計画が輻輳していたおりからのこととて、資金貸出の需要が多大に上り、業務は一時、非常の好調をつげた。その年の下半期には事業界一般の不振の影響を受けて、発展歩調は多少にぶってきたかの感じもあったが、翌三十四年〔1901〕十月には小樽支店を開設し、その後、同行としては、引きつづき堅実な方針をとって、おもむろに業務の発展をつげてきたのである。

元来、北海道の開発ということは、具体的には最初から確実な目標があったわけではなく、不動産抵当金融という名目に重点をおいてはいたものの、実際には普通銀行としての在り方にかたよりがちであって、後年、おのずから、そうした方向に転進していった。

台湾銀行の設立

一　設立事情と政府の補助

台湾銀行の設立は日清戦後におけるいわゆる戦後経営の一大施設に属していた。二十八年〔1895〕中、台湾の領有後、まもなく日本中立銀行という一銀行の出張所が設けられ、翌二十九年には日本銀行が台北出張所を開設するなど、金融機関の進出は必ずしも、なおざりにされていたわけではない。しかし、この新版図は、母国とは民情風俗が著しく異なっているのはもちろん、保安の制度が確実でなく、したがって信用に関する社会制度もまた普及していないため、富源の開発、経済界の発達を促すには、しょせん特殊の金融機関を開設することが一大急務に属していたのである。かくて、この新領土に一つの特殊銀行を設立したのが台湾銀行に外ならない。その設立趣旨は次のようなものである。

「台湾銀行は台湾の金融機関として商工業ならびに公共事業に資金を融通し、台湾の富源を開発し、経済上の発達を計り、なお進んで営業の範囲を南清（南支）地方および南洋諸島に拡張し、これら諸国の商業貿易の機関となり、もって金融を調和するを目的とす。今や台湾において金融機関として見るべきもの甚だ微々たる景況にして、金融疏通の途なきため、非常の高利に苦しめられ、また各種の事業は本邦人の経営に係るもの甚だ稀にして、おおむね外人の専有するところとなれり。故にこの新領土の人民をして金融機関の信用を悟らしめ、同時にわが国人が漸次に台湾において事業を為すに便益を与え、もってこれを誘掖《ゆうえき》するの途を開かざるべからず。また台湾はわが本土と遠く隔離せるが故に、経済上同島の独立を計るは最も必要にして、一朝、事あるに当りても、よく経済上の独立を維持し得べき方策を施設するを要す。又台湾においては内外の貨幣雑然流通し、幣制ほとんど紊乱の極に達せるをもって、台湾銀行をして幣制整理の任に当らしめんとす。これ速やかに台湾銀行の設立を必要とするゆえんなり。」

この設立趣旨によると、台湾銀行を設立する目的は、だいたい、次の三つにあったといえる。すなわち（一）産業資本の供給（二）台湾の経済的独立および（三）幣制の整理がそれである。かくて三十年［1897］

四月一日に公布された台湾銀行法および三十二年〔1899〕三月二日に公布された台湾銀行補助法により、同年九月二十六日から同行の開業を見たのである。

この台湾銀行法が公布されて以来、同銀行の開業を見るまでに二ヵ年余を経過したことは、同行の設立が必ずしも順調ではなかったからであって、これはたんに株式の募集が困難であったというだけでなく、その発券または通貨政策にも、実情に適切でない点があったからに外ならない。すなわち当時、戦後の金融はいまだ常態に復していなかったし、世間の台湾に対する投資上の懸念も、なお解消されるまでに至らなかった一面では、同銀行法によって五円以上の無記名式一覧払の手形を発行することが許されたが、これは手形法に拘束されざるを得ないし、かつ幣制改革の結果、手形もまた金貨払となるので、銀取引を主としていた同地の実情としては、かえって不便を免れないという矛盾の関係に当面したからである。

そこで政府は三十二年〔1899〕三月に台湾銀行法に改正を施し、前述の一覧払手形の発行に代えて、一円銀貨一枚以上に相当する銀行券を発行させることとし、それがため、政府は同年九月十三日に同行に対し円銀二百万円を無利子で貸し付ける外*、前述の補助法によって同行の資本金五百万円のうち百万円を政府で引き受け、しかも、この政府引受けの株式に対する配当金は、五ヵ年間これを欠損補填準備金に加えさせることとして設立を容易ならしめ、かくて同行は開業と同時にその兌換券を発行したのである。（*この二百万円の貸付は、後に四十年〔1907〕九月以降、年二分の利子を付けて、大正元年〔1912〕九月までに年賦で返済されることに改められた。）

二　業務と営業の発展

台湾銀行は台湾における中央銀行であると同時に、日本勧業銀行と同様の使命をもち、また為替銀行としての任務をも兼ねているというふうに、業務の範囲は広くまたその機能は重大であった。だから日本銀行に対すると同様の特権を与えられ、兌換券の発行、幣制の整理、国庫金の取扱い、商業金融の調節にあたり、不動産または有価証券を担保とする事業資金の供給者であると同時に、台湾と母国、台湾と南支または南洋との経済的連繫機関でもあらねばならなかった。したがってその業務も多種類にわたり、(一)為替手形および商業手形の割引、(二)為替および荷為替の取扱い、(三)手形の取立、(四)不動産抵当または動産を質とする貸付、(五)諸預り金、当座貸越勘定、(六)金銀貨、貴金属および諸証券の保護預り、(七)地金銀の売買、(八)他銀行の業務代理、(九)国債、地方債または勧業、農工債券の買入、(十)国庫金の取扱いなどがその主要なものである。

兌換券発行方法は日本銀行とほぼ同様であって、発行高に対し同額の金銀貨または地金銀を準備することを要し、別に保証準備発行に関しては五百万円までを限度とし、政府紙幣および同証券その他確実な証券もしくは商業手形をこれに供しうるのであるが、その発行高は正貨準備発行高を超えてはならないことになっていた。さらにその制限外発行をなすには大蔵大臣の認可を受け、かつ一ヵ年百分の五の税率を下らない発行税を納付するものとし、また大蔵大臣は必要ありと認めた場合には、発行高を制限することを得るなどの規定が設けられていた。ただ日本銀行に関する制度と異なっていた点は、台湾銀行にあっては、保証準備発行税を免除されるという一事であった。

元来、台湾は従前、中国領であった関係上、銀貨を愛好する風習が強い土地がらであるため、兌換券発行の成績については銀行自身としてもまた政府としても、最初は少なからぬ懸念を抱いていたが、幸いにもその流通は円満で、台湾経営事業の進むに従い流通高もだんだんと増加してきた。だが、銀貨兌換券は銀価の変動にともなって、しばしば投機の手段に供されたし、また銀の内地移出入が増進するにしたがって、取引上にも不便が少なくなかったので、三十七年〔1904〕七月一日に施行された律令（同島内で行われた法律）をもって、銀券の発行を禁止するとともに金券の発行を許し、さらに三十九年〔1906〕二月十九日には台湾銀行法を改正して、金貨兌換制度を採用することになったので、ここで台湾の貨幣整理とともに、全国幣制の統一が遂行されたわけである。

台湾銀行は開設当初、添田寿一頭取のもとに、大蔵省の吏僚、第一銀行の土岐僙などを理事として主脳陣を構成していたため、そうした人的関係もあって、多方面にわたる業務に手を広げ、また諸方面にわたって、当初から積極方針のもとに活動を進めてきた。すなわち同行は開業の翌月には島内各地の外、神戸にも支店または出張所を開設し、内地と同島との経済的連絡を密接にすると同時に、島内への産業資金の供給を潤沢にするなどによって、島内における金利を低落させる上に寄与したところは少なくなかった。そして三十三年〔1900〕五月にはアモイに、また三十六年〔1903〕四月に香港に、それぞれ支店を開設し、南支、南洋方面にわたる貿易金融機関として、その根拠を定めたのである。

台湾の豊富な資源を開発して同島における産業の振興を促すという遠大な計画については、領有当初、内外人から多大の疑いをもって見られていたが、かく同島の開発が予想外に順調をつげたことは、もちろんわが国における幾多の官民が、この蛮地において奮闘しかつ身命をも失ったのによるものであって、台湾銀行がその財政上および経済上に多大の利便を提供したことは確かにその一因であったに相違ない。しかしまた同行がその与えられた特権に甘んじ、許された営業領域の広大なのに乗じて無謀な融資の手を広げたあげく、ついに重大な失敗を演ずるようになった次第は大正編のうちで詳述するところに譲ることとする。

日本興業銀行の設立

一　設立事情とその業務

日本興業銀行を設立するという問題の動機は、遠く日清戦争前の二十三年〔1890〕に起った恐慌期にさかのぼる。二十三年の恐慌に際し、政府は金融の逼迫を緩和するための救済策として日本銀行を利用し、同行をして確実な会社の株券を見返りとする担保品付手形の割引を開始させたことは、さきに述べたような次第であるが、こうした対策はもとより一時の応急的処置でしかなかった。政府としては、さらに特殊の動産抵当銀行を創立して、日本銀行が割引した約束手形をその銀行に引きつぎ、これを適当な方法で処理させようとするもくろみであった。

かような方針のもとに、その後、政府は引きつづいて調査立案を進めたが、当時は経済界がとかく安定を欠いていたところへ、調査立案も滞りがちで、年月を経過するうちに日清戦争が起り、それがために、計画は一時中絶の形となった。幸いにして同戦争はわが国の大勝に終り、同戦後、新規の事業計画が続出して経済界は興隆期にはいったが、何分にも、わが国は従来、資本に乏しくて、とうていそうした新企業の需要を満足に満たしうべくもないので、外資の輸入を必要とする声が官民間を通じてようやく高まってきた。この情勢に促されて、この種の外資導入役をつとめる新銀行を設立するため、必要な法律案を議会側から提出するという説が伝えられたので、政府としてはついに、これに先んじて一つの動産銀行法案を提出した。よって議会は当該銀行の名称を日本興業銀行とすることに修正し、同法案は三十三年〔1900〕三月二十三日に日本興業銀行法として公布されたのである。

日本興業銀行の設立は、さきの日本勧業銀行がドイツの制度にならったものといわれるのに対して、フランスのクレディ・モビリエに範をとったものと見られていた。とにかく性格としては前者が不動産銀行であるに対し、後者が動産銀行であることは疑いない。この法案を提出した理由書によると、

「本邦における資本の需要はすこぶる大なりといえども、供給はこれに応ずる能わず、これをもって各種の工業、鉄道、築港など事業資本の欠乏を告げ、経済の発達意の如くなる能わざるうらみあり、故に株券、債券、有価証券の真価を維持し、その信用を高め、流通を滑かにして、もって資本の供給を裕にし、経済の発達を企図する必要あるを認め、動産銀行を設立し、もって金融機関の整備を期せんとす。」

というのであった。これについて、同行の開業当初における総裁添田寿一の声明したところによると、同行創立の目的は（一）工業資金の供給を潤沢ならしめ、（二）商業銀行から、その担保にとっている株券を解放して、（三）銀行の分業を確保し、（四）有価証券を選択して信用を高めさせるための専務機関たらしめ、（五）資本の内外共通を促し、外資輸入の仲介者たらしめ、（六）信託業を発達させることにあるとい

うのであった。かように同行の設立には、政府としてもまた同行自身としても、比較的遠大な意図をいだいていたことが察せられるのであるが、その後、同行の営業に関する実績がはなはだしく当初の期待を裏切るものであったことは、後に述べるところに譲ることとする。

二　無用論と金融政策としての失当評

この種の銀行を創設することについては、事前から、一部に有力な反対論もあった。要約すると、興業銀行の企図するところのものは、当時すでに普通銀行が業務の主要な一部としてこれを営んでいるのであるから、別に新規の特殊銀行を煩わす必要はない。ただ銀行の分業という名目のみにとらわれて、商業金融の中枢である日本銀行および農業金融を要務とする勧業銀行と対立する工業金融機関を設立するというだけのことである。もし、これによって、わが国の工業がにわかに興隆し、商業銀行が割引専業の金融機関として分立するもののように速断するなどは、ほとんど空想にすぎない。ことに興業銀行の仲介を待って外資がとうとうと輸入され得るかのように過大の期待をかけるのは、いわゆる株屋輩の流言とでも聞き流す外はなかろうというのであった。

日本興業銀行法によると、同行の組織は他の特殊銀行とだいたい同様であって、資本金は一千万円、一株の金額を百円とし、存立期間五十年の株式会社とする。営業科目として列挙されているものは、(一)国債、地方債、社債および株券を質とする貸付、(二)国債、地方債、社債の応募または引受け、(三)預り金および保護預り、(四)地方債、社債、株券に関する信託業務の四項目に限られ、外に、営業上、余裕金があるときは、これによって国債、地方債、社債の買入をなすことを得るという一項目が許されていた。このうち（四）の信託に関する業務は、多数の債権、債務者間に介在しつつ、その需要を調整するものであって、これは当時の金融機関のうち、同行のみに与えられた特典であった。

同行は貸付金総額およびその所有に係る地方債、社債の現在額を超過しない範囲内において、払込資本金額の五倍を限り、債券を発行しうる特典をももっていた。もっとも、その債券発行については、勧業債券のように割増金をつけることは許されなかったが、これは工業金融が必ずしも農業金融のように長期低利の停滞的なものでなく、資金調達の源泉を是非とも債券に頼らなければならないという事情のものではないというのであった。また同行は創立初期から五ヵ年間を限り、配当金が年五分の割合に達しないときは、政府からその不足分を補給されるという特典をも与えられていた。

かくて政府は同銀行法の公布後、直ちにその設立準備に着手したが、当時、金融界の状況は、おりあしくも株式の募集に適当しなかったので、けっきょく、翌々三十五年〔1902〕四月十一日に同行の開業を見たのであった。同行の開業当時は経済界一般になお沈滞の域を脱しなかったので、したがって確実な事業資金の需要も少なかったが、その後、おいおいと有力な工業会社や鉄道会社などとの取引を進め、同年十月には興業債券三百万円を発行して営業資金の充実を図った。また同月中に同行は政府から、大蔵省預金部の所有にかかる五分利公債五千万円（約五百十万ポンド）を引き受け、香港上海銀行を中心とするシンジケートとの間にその売買契約を締結してロンドン市場で売り出させ、金融界から注目をひいたこともあった。

日本興業銀行については、その設立後においても、是非の論は必ずしも一致しないものがあった。およそ預金銀行が工業に投資するのは、もとより常道ではない、というよりも、むしろ危険を免れない場合が少なくない。また不動産銀行としての勧業銀行は、その特質上、とかく農業金融を偏重して、工業界からの需要を切実に満たすには不十分のきらいがあるから、興業銀行そのものは必ずしも無用であるとはいわれないが、営業の実際は、とかく最初の期待を裏切りまたは立法の精神から逸脱しやすいという弊害が伏在しているというので、設立後においても、しばしば言論界などから非難の対象となったことがある。また外資輸入の業務を同行だけに独占させようとする制度も、政策として必ずしも適当であったとはいわれない。むしろはなはだしく不当であったと評せざるを得ないのである。

日露戦時および戦後の金融界

日露戦争前の経済界

日清戦争から日露戦争に至るまでの十年間は、わが国の経済界にとっては浮沈動揺の連続時代であったといってよい。この十年間は事業界、金融界ともに飛躍的な発展を遂げ、産業革命の進展にともなって、わが国の経済界が資本主義段階へ発展すべき急速な上昇が始まったのは、この時代であったと認められる。しかし、またロシア、ドイツおよびフランスの三国干渉によるいわゆる遼東還付以来、早晩、日露戦争は避けられないであろうという国難来の予想は、重苦しく国民一般の頭上におおいかぶさっていた関係上、経済界としても、思い切った活躍は、とかく渋りがちになりやすく、繁栄の裏には常に沈滞への悲観人気がつきまとっていたという実状であった。

日清戦争直後に湧き上がった企業界や証券市場のブームは、二十九年〔1896〕には早くも反動をひき起し、経済界の人気は沈滞して、同年十二月には東京株式取引市場の株価が急反落をつげた一方、大阪地方における十数行の銀行に取付騒ぎが起ったが、それ以来、経済界の大勢は一盛一衰のうちにも、基調は不安と沈滞とのうちに推移して、三十一年〔1898〕の大不況期にはいったのである。

こうした事情を金利異動の足どりに顧みると、日清戦争直後の二十八年〔1895〕七月十二日に二厘下げの一銭九厘と改定された日本銀行の公定歩合は、その後、数次の引上げ続行によって、三十一年〔1898〕三月十四日の改定による二銭四厘を峠としてふたたび引下げに転じ、三十二年〔1899〕七月二十八日の改定によって一銭六厘に底を入れ、その後、さらに急騰して数次の改定により、三十三年〔1900〕七月十八日には二銭四厘に引き上げられたという経過にあった。

かように日本銀行の公定歩合が一銭六厘に底を入れた当時には、市中銀行の貸出日歩も一銭五、六厘まで低下したが、しかも有価証券の市価は少しも高騰せず、また資金の需要も起らないままに、日本銀行は引きつづいて発行余力を残し、金融市場は資金の横溢をつげて、一部の市中銀行は遊資をもてあましたほどであった。

こうした状況に対して、官民間には事業家の意気消沈を非難する声もしばしば聞かれたが、しかしまたそうした間にも、経済界の根底につちかい上げられてきた実勢は、根強く上伸の歩を進めていた。それは一般会社の資本金額、貿易額、諸工業の生産高の増加および交通機関発達の状況などに照らしても、直ちにうなずかれるものがあった。また銀行の資力充実ぶりに見ても、すでに述べたように、この十年間を通じて払込資本金は四倍、預金残高は七倍という激増を示し、日露開戦の直前、三十六年〔1903〕ごろには、わが経済界は画期的に発展拡大していたのである。

しかも、この三十六年〔1903〕には米の豊作と貿易の増進とがあいまって、事業界はようやく生気を回復し、金融界もしたがって好転の機運に恵まれ、経済界を挙げてふたたび活躍期にはいろうとしていたおりもおり、翌三十七年二月に、わが国としては空前の大国難ともいうべき日露戦争が始まって、ここに経済界の情勢もまったく一変せざるを得なくなったという次第である。

日露戦時の財政と金融

一 戦費財源の調達と経済界の沈滞

日露戦争は三十七年［1904］二月七日、わが政府が露国政府に対し最後通牒を送付して以来、翌三十八年九月五日のポーツマス条約調印に至るまで、前後を通じて一年七ヵ月にわたる。わが国としては空前の大事件であっただけに、その戦費に関する財政上の処理もまた前例を見ない大規模なものであり、したがってそれが金融界に及ぼした影響も重大なものがあった。

試みにこれを前の日清戦争の場合と比較しても、前には戦費総額二億円のうち、償金によって支弁された七千九百万円を控除すると、実際に国内の資金を費した額は一億二千万円余にすぎなかったのに対し、後の場合にあっては、外債募集額を、いっさい、計算に入れないで、国庫債券の発行六億七千万円（額面）、増税一億三千六百万円、一般会計剰余金および特別会計資金の繰入一億一千五百万円、合計九億二千百万円に達し、新たに民間から引き揚げた資金だけについて比較しても、前の八千万円（公債額面）に対し、後には公債および増税を合わせて八億円、すなわち十倍に上るのである。戦費財政の国民経済に及ぼした圧力がいかに重大であったかは察するに難からぬものがあろう。

国庫債券は開戦直後の三十七年〔1904〕三月一日その第一回分一億円が発行された。しかも、それについて注目されることは、発行に関する政府と民間銀行との取引関係である。顧みれば日清戦争の場合には、公債発行のことは主として日本銀行がその衝に立ち、他の一般銀行は日本銀行に付随したような関係で、いわば一種の利付御用金を引き受けるという立場でしかなかったが、日露戦争の場合には、政府当局者みずから交渉に乗り出し、まず、おもな銀行家を招いて発行に関する要件や方法を協議し、もちろん日本銀行としては両者の間を斡旋するなどにより、かくて発行に関するいっさいの計画を確立した上で、はじめてこれを公表するという手続をとることになった。

こうした事情の変化は、或いはおのおのその場合における人的関係の相違にも多少は依存していたかも知れないが、*要するにこれは過去十年間におけるわが預金銀行の発達が、現実に政府によって認識されたのによるものであり、金融機関が財政への御用機関でしかなかった過去の官尊民卑的地位を改善するとともに、銀行側が自主的にその主張を表現した最初の出来事でもあって、わが金融史上に一記録を残したものと評してよい。（*この第一回の発行に際しては、一億円という発行額が政府側としても懸念の難点とされていたし、銀行側としても確信がもたれないという不安の気分が濃厚であったが、当時、病床にあった渋沢第一銀行頭取の代理として、この会合に出席した同行の総支配人佐々木勇之助の募集可能説によって、問題は一挙に解決された。この場合における佐々木の発言は千鈞の重きをなしたと、当時、外務省側を代表して列席していた石井菊次郎は、後年、しばしばこのことを物語っていた。）

この公債発行に関しては、その条件が政府にとって多少不利にあたるような関係にあったので、銀行側が不当の利益を獲得したもののように非難する声もあったが、政府と銀行側との協商関係はまったく温和なもので、銀行側は終始協力的であったし、また当時の財政金融事情からすれば、必ずしも銀行側のみを責めるべきではなかったと思われる。かくて国庫債券の発行は三十七年〔1904〕六月十日に第二回分一億円、同年十月三十一日に第三回分八千万円、翌三十八年三月二十五日に第四回分および同年五月一日に第五回分各一億円、翌三十九年三月二十日に第六回分二億円と続行され、かくて、政府と銀行側との公債発行に関するこの協商関係が、後に四十三年〔1910〕の四分利付借替公債発行に際して結成された国債シンジケートの発端をなした次第は、後に改めて述べるところに譲ることとする。

かように政府は公債を発行する外、日本銀行からの借入金や大蔵省証券の発行をあわせて行い、また開戦後の三十七年〔1904〕四月一日には非常特別税法および煙草専売法（同年七月一日施行）を公布するなどによって、当面の戦費支弁にあてたが、しかも戦局はますます拡大するような情勢にあって、これがために要する戦費は、毎月、少なくとも五、六千万円から、多きは一億円以上を予想せざるを得なかった。もちろんこのことは、つとに開戦前から官民間を通じて憂慮されていたところであったし、また国民一般としても、敵国が世界最大強国の一つであるという事情に対処していた関係上、深刻な危惧をいだいて極度の緊張のうちに戦局のなりゆきを見守っていたのである。

しかるに、わが軍は幸いにして開戦当初から予想外の勝利を挙げ、ことに制海権を掌握して、戦局を有利に展開するに必要な基礎工作を全うすることができたので、官民を通じてひとまず胸なでおろしたかの感じがあった。だが、何分にも開戦前から国民一般の脳裡にしみ込んでいた不安の念は容易に緩和されないばかりか、戦局の進展するにともなって、国民はいよいよこぞって慎重持久の態度を固め、何はともあれ、日常生活を自粛して消費を節約することにつとめたのである。

それについて付言しておきたいことは、こうした意味での緊張節約生活はなんら法令または公的な統制などによるものではなく、まったく期せずして挙国的体制を作り上げた自然的現象に外ならなかったという点である。したがって商工業界としても、軍用品および日常必需品関係を除く外は、まったく沈滞の底に沈み、たとえば比較的贅沢品に属する織物業のごときは、これがために大打撃をこうむり、それらの産地は特に痛切な不況に陥らざるを得なかったというような実状であった。

二　第百三十銀行の支払停止と特別救済

こうした重大な難局に当面していたおりから、金融界には不測の不祥事が起生した。第百三十銀行の不始末事件がそれであった。

第百三十銀行が不始末を暴露するに至った原因は、もちろん日露開戦前にさかのぼるが、同行がいよいよ窮状に陥ったのは開戦後の三十七年〔1904〕四月のことであった。政府は事態の容易ならざるを予想したところから、取りあえず政府の損失補償のもとに日本銀行をして横浜正金銀行を通じ、同月中、同行に対し百万円を限って救済融資を与えさせたが、それくらいのことでは、とうてい破綻をつくろうことを得ないままに、同行は同年六月十七日に至ってついに支払停止を行ったのである。同行は関西地方における大銀行の一つに数えられ、資本金は三百二十五万円、積立金は五十一万円、預金（前々年末現在）は一千百万円、そのうち支払停止当時、なお八百万円の残高をもっていたし、支店数十四を数えたほどであるから、同行が破綻を暴露したとなれば、それが口火となって、或いは金融恐慌をひき起さないともかぎらないという情勢にあった。

そこで政府はこれを国家的緊急問題と認め、同年七月、第二予備金のうちから六百万円の救済資金を支出し、年利二分、五ヵ年据置、五ヵ年賦償還という条件で、日本銀行にその監督および取立を委嘱することにより、日本銀行名義、安田善次郎保証人という方法で同行への貸付を行ったのである。かくて同行は当然に安田の監督下に整理を行うこととなり、その後、日本銀行から特別な援助を受けて復活し、かくて引きつづき安田系の銀行として存続したのである。

だが、それはとにかく、かように一私立銀行を救済するため、ことに軍国多事の際にもかかわらず、多額の国費を支出したというだけでなく、その間には多少の情実も伏在していたというような関係もあったので、衆議院はこれをはなはだしい失当の処置として問責の決議をなし、会計検査院もまたこれを不当の支出と認めるというふうに、重大な政治問題となったのである。しかしまた世間一般としては救済方法の非難さるべきは当然であるとしても、さて、その結果、万一、金融恐慌でもひき起したならば、ことに国運の消長に関する大戦争中に、容易ならざる事態を招かないともかぎらないからというので、政府の失当な処置を、むしろ黙認するような気分に傾き、また金融界としても同様の見解のもとに、この不祥事件が重大な破局を招来しないで済んだのを喜び、少なくとも不安を一掃し得たという意味での安心の態度を示したのであった。

だが、第百三十銀行の不始末は必ずしも経済界にまったく影響を及ぼさなかったというわけではない。むしろこの事件が一つの契機となって、その後の金融情勢に相当の変化を生ぜしめたことは見のがしてはならない傾向の一つであった。すなわちその直接の波動としては、大阪における諸銀行への取付さわぎから、ひいて関西地方一帯にわたる諸銀行の警戒が急に厳重となり、手もと準備その他のためにする資金の需要が高まるにつれて、日本銀行の発券高は激増し、日本銀行の制限外発行高は二千万円以上に達したほどである。だから日本銀行は第百三十銀行が支払を停止した翌月の七月二日に公定歩合二厘方を引き上げて一銭八厘と改定したが、その後における資金の需要は引きつづき盛んであり、同年末に向かってますます増加するような情勢にあったので、同年十二月十九日にはふたたび二厘方の利上げを続行して、公定歩合を二銭と改定したのである。

もっとも、このころには第百三十銀行に対する救済施設が一応奏功して、金融市場は静穏に復し、金融は緩和への傾向を示して、銀行預金も増加をつげるようになっていたから、第百三十銀行事件に関するかぎり、金融界の動揺は一段落と見なしてよかった。しかし、たまたま同年末に近づくに従って、政府への貸上金の増加と見越輸入に要する決済資金の需要とが重なり、いきおい日本銀行の発券高を激増させるような事情にあったので、金融の緩和は容易に期待されないままに越年したのであった。

三　貯蓄債券の募集と外債の続発

越えて三十八年［1905］の一月二日には旅順の開城が約され、三月十日には奉天が陥落し、五月二十七、八日の日本海海戦ではバルチック艦隊が全滅するなど、戦局はわが国側の連勝をつげ、海陸を通じて全局的に戦勝を確信させるまでに好転してきたが、これより先、政府は三十七年〔1904〕八月、一つは戦局好転の報に民心の弛緩することもあるべきをおもんぱかり、一つは財政難に処する一対策として、日本勧業銀行に対し同年十二月以降、三十九年〔1906〕末まで、割増付勧業債券の発行を停止するとともに、貯蓄債券の発行を命じ、その代りに、同行の直接貸付および農工銀行への融通資金として、大蔵省預金部から同月中に百万円、三十八年〔1905〕中に百五十万円、三十九年〔1906〕中に三百万円、四十年〔1907〕中に二百五十万円および四十一年〔1908〕中に同じく二百五十万円を、それぞれ勧業債券引受けの形式で融通することにしたのである。

だが、貯蓄債券の発行のごときは、この大戦争の戦費を調達する上には、もとよりその一助をなしうるにすぎなかったし、増税および内国債の発行も、とうてい多額の戦費を支弁するには足りなかった。顧みれば日清戦争後、わが国の経済界が飛躍的に発展をつげ、日露開戦に際しても、なお比較的平穏に財政の圧迫に堪え得たことは、いまだ必ずしも全戦局を通じての財政を保全し、経済界全般の安定を持続しうるゆえんではなく、ことに金融界の平穏を保障するだけの実力は、おそらく備わっていなかったであろうと思われる。こうした財政経済難を無事に打開し得たのは実に外債の募集に成功したことであって、それには、当時、臨時遣外財政委員としてヨーロッパに派遣された日本銀行副総裁高橋是清および後方から彼を援助した正金銀行の功績を特筆しなければならない。

日露開戦の前後にわたる日本銀行の正貨準備状況を見ると、戦前三十五年〔1902〕の夏以来、貿易が比較的順調に向かってきたのにともなって、一時は、正貨の増加を見たが、それが開戦直前の三十六年〔1903〕十二月からふたたび逆調に転じてきた結果、翌三十七年五月までに正貨の流出した額は六千八百万円を算し、三十七年〔1904〕末の現在高一億一千五百万円はここで六千八百万円に減少している。これがため、三十七年五月末における正貨準備高は兌換券発行総高の約三分の一で、千二百万円の制限外発行をよぎなくされたという状況であった。

当時、官民を通じて正貨準備の減少を憂える声がようやく高まり、政府はこれがために、一時は非常対策をとろうとする方針を定めたということであるが、実行するには至らなかった。ただし明治天皇は事態の重大であるのにかんがみて、帝室に保有中の古金銀や地金銀を日本銀行に下付し、兌換の基礎を強固ならしめるための一助に供されたこともあった。

かような窮状に陥ったおりから、たまたま三十七年〔1904〕五月、日本政府の第一回六分利付英貨公債一千万ポンド（邦貨換算約九千七百万円）が好況のうちにロンドンおよびニューヨークで発行された。次いで同年十一月には同じく第二回六分利付英貨公債一千二百万ポンド（邦貨換算約一億一千七百万円）がやはりロンドンおよびニューヨークで発行され、これによって、わが国の正貨補充問題は、いちおう、急場をしのぎ得たのであった。

この外債発行は、最初は戦局の前途に対する予想が内外ともに困難であった上に、外国側のわが国に対する財的信用がなお薄弱であった当時としては、よほどの難問題であったに相違ない。したがって第一、二回とも六分利という比較的高率であった上に、わが国の関税収入担保というような不利な条件をよぎなくされたものであって、当時、国際上の知識におくれていたわが国民一般としては、それがために、一時は、いたく人気を落したというような状態であった。しかし、何といっても、これだけの正貨補充ができて、わが国の通貨安定に寄与し得た効果は少なからぬものがあったので、金融市場も大いに安心の色を示したのである。

かくて金融界はいちおう安定を保つことを得たとはいえ、何分にも打ちつづく戦費の支出と軍需産業の増進とは、あいまって通貨膨脹の勢いを助長し、最初の外債が成立した三十七年〔1904〕五月以降にあっても、引きつづいて制限外発行は消滅せず、時には八千万円という多額に上ったこともあって、同年末には発券総額は二億九千万円を算し、翌三十八年にはいって以来も二億五千万円を下ることはなかったのである。

かような状況にあったので、わが国としては何をおいても、正貨準備を充実することが最大の急務に属した。だから、三十七年〔1904〕十一月の第二回六分利付英貨公債の発行によって、わが国側は、いわゆる一息ついた思いであったとはいえ、正貨準備に対する官民の憂慮は容易に一掃さるべくもなかったので、或いは金利の引上げ、或いは正貨の節約、或いは輸出為替の買収、或いは軍用切符の発行など、この場合に政府または日本銀行が実行した施策は、他にも少なくなかった。幸いにして、わが陸海軍の連戦連勝は、ヨーロッパおよびアメリカにおけるわが財政信用を保障する上に大きな寄与をなし、三十八年〔1905〕三月にロンドンおよびニューヨークにおいて発行された第一回四分半利付英貨公債三千万ポンド（約二億九千二百万円）のごときは予想外の応募申込みが殺到して、外債の続発に関するわが国側の期待は著しく楽観的になってきた。そこへ、同年七月発行の第二回四分半利付英貨公債三千万ポンド(約二億九千二百万円)も、また同様の盛況をつげたのであって、このころには正貨準備に対する憂慮はようやく解消され、先に民間の諸方面から金製品を日本銀行に供出または供託したものがあったことなどは、かえって一場の喜劇視されるまでに事情が好転してきたのである。

日露戦争は三十八年〔1905〕九月五日のポーツマスにおける講和条約調印によって終結したが、その二ヵ月後の同年十一月に、政府は既発行の高利内国債を借り替えるため、第二回四分利付英貨公債二千五百万ポンド(約二億二千四百万円)を、ロンドン、ニューヨーク、ベルリンおよびパリにおいて発行した――第一回四分利付英貨公債は日清戦争後の三十二年〔1899〕――ので、日露戦時中から、この終戦直後に至る前後五回の外債発行額は通計一億七百万ポンド(約十億四千二百万円)に上った勘定である。そのうちで、第一、二回の六分利付は、ともに関税収入を担保とし、また第一、二回の四分半利付はいずれも煙草専売益金を担保としたが、第二回四分利付は無担保というふうに、条件はだんだんと有利になってきたのであった。とにかく、こうして戦時財政が戦費財源の大部分を外債によることになり、財政の安定と、ひいては金融界の平穏とを維持し得たことは、予想外の戦勝を遂げることができた一大支柱をなしたものと評してよいのである。

もっとも、かく外債の募集によって受け入れた正貨の運用については、政府は日本銀行と呼応していろいろ適切な手段を採り、正貨準備の安全を図ることに尽力した。すなわち外債資金を戦費の支払に振り替えるについても、或いはこれを日本銀行に売却して、直接、正貨準備の充実に資し、或いは日本銀行から借り入れていた資金を返済して兌換券の収縮を促し、或いは為替資金に利用させまたは現送の方法によって、正貨の流出すべきを防ぐなど、財政および金融の両方面を通じて、諸施設はおおむね適切であったが、同時に、いっぽうでは、民間側もまた当時すでに、これだけの戦争に堪え得るほどの発展を遂げ、政府の戦時財政経済政策に対して、よく協力を遂げ得たことも見のがしてはならない。

というよりも、この当時における政府当局者と民間の金融業者とは、相互に意思の疎通をはかり、ことに政府側としては開戦に際してもまた講和問題に関しても、あらかじめ金融業者と協議するところがあった。政府側としては松方、井上の両元老、軍部側としては児玉源太郎大将が、また民間側としては渋沢栄一、豊川良平、園田孝吉らがその談合にあたり、かくて官、軍、民の三者の間で重要案件についての意思の疎通が行われたのである。いずれにしても、かく官、軍、民の三者の間で、よく協調が保たれ、財政および金融の両方面にわたる諸政策が円滑に遂行されたことは、この大戦果を収め得たいわゆる銃後の盾として重視されなければならないところである。

戦後の金融事情と経済界

一　企業界、証券市場の沸騰と反動的大恐慌

日露戦争は意外の大勝に終ったにもかかわらず、講和条約に関する民衆の期待はずれがはなはだしかったために、世間一般としては、いわば冷水を浴びせられたかの感じがあって、経済界の人気も講和成立の直後においては、一時は沈静の状態に陥らざるを得なかった。しかし何といっても、この一ヵ年半にわた

る大戦を戦い抜くことができたのは、一つは、わが国民の経済力がそれだけ充実していたからであるし、また講和条約に関する期待はずれは、はなはだしかったにしても、戦時中に発行された外債は引きつづき外資流入の形で正貨準備を増加させることになるであろうという期待や、さらにわが国としては、この戦勝によって、いわゆる世界の一等国に躍進し得たというような大ざっぱな速断から、民間の企業熱はいたずらに高まり、さながら激流が堤を切ったかのようないきおいで、経済界をその渦中に巻き込んだのである。

もっとも、この場合に企業熱を高め、いわゆる戦勝景気を湧き上がらせた動機は、必ずしも無根拠な楽観的予想のみと冷評し去るわけにもゆかないものがあった。前に述べたように、戦争のため政府の発行した外債通計十億四千二百万円の外に、終戦後の三十八年〔1905〕十月三十一日には北海道炭鉱鉄道株式会社の英貨社債百万ポンドが、つづいて翌十一月十四日には関西鉄道株式会社の英貨社債百万ポンドが、また翌三十九年八月には日本興業銀行の取扱いによる東京市五分利付英貨公債百五十万ポンドもそれぞれロンドンで発行されて、日露開戦以来、終戦後に至る二ヵ年半の間に、わが官、公および民間会社によって発行された外債は合計十億七千万円に達する勘定であった。

これらの官、公、私の外債のうちで、はたしてその幾ばくが正貨として国内に流入したかは明らかでないが、試みに、この間における兌換券発行高の異動に照らすと、戦前のそれは二億三千三百万円にとどまっていたのが、三十九年〔1906〕末には一億九百万円の増加を算している。このような通貨の膨脹が物価の騰貴を促し、前途、さらにより促すであろうことは想像にかたくなかったし、ひいて、それが諸産業の収益を増大させる一大誘因となったであろう傾向もまた見のがされなかった。

次に注目されることは投資の方向転換であった。ということは、戦時中、国庫債券の募集によって政府の手もとに吸集された資金は、終戦後といえども、また直接、それが戦費にあてられたものでなくとも、とにかく財政資金として、いずれかの方面に放出されなければならないし、しかも、そこへ終戦後、国庫債券二億円の償還が行われた。

こうしたおりから、三十九年〔1906〕三月三十一日に公布された鉄道国有法および京釜鉄道買収法によって、従来、鉄道会社の株式となっていた資本もまたいずれかに放下さるべき機運に当面した。この鉄道国有は四十年〔1907〕七月までに十七会社、この営業線路延長二千八百マイル、買収総価額五億円を算し、当時のわが国状からすれば、経済上、空前の大問題であったといわなければならない。したがって政治的にも重大な紛争を生じたが、軍部側からの強硬な圧迫もあって、けっきょく、ほとんど全部の実現を見たのである。とにかくこの問題が資金異動の一大原因となり、金融界に重大な影響を及ぼしたことは察するにあまりあるものがある。

さかのぼって、戦時中からの金融状況を見ると、戦争の前途については三十八年〔1905〕の下半期にはいったころには、もはや官民ともに、ひとしく憂慮を解き得るまでに明るい気分になってきたが、民間の経済活動は引きつづき手びかえられがちで、金融はこのころから全般的に著しく緩慢の傾向をたどってきたのである。しかるに、そこへ前述のような資金の潤沢化を招来するような事情が合流した関係上、金融はますます緩慢にならざるを得なくなって、同年の冬期から翌三十九年〔1906〕の春にわたり、銀行は遊資の過多を持てあまし、金利はだんだんと低落の一途をたどってきたのである。そこで日本銀行は三十九年〔1906〕三月十三日および同五月一日の二回にわたり、公定歩合をそれぞれ二厘方ずつ引き下げて、五月以降一銭八厘に改めたいっぽう、市中金利もこのころには一銭六、七厘を唱え、一銭六厘という大蔵省証券が発行と同時に売り切れるという状況であった。(*日本銀行はこの五月一日の利下げに際し、「公定歩合」の形式を改めて、国債を抵当とする貸付利子および国債を保証とする手形割引歩合を、国債以外のものを抵当または保証とする貸付または割引歩合と区別することになった――国債担保貸付利子歩合一銭八銭――)。

ところが、一面、これを兌換券の発行状況に見ると、そうした金融緩和の大勢にかかわらず、兌換券は引きつづいて制限外発行を常態とし、三十九年〔1906〕五月および七月に少額の発行余力を示したこともあったが、それはむしろ例外的現象のようですらあった。市中の金融緩慢情勢に対するこうした不つり合いの関係は、いうまでもなく主として日本銀行の政府に対する貸付金の増加または不減少によるものであって、民間に対する貸出はかえって減少していたことが認められる。このことは、東京および大阪の各組合銀行勘定に見ても、預金および金銀在高の増加が貸出の増加よりも著しく先走っていたことからしてもうなずけるのである。

すでに述べたように、戦前からつちかわれてきた経済界の実力は、民間における新規の企業的発展を促すにふさわしい強気の人気を推進していたところへ、市場の資金が潤沢をつげ、むしろその利用を待つこと久しという状態にあったこととて、三十九年〔1906〕の下半期にはいると、まず有価証券の市価が高騰をはじめ、したがって、またこれに対する金融はようやく拡大され、金融界はますます繁忙をつげるとともに、企業界を刺戟して、証券市場の盛況と企業の勃興とが相関連しつつ、経済界を湧き立たせたあげく、いわゆる成り金時代*を現出して、翌四十年一月にはその絶頂に達したのである。(*このブームに乗じて株式の買占に成功し、いわゆるにわか分限に成り上った株屋のうちでも、特に代表的人物は鈴木久五郎なるものであって、かれはみずからを「成り金」と自称したところから、後年、一般にこうしたにわか分限者のことを「成り金」と呼ぶようになったものである。)

だが、こうした意味での財界の活況は、元来、その本質的な根拠に基づくものではなかったから、早晩、これが反動をひき起すのはあまりに必至のなりゆきであった。むしろ一朝の悪夢でしかなかったかの感じがある。三十九年〔1906〕中の企業資本額は総計十億円を超え、たとえば同年六月七日に南満洲鉄道株式会社の創立に関する勅令が公布された場合(設立は同年十一月一日)のごときは、公布前から民間多方面の渇望を集め、その株式応募高は実に一千七十八倍に達したと注されているほどである。

だから政府としては、こうした企業熱の行き過ぎをいましめるという趣意のもとに、特殊銀行に対して注意を促すところがあったが、日本銀行としては、かような情勢を、むしろ楽観的に見送っていたもののようであるし、また一般の銀行も勢いに乗って、引きつづき信用を膨脹させていたようであった。はたして反動が襲来した。四十年〔1907〕一月二十日、株式市価の暴落に始まって状勢は一変し、株式界の恐慌は一部の投機業者をして再起不能の窮地に転落させ、信用を拡大させていた一部の銀行は破綻を暴露し、流言は飛びかって経済界はついに恐慌に陥ったのである。

二　金融の引締まりと銀行の取付および閉店の続出

この場合の恐慌は、ひとり株式界だけでなく、反動の状勢は財界一般にわたり、特にこれに先立って湧き上った株式熱が強烈で、またその関する範囲が広大であっただけに、逆転傾向もそれだけ重大かつ深刻なものがあった。日露講和条約が調印された三十八年〔1905〕九月から四十年〔1907〕二月に至る一ヵ年半の間に、新たに払い込まれた会社の資本金額は五億円を出で、同期間に計画された資本の総額は二十五億円を超えたのである。

いっぽう財政的には戦後、国民は毎年、一億五千万円以上という増税の負担を継続しなければならないところへ、かように多大の企業資本が需要されるとなれば、たとい外資の輸入が相次いで行われたとしても、早晩、資本の欠乏を免れなくなるであろうことは、あらかじめ見通されていたはずである。しかも、たまたま一九〇六年（三十九年）五月ごろからヨーロッパにおける金融はようやく引き締まり、四十年〔1907〕三月にわが政府が六分利付外貨公債借替のため、ロンドンおよびパリで発行した五分利付英貨公債二千三百万ポンド（約二億二千四百万円）のごときは、前の第二回四分半利付および第二回四分利付に比して著しく不利であったところから見ても、当時、わが国における新企業のために外資の輸入を希望したとて、とうてい多くの期待をかけられなかったであろうことは察するにかたくない。

こうしたおりから、一九〇七年（四十年）十月にアメリカ合衆国に起った大恐慌*は、ひとり合衆国においてだけでなく、ヨーロッパの財界をも根底から動揺させるところとなり、いきおいわが国の経済界にも重大な影響を及ぼさずにはいなかった。こうした外的事情が、わが国側としては、いずれも悪条件とならざるを得なかったところへ、しかも国内的には通貨の膨脹、物価の騰貴は、いきおい貿易を入超に走らしめ、その額は四十年［1907］には六千二百万円、また四十一年［1908］には五千八百万円を算し、これにともなって在外正貨は減少し、かくて金融はますます困難に陥ってきたのである。（＊アメリカ合衆国におけるこの大恐慌は世界史的な大事件であって、後に一九一三年（大正二年）に同国が連邦準備制度（Federal Reserve System）を採用することになった動機は、この恐慌にあったといってよい。）

この間における銀行の不始末に関する概況を見ると、最初は、四十年［1907］三月二十九日に第百三十八銀行の東京支店が支払停止をしたのを皮切りとし、翌四月の四日には扶桑銀行が同じく支払を停止したのに引きつづいて、銀行への取付さわぎはたちまち東京府下および近県各地に蔓延し、さらに名古屋および大分県中津にまで飛火したのであった。名古屋地方としては、同地方の豪家の一つに数えられていた小栗家を主軸とする小栗銀行の閉店が東海道筋一帯の経済界を動揺させ、それ以来、銀行の取付さわぎは関東、九州、北陸その他諸地方に広がり、翌四十一年［1908］にはいってますますはなはだしきをつげ、同年三月には東京府下の八銀行が同日に支払停止を発表したほどで、全国的にはこの場合に不始末を暴露した銀行は、四十一年［1908］七月までに取付合計百三十九行、閉店合計四十七行に及んだのである。

こうした動揺を鎮静するため、四十年［1907］上半期には、すでに民間から救済策の実行を要望する声が高まってきた。この情勢に処して東京の有力銀行業者は特に協議会を開催し、銀行相互に寛大な方針をもって、援助のために便宜を図るべきことを申し合わせたのに対し、日本銀行もできるだけの援助を与える旨を言明し、また政府は同年五月および六月にわたって、大蔵省証券三千七百五十万円を償還するなど、官民あいまって動揺鎮静のために尽力した結果、さすがに人心は一時、小康の状態に帰したかの感じがあった。しかしなに分にも恐慌の実状ははなはだしく深刻で、財界は容易に平穏を回復し得ないばかりか、四十一年〔1908〕にはいっても、なお暗澹たる情勢をたどっていた。そこで政府は同年三月下旬に、これが救済策として国庫債券の償還および借替の方法を発表したが、その割引償還もまた高利の借替もまったく失敗に終って、かえって金融界の人気を悲観的予想に傾かしめたのである。

このような状況にかんがみて、一部の元老はついに政治上に干渉を試み、それがために第一次西園寺内閣は総辞職して新たに第二次桂内閣が成立したのである。同内閣としては、何はともあれ、この恐慌を鎮静することをもって急務とし、桂首相兼蔵相は大阪で開かれた春季全国交換所連合会の決議に基づいて、毎年、少なくとも国債五千万円の現金償還を続行する旨を声明した*ので、これによって金融市場をはじめ、経済界はようやく生気を回復し得たもののようであった。（*この国債償還というのは、三十九年〔1906〕四月十一日に施行された国債整理基金特別会計法によるもので、同法第二条により、毎年、その前年度はじめにおける国債総額の万分の百十六以上、ただし五千万円――後に三千万円に改定――を下らざる金額を同特別会計に繰り込むことになっていたのである。それを現金で償還する旨を声明したことは、当時の金融界ないし財界にとっての一大福音であったと察せられる。）

だが、国債の現金償還に関する政府の声明も、金融の安定を促す上には多少の好材料となった程度で、経済界の人気はやはり動揺をつづけていたばかりでなく、いっぽうには、むしろこの場合こそなんらかの方法によって、奇利をつかむに好ましい好機であるとする投機心理も躍動し、世間一般もおのずから不安人気におおわれていたのである。こうした浮薄の傾向をいましめ、一掃する目的をもって、四十一年〔1908〕十月十三日には前例のない詔書が発布された。戊申詔書がそれである。しかも、すでに転落した財界の不健全分子はもはや再起の望みはなく、その後においても比較的大規模の事業会社のうちで、以前から弱点をもっていたものは、なお続々と不始末を暴露したのであった。

前に述べたように、戦後のいわゆる株式熱に浮かされて放慢な経営をした銀行の多くは、或いは取付にあい、或いは閉店の逆境に陥ったが、こうして招来された金融の梗塞は、一般の銀行に対しても多大の累を及ぼしたようであった。このことは預金高の減少に対する貸出の回収難という逆調ぶりによっても窺うことができる。たとえば、六大都市同盟銀行だけの統計に見ても、反動期にはいった四十年〔1907〕一月に比して四十一年〔1908〕末には、預金が二億四千万円を減少したのに対し、同時期における貸出高の減少は一億五千万円にすぎなかったという不均衡ぶりであった。

だから、この間、金利が最も高騰したときには二銭五、六厘を普通とし、日本銀行の貸出高も著しく増加して、常時なお一億円内外を持続し、兌換券の膨脹はいきおい制限外発行高の増加をよぎなくさせたが、さすがに四十一年〔1908〕下半期には、こうした意味での金融の繁忙はようやく沈静に向かい、同年のいわゆる霜枯期に近づくに従って同行の貸出も、とみに減少の傾向をたどり、第四・四半期ごろには三、四千万円を算する程度にとどまったのである。

かくて四十一年〔1908〕は不安人気の解けやらぬうちにも、財界の動揺は幾分かは緩和されたかのような情勢を呈して越年したが、しかもその翌四十二年の一月には大日本製糖株式会社が大破綻を暴露したのに引きつづいて、大日本水産株式会社、東洋汽船株式会社など比較的大会社の失態が続出し、経済界はもちろん、民間一般としても会社重役の不始末に驚き、株式投資が往々、重大な危険を免れないという事情を感知するとともに、おのずから企業投資を手びかえるようになった結果、おのずから銀行預金の増加を促して、ようやく金融の引締まりを緩和するような傾向に転じてきたのである。

三　公・私外債の続発と第二次公債整理

こうしたおりから、政府の公債整理に関する方針は引きつづいて実行され、公債の現金償還計画によって抽籤償還された額は約一億二千万円に達したいっぽう、三十八年〔1905〕九月の講和条約調印後、四十二年〔1909〕末までに、わが国の地方公共団体、特殊会社および民間会社の起した外債は通計一億七千余万円に上り、ひいて銀行の預金はますます増加し、金融はいよいよ緩慢をつげたにもかかわらず、民間の経済活動はかえっていっそう沈滞に陥らざるを得なかった。しかも三十九年〔1906〕以来、引きつづいて順調をつげてきた米の豊作は米価の崩落を促し、四十一年〔1908〕末の十三円台（一石当り）から翌四十二年末には十一円台に低落したというふうで、都鄙を通じて不景気は止めどなく深刻になってきたのである。

かような状態がつづいたので、久しく引き締まっていた金融もおのずから緩和し、それにともなって金利も低落の傾向に転じてきた。先に二銭五、六厘という高値を峠として、四十年〔1907〕下半期以来、持ち合ってきた東京の市中金利は四十二年〔1909〕の上半期以来、ようやく軟調に転じて下半期にはいり、同年末には一銭八厘まで低下し、大阪では一銭五厘という安値をつげ、大蔵省証券は一銭ちょうどという低歩合を唱えたほどであった。

こうした金利安の傾向に即応して、日本銀行は、先に四十年〔1907〕十二月四日以来、二銭を持続してきた公定歩合を、四十二年〔1909〕五月四日および同年八月十三日の二回にわたり、それぞれ二厘ずつを引き下げて一銭六厘に改めた。しかも、四十二年〔1909〕には、珍しくも外国貿易が、少額ではあったが出超を算したところへ、たまたまヨーロッパおよびアメリカを通じて金融状況が平穏に復したというふうに、内外を通じて金融軟化の材料が続出してきた関係上、金利はますます低落の歩調を助成されつつ、春四十三年〔1910〕を迎えたのである。

この金利低落傾向は四十三年〔1910〕の新春にはいっても、さながら止まるところを知らないようないきおいであって、日本銀行は同年一月十一日、公定歩合を二厘下げの一銭四厘と改定したのに引きつづき、同年三月七日には、さらに一厘下げの一銭三厘と改定した。民間の金利も、もちろん低落歩調をたどってきたのにともなって、同年三月一日から各地銀行の預金利子も引き下げられ、翌四月一日には、先に日露戦争中、三十七年〔1904〕九月一日の引上げ改定以来、五分四毛にくぎづけされていた郵便貯金利子*も八厘四毛方を引き下げて四分二厘と改定され、かくて、いわゆる低金利時代を現出したのである。（*従前、二十三年〔1890〕四月一日施行の預金局預金特別会計に関する法律によって、大蔵省預金局は二十六年〔1893〕十一月以降廃止され、その後はたんに預金特別会計――歳計上では大蔵省預金利子特別会計と称していた――と称することになっていたのを、日露戦争中の三十八年〔1895〕二月十六日、郵便貯金法の公布にともなって、名実ともに「郵便貯金」が法定の存在となった。）

金利の落勢は政府の公債市価吊上げをねらった公債政策と関連して、その市価を著しく騰貴させた。東京株式取引所における五分利公債の相場に見ると、四十一年〔1908〕四月の底値七十九円三十銭から、四十三年二月には百二円四十銭、すなわち二ヵ年足らずの間に二十三円十銭という躍騰を示したほどである。この情勢にかんがみ、桂兼任蔵相は若槻（礼次郎）次官の進言を容れて、既発公債の低利借替を計画し、まず東京および大阪の主要銀行通計十六行の代表者を招集し、発行条件に関して商議した結果、銀行業者側は公債引受けシンジケート団*を組織することになり、同年二月五日、旧債借替のためにする第一回分として四分利公債一億円の発行計画が決定、即日、実行されたのである。（*この場合に組織されたシンジケートは、日本銀行をはじめ、第一、横浜正金、日本興業、三井、三菱、安田など十六行で組織されたものである。なお、この場合、神田、小池および福島の三証券業者が「現物団」なるものを組織して、公債の下引受けをなしたことは、後に証券業者が公・社債の発行に介入する縁故となったものである。）次いで翌三月の十五日には第二回目の借換四分利公債一億円が発行され、その後、外債として発行されたものを含め、総計五億二千万余円*の借替が遂行された。世上では、先の松方蔵相による第一次公債整理に対し、この場合の借替を第二次公債整理と呼んでいる。（*この借替によって償還された旧債のおもなものは、海軍公債、整理公債、軍事公債、台湾事業公債の外、三十八年〔1905〕以前に発行された五分利公債などであった。）

この公債借替はわが国としては金利の革命と称されるほどに果断的なものであって、当時にあっては官民ともに、それが時宜を得たものと認めていたものか、その後、既発行の社債、地方債もまたこれを契機として借り替えられるものが続出したが、しかし、この場合の金利安ということは、けっきょく一時の流行的人気の動きにすぎなかったかの感じがある。

およそ金利のような自然の経済現象を人為的に左右するということは、本来、不当の企図であるといわなければならない。前に述べたように四十三年〔1910〕春ごろに公債相場が著しく騰貴したのは、金利低落の情勢以外に、政府の財政策が、より以上にその誘因をなしていたといってよい。それが当面の公債相場の躍騰とあいまって、金融界ないし経済界一般を、いわば眩惑させたもののように見られる。だから第三回の低利借替は、早くも行き悩みとなり、けっきょく、五分利から四分利へというような急低下は、当時のわが国における金融事情としてははなはだしく無理なもくろみであることが明らかになった。ただ、ここで注目すべきは、前に述べたように、この借替を契機として東西の大銀行がシンジケートを組織したことであって、これは、わが国における銀行発展史上に特筆さるべき一つの大きなできごとであったといってよい。

およそ日露戦争を契機として、わが国の経済界に起った著しい傾向の一つは、民間金融機関の、特に政府に対する勢力の増大であったといってよい。このことは、すでに述べたように、多額の国債発行に由来した民業の地位向上を物語る一現象というよりも、むしろ従前の封建主義的な官尊民卑の偏差を是正した比重の均衡化が、金融関係において反映された時代相の一端と見られるが、ことに、借替四分利公債の発行に際しての政府側、特に桂兼任蔵相の銀行業者に対する迎合の態度は、こうした傾向をいっそう助長したものと評されている。すなわちこの借替発行については、銀行業者側からその条件に関して堂々と自説を主張し、所見を固持して政府側と対立し、日本銀行当局者の調停によってかろうじて政府の申出を調和し得たというような状態であった。また政府が次年度の予算案を帝国議会（国会）に提出するに先立ち、全国手形交換所連合会において内示するという「予算内示会」*のごときも、この当時から始められた一つの公的習慣であって、この当時としては、政府が銀行業者に対しいかに妥協的または譲歩的であったかを察しめるものがある。（*このいわゆる予算内示会は、その後、議会（国会）側からの物議もあって、もっぱら貴・衆両議院の議員代表者を招集し、公然と「内示」するという一つの政治制度のようになり、太平洋戦争前まで続行された。）

　この場合に組織された国債引受け組合は存続期間を二ヵ年と規定されていたが、とにかくこの期間を通じて、わが国としては前例のない公債の共同引受け事業を完成し、また四分利公債市価の暴落を阻止する上に少なからぬ貢献をはたして、満期に自然解散をなしたのであるから、政府としても国債の低利借替という財政上の目的は、いちおう、半ばは実現されたわけである。しかし、この借替計画は中途で難局に陥り、金融緩慢の情勢にかかわらず、国内における借替発行は、もはや至難と見られたので、政府は四十三年［1910］五月にパリにおいて四分利付公債四億五千万フラン（約一億七千四百万円）を、次いでロンドンにおいて第三回四分利付英貨公債一千百万ポンド（約一億七百万円）を発行し、これによって既発行の五分利付国債のうち期限の到来したものを償還し、国債の借替計画は一段落をつげたのである。

四　金融の緩慢、財界の不安にともなわない兌換券の増発

この国債借替のためにする外債発行の外に、四十三年〔1910〕六月には北海道拓殖銀行がロンドンにおいて第八回北海道拓殖債券五百万円を発行したというような事情もあって、前年来、緩慢の歩調をたどってきた金融は、同年の上、下半期の交から、いっそう、緩慢に傾き、大阪では割引日歩が一銭二、三厘に低落し、東京でも十数年来という金利安をつげ、大蔵省証券のごときは日歩八厘という低利ですらも、たちまち売切れとなるという状態であった。かくて各地の交換所組合銀行は遊資の潤沢に当惑したあげく、ことに東京組合銀行は決議によって、当座預金利子の計算方法を改め、当日の最低残高にこれを付することとし、また為替尻預金はすべて無利子とすることになったのである。

しかるに、かくまで金融は緩慢であったにもかかわらず、財政の前途に対する不安人気はなお濃厚で、民間ではそれについて多分に疑いの念をいだいていたこととて、企業の新設や発展を図ろうとするものも、この金利安の傾向に際してすら、おのずから形勢を見送りのうちに傍観の態度をとるより外はなかったのである。しかも、たまたま同年八月には各地に水害が続出して、財界の悲観気分を深刻ならしめ、それが動機となって有価証券の市価はみじめな崩落をつげ、同月二十二日には韓国併合に関する日韓条約の調印が成立したにもかかわらず、それとても財界の悲観人気を引き立てるには、ほとんどなんらの役にも立たなかった。こうして戦後の反動期以来、持続されてきた不景気はいっこうに好転の徴候を示さないばかりか、租税負担の重加、財政内容の不堅実化傾向は引きつづいて金融市場に対する大きな圧迫となっていたのである。

だが、なんといっても、前年来、打ちつづいてきた金融の緩慢、金利の低落はおのずから事業資金の需要を喚び起し、この方面から多少とも景気の回復を促し得るような気運も認められないわけではなかった。げんに四十三年〔1910〕中に計画された新規の事業資金は総計四億八千七百万円に上り、前年中のそれに比すれば、一躍して三億六千万円を増加した勘定となっている。また同年中の各種社債の発行高は総計二億円を超え、いわゆる社債時代に推移するかのような前兆とも見られたほどである。

こうした金融緩慢の情勢は四十三年〔1910〕末には決済資金の需要にともなって、さすがに一時は多少の引締まり傾向を示したが、翌四十四年にはいって以来、ふたたび緩和されるとともに、金利は低落歩調をたどってきたので、この機会に乗じて各種の社債を募集したものが少なくなかった。いっぽう、先に四十三年〔1910〕四月十五日に公布された改正関税定率法*が、四十四年〔1911〕七月から施行されることになっていたのを見越して、輸入がおびただしくふくそうしたため、貿易は同年上半期末までに一億余万円という入超をつげたところへ、たまたま外国の金融界もまた不安の状況に傾いてきたなどの事情から、国内の金融情勢はようやく引締まりの機運に転じ、金利は久しぶりに反騰歩調を示してきたのである。（*この関税定率法は、これによって、久しく懸案となっていたわが国としてのいわゆる関税自主権を確立したものである。）

この間、日本銀行では四十四年〔1911〕六月一日に松尾総裁の辞任にともなって、高橋（是清）第七代総裁の就任を見たのに引きつづき、その二ヵ月後の八月三十日には、第二次桂内閣の後をおそった第二次西園寺内閣が成立したので、財界ならびに政界ともに人的関係による財政経済上の相当の変調を予想していたが、金融界の不安人気と金利の高騰情勢とは依然としてつづいていった。そこで、日本銀行は先に四十三年〔1910〕三月七日の引下げにより一銭三厘と改めて以来、一年半にわたって据置きのままとなっていた公定歩合を、四十四年〔1911〕九月二十七日に、二厘方を引き上げて一銭五厘と改めたのに引きつづき、十一月四日には「高率適用」に関する手続きおよび貸出標準の定め方に関する手続きを制定して、翌四十五年〔1912〕一月一日から実施することになった。このような情勢にかんがみて、先に八厘まで引き下げられた大蔵省証券は一銭二厘と改められるなど、金融情勢は同年春季に比べるとまったく一変したかの感じがあった。

そうしたおりから、四十四年〔1911〕十月十一日には中国にいわゆる辛亥革命が勃発して、同国に対する貿易の前途が憂慮されるようになってきたなどの事情から、金融業者はますます厳重な警戒の態度をとってきたが、しかも、いっぽう財政資金の需要は引きつづき多額をつげ、民間の越年資金もふくそうして、年末には四億四千三百万円という多額の兌換券が発行されたのである。

五　市外債の続発、手形交換所連合会の立場の向上

だが、二、三年来つづいてきた金融緩慢の惰性は、いまだ必ずしも一掃されたわけではなかった。そうした情勢のうちに、翌四十五年〔1912〕一月には京都市の五分利付仏貨公債五百万フランがパリで、翌二月には東京市の五分利付仏貨公債一億八十八万フランが同じくパリで、また同月中、さらに日本興業銀行による東京市五分利付英貨公債九百十七万五千ポンドがロンドン、パリおよびニューヨークで、越えて四月

には横浜市の第二回五分利付英貨公債十二万二千ポンドがロンドンで、それぞれに発行されたので、金融市場はまた資金が横溢するようになった。

しかるに、数年来、金融の緩慢に慣れてきた銀行の一部には、遊資の利用対象を土地や債券にもとめて、おのずから資金を固定する傾向が、このころにはようやく著しくなってきたところへ、前々年来、計画されてきた事業会社の拡張や新設が実現するにともなって、その払込にあてられる資金がふくそうしたなどの事情により、同年上半期の終りごろから金融情勢は一変し、下半期の半ばごろには著しく緊縮して金利は急騰し、財界はおのずから不振に陥らざるを得なかったのである。

これより先、同年七月三十日、明治天皇の崩御によって大正と改元され、世は諒闇《りょうあん》にはいって経済界の活動も沈滞し、商工業者の失態を暴露するものもあったが、経済界全体としては大事に至らないで終った。そうした不況のうちにも、否、そうした不況にもかかわらず、金融は数年来、見られなかったほどの繁忙をつげ、兌換券発行高は四億四千八百万円に上り、八千百万円の制限外発行高を出したという膨脹ぶりのうちに大正元年〔1912〕を送ったのである。

金融界の繁栄、したがって手形交換制度の発達にともない、各地の交換所組合銀行はおいおいと協同一致の歩調を合わせるようになった。すなわち銀行集会所加入銀行のうちで有力なものは、それぞれに手形交換所を設立して交換所組合に加入したから、おのずから交換所組合が銀行集会所に代って、それぞれの地方における銀行界を代表するようになった。先に三十六年〔1903〕三月全国手形交換所連合会が設立されて以来は、この連合会が従前のいわゆる銀行六団体に代って、全国銀行の動向を指示するような形となっていたが、かく全国的に交換所組合が組織されたのにともなって、東京および大阪交換所理事長の地位は、ただに金融界だけでなく、さながら経済界全体をリードし、したがって財界代表であるかのような立場をとるようになった。このことは明治末期から大正の初期にわたるころの銀行に関する一大向上の傾向と認められる。こうした関係は、後に日本経済連盟会が成立するまで持続された。

財政の圧迫と通貨政策

一　鉄道国有と戦後経営の実行

日露戦争後における金融状況の経過について、さらに述べておかなければならないことは、明治の末期から大正時代の初期にわたる財政政策と日本銀行の発券方針との関係である。いうまでもなく、それは通貨の増減に関する政策であって、実質的には、わが国の経済的地位の確立と正貨準備の保全とを、いかにして調整するかという大問題であった。

四十四年〔1911〕中には日本銀行総裁の更迭による高橋総裁の就任、第二次桂内閣に代って第二次西園寺内閣の成立という金融界および政界の重大な人的異動があったことは、前節中に述べておいたが、前述の財政政策と通貨政策とに関する問題は、さかのぼって日露戦争直後から引きつづいてきた懸案であって、その意味からすれば、戦後の局面収拾に関する基本的対策の一つに属していたといってよい。しかも、その根本方針が適切でなかったために、ひいて、わが国民経済の発展に累し、後にいわゆる正貨準備問題が政、財、学界を通じての大問題となったわけであるが、ここでは、しばらく日露戦後から明治の終末に至るまでの経過を評説するにとどめることとする。

日露戦争後における最初の帝国議会（第二十二回）は三十八年〔1905〕十二月に開かれ、その開期中の三十九年〔1906〕一月七日に、第一次桂内閣に代って第一次西園寺内閣が成立したという政変があった関係や、戦時から平時への移り変りにともなう非常施設の必要が山積していたなどの事情から、いきおい財政上の支出が膨張し、したがってまたそれが国民経済を圧迫する一因となったことは、もちろん好ましくない行きがかりであったといわなければならない。また政府としてはかねて着手していた公債整理を、是非とも、ゆるがせにし得ない重要政策の一つと認め、前に述べた国債整理基金特別会計法による減債基金をもって、既発公債の買入償却を行うことになり（後に四十四年〔1911〕十月十日から日本銀行に委託してこれを実行させせた）、内外のわが国債に対する信用を高める上に寄与した。また政府は同三十九年〔1906〕三月に二億円の企債を発行したが、これは、ちょうどその時に償還された国庫債券と相殺されるような関係にあったので、金融市場には特に影響を及ぼすことなくしてすんだのである。

しかるに、西園寺内閣としては前に付説しておいた鉄道国有法および京釜鉄道買収法を実施し、これがため三十九年〔1906〕十月から向こう一ヵ年間に四億七千万円という多額の公債を交付することになった。わが国の経済界は戦時中から続発された公債で、いわゆる食傷の状態にあったところへ、かように多額の公債を押しつけられたのであるから、もはや順調にこれを消化するだけの余力はなく、これがため官民間における事業の比重は均衡を失い、その影響は長年にわたって国民経済の安定、発達に累したものと認めなければならない。ことにこれによって一部の鉄道会社株主を不当に利せしめ、また一部の投機屋をして暴富を成さしめたなどの悪評も高かった。いずれにしても、経済的に見れば、当時、ようやく資本主義の段階に踏みだしたばかりのわが国としては、かような基本産業の国有ということは、ほとんど無益有害と見なければならなかったが、とにかく、かくて国有となった鉄道事業を運営するため、新たに帝国鉄道特別会計を設置して、四十年〔1907〕四月一日からこれを施行したのである。

こうした状態にあったので、日本銀行は当時、多額の政府貸付金を貸しつづけ、それがため、いっぽうで民間の資金需要は減少していたにもかかわらず、兌換券の発行は多額の制限外を出すという変態がつづいた。もっとも日本銀行はこの変態を改めるため、時おり政府から正貨の払下げを受け、特に四十年〔1907〕五月には二千万円の払下げを受けて、それだけ政府貸付金を減少したのと反対に、正貨準備を増加し得たので、一時は制限外発行の消滅を見るとともに、翌六月には政府貸付金もその跡を絶ったのである。たまたま同年中の貿易は、五百万円ほどではあったが、珍しく出超を算したなどの事情もあって、日本銀行としてはもちろん、財界としても、いちおう、不安の人気をうすらげ、一部には、はやくも経済界の前途に対する楽観説すら起ってきたほどであった。

二　財政の膨脹と予算の編成難から政変

ところが、財政事情はなんら好転することなく、むしろますます不堅実化するような傾向にあった。四十年〔1907〕度予算は空前の膨張をつげて、歳出六億二百余万円に対し、歳入は八億五千七百余万円、すなわち二億五千四百余万円の歳入超過を算するという振合であったから、一見したところ、収支の均衡は十分に保たれているようであったが、実際には、正常な歳入だけでは一億七千四百万円の不足となる勘定であったのを、前年度剰余金、臨時事件費剰余金および公債金などを繰り入れて、多額の国庫剰余金を次年度以降に残そうとしたものであった。いったい、こうした歳出の急増は、当時のいわゆる戦後経営に必要な施設のために、止むを得ない行きがかりであったとも見られるが、しかもまた経済的事情からすれば、このような過度の膨脹は、むしろ無謀に類すると評されていたほどであって、これは財政方針を一変し、緊縮計画に転じないかぎり、それ自体が必然に行きづまる外はなかったのである。

予算の膨脹は財政資金の需要を増大し、資金需要の増加は兌換券の正常な収縮を妨げ、依然として制限外発行をつづけさせたゆえんである。しかも、日露戦後に湧き立った財界のブームは、元来、それだけの実質的根拠があったわけではなく、四十年〔1907〕一月の株式暴落を画期として恐慌状態に逆転したにもかかわらず、国の財政はかような予算の膨張を見たのであるから、この不調和は現実に同年度の予算を中途で実行難に陥らしめずにはおかなかった。かくて兌換券の発行は常時、五千万円を下ることなく、同年末には八千八百万円に達したほどである。しかも、これが対策としては、しきりに在外正貨の輸入を図り、同年の外国貿易は六千二百余万円という入超を算したにもかかわらず、正貨の流出額はわずかに一千万円にすぎなかったというようなわけである。

だが、かように在外正貨を輸入することによって、制限外発行の増加を阻止しようとしたとて、多大な予算の実行にともなう通貨の膨脹は、いきおい物価の騰勢をますます助成し、したがって貿易の逆調をはなはだしくしないではおかなかったから、それは、やがて財政難をいっそう深刻ならしめるという悪循環の関係を、より重大ならしめてきたのである。しかるに、それにもかかわらず、このような過大な財政計画はそのままに持続され、四十一年〔1908〕度の歳出予算はさらに三千四百万円を増加して六億三千六百余万円に上り、四十年〔1907〕度と同様に前年度剰余金および臨時事件費剰余金の外、俘虜収容費の繰入れなどによって、実際の歳入不足約一億円を補塡し、一億五千八百万円の歳入超過を算するという勘定であった。

だが、ここにいうところの歳入超過は、名目上は国庫剰余金であるけれども、大部分はいわゆる通りぬけ勘定に属するものであって、実際に自由財源として歳入に繰入れ得る分は、おそらくその一小部分にすぎなかったであろう。むしろほとんど払底していたであろうことが想像されるのである。すなわち四十二年〔1909〕度予算の編成に際しては、もはや、こうした特殊の繰入れに期待し得る余裕はなくなって、財政計画はまったく行きづまったために、第一次西園寺内閣はついに総辞職して、四十一年〔1908〕七月十四日に第二次桂内閣がこれに代ったのである。

三　財政緊縮政策の実行とその失敗

第二次桂内閣は財政の行きづまりを打開するためには、是非とも前内閣の積極的方針を棄て、消極的方針に転ずるより外はないという民間側の要望、特に金融界の強い意向に応じて、四十二年〔1909〕度の予算に一大緊縮を断行した。それについて同内閣は次の財政計画五ヵ条なるものを発表し、これを施政方針の一大綱領としたのである。

（一）数年にわたる継続費の年度割額を改定すること。
（二）公債を財源とする費途を普通財源の支弁に移すこと。
（三）収入の自然増加を見込まないこと。
（四）毎年度の公債償還高は五千万円を最少限度とすること。
（五）鉄道を独立経営とすること。

この綱領に基づいて、既定の継続費の年度割を改定し、約二億円方を繰り延べるいっぽう、国債の償還は割引法を改めて抽籤によることとし、かつ新規の公債発行を中止することとして編成した四十二年［1909］度予算は、歳出五億三千二百万円、すなわち前年度のそれに比して一億三百余万円の節減にあたるのであった。

当時、梗塞しきっていた金融界は、この財政緊縮を歓迎して、さながら沈滞の逆境に一筋の光明を認めたようであったが、それにしても、政府がかように財政改革の一大英断に出でたことは、むしろ金融界が従前の積極的方針をもって国民経済に弊害を及ぼすものと認め、その方針転換を要望したのによるものであって、この意味では第二次桂内閣の功績と認めてもよい。だが、客観的には、それは元来、財政に圧迫されていた金融が、とうていその重圧に堪えられなくなって、いわば金融が財政に逆襲した一事例と評してよいと思う。

桂内閣の財政計画五ヵ条は、財政そのものの改革というよりも、むしろ国民経済の再建を大局的なねらいとしたものであった。すなわち前に述べた戊申詔書の主旨にそいつつ、官民を通じて財政経済を緊縮し、わが国の国際的地位を向上させようとする目的に出でたものであったから、それにはまず公債政策を一新して財政の緊縮とともに金融の安定を保ち、おのずから貿易を順調に向かわしめるというところに眼目をおかなければならなかったはずである。だから同内閣は未募集公債の発行を打ち切るとともに、既発行公債の償還の増額を実行し、かつ公債市価の吊り上げに尽力した結果、公債の市価はだんだんと騰貴して、ほとんど額面に接近するまでになり、前に述べた四億八千万円という鉄道買収のための交付公債も、公債市価にほとんど影響を及ぼさなかったほどである。

こうした財政政策は、わが国際経済関係を改善する上に、一時はたしかにその効果を発現した。すなわち四十一年〔1908〕の貿易は五千八百万円の入超を算したが、翌四十二年には一千八百九十万円という出超に転じ、それにともない正貨準備額も漸増して、四十二年〔1909〕二月には一億七千三百万円に上り、かくて、兌換券は久しぶりに一千百五十万円という発行余力を見たのである。しかも、こうした発券情勢はさらに上進して、同年中における発行余力の最高は四千三百万円を記録し、年末決済資金の需要期に際しても、なお一千四百七十万円の制限外発行をみたにすぎなかったのである。かくて金利もまた著しく低下した事情は前に述べたような次第である。

だが、こうした意味での消極的方針は長くはつづかなかった。すでに述べたように第二次桂内閣は既発行の五分利公債を四分利に借り替えるため、四十三年〔1910〕二月以来、それを実行してきたが、この計画が行きづまって、無理算段を施すより外はなくなり、それがため、ついには金融界からの信頼を失ってしまったのである。

四十三年〔1910〕度予算はやはり緊縮方針を持続するという標榜のもとに編成されたのではあるが、しかも、同内閣としては、重要政策の一つに掲げた非募債が、いわば、みずからの手足をしばるような矛盾に陥り、歳入の不足を補うために、或いは大蔵省預金部（現在の資金運用部）から、或いは国債整理基金から、或いは日本銀行から、それぞれに借り入れた資金は、すでに四十二年〔1909〕末において一億円近くに達し、翌四十三年の四月中、一時、七千万円に減じたこともあったが、七月以降、ふたたび増加して常に一億円を下らなかった。また独立会計となった鉄道も資金に窮乏したあげく、ついに短期鉄道証券という名目のもとに、事実上、固定的な事業公債を続発するより外はなくなり、かくて同内閣としての重要政策の一つであった非募債は、ここから、まずその一角が崩壊したのである。

しかるに、当時、帝国主義的発展の機運に乗じていたわが国としては、軍備拡張の方針は官民を通じて無批判的に支持され、わけても海軍の拡充はいずれの内閣たるを問わず、緊急の要務とされていたところへ、四十三年〔1910〕に続出した水災を動機として各方面にわたる治水事業の必要が高調され、また同年の韓国併合にともなう朝鮮開発のためにも多大の経費を要するというわけで、四十四年〔1911〕度予算の編成に際しては、同内閣はついにその消極方針を投げすてて、積極的政策を採用せざるを得なくなった関係上、ふたたび財政と金融との不調和を避けられないような傾向に転じてきたのである。

このような矛盾は四十五年〔1912〕度予算の編成に際して、ついに政局を行きづまらしめ、第二次桂内閣をして総辞職の外なきはめに陥らしめた。かくて四十四年〔1911〕八月三十日に第二次西園寺内閣がこれに代り、海軍拡張を実現するいっぽうでは、比較的大規模の行政整理を断行し、また財政整理とともに減税的税制改革をも試みるべき旨を確言し、かつその計画を進めていたが、はからずも、陸軍拡張に関する二個師団増設問題につまずいて、翌大正元年〔1912〕十二月に総辞職し、同月二十一日に第三次桂内閣の成立を見たという経過にある。

かような財政事情が当時の金融情勢と調和しないばかりか、しばしば両者の矛盾を避けられなかった次第は、それぞれの場合に述べておいたが、しかも、こうした不自然な関係は依然として改善されないばかりか、明治の末期に近づくに従って、かえってますます著しくなってきたようである。すなわち日本銀行の正貨準備高は、四十三年〔1910〕以来、常時、二億二、三千万円の間を上下していたが、その増減はほとんど在外正貨の繰入れという名目上の操作によって人為的に止揚され、公定割引歩合の上下、貿易の消長とは、むしろ無関係のままに推移してきたのである。

四　在外正貨の準備繰入と「正貨準備問題」

すでに述べたように、この時代における金融界はおおむね閑散であって、日本銀行の民間に対する融通高は比較的僅少にとどまるのを常としていたから、兌換券発行高の増加は主として財政資金の需要によるものであったといってよい。しかし四十三年〔1910〕十二月以降は、ときおり制限外発行を見るような傾向に転じ、翌四十四年〔1911〕五月以降は引きつづいて何ほどかの制限外発行を算していた。これは、いうまでもなく在外正貨の減少にともなう必然の逆転現象であって、財政ならびに通貨政策上、もはや黙認されない段階にきていた赤信号であったといわなければならない。

ところが、貿易状況を見ると、四十三年〔1910〕に五百八十万円を算した入超は、翌四十四年〔1911〕には既述の関税改正を見越しての輸入急ぎもあって、同年中にはそれが六千六百万円に増加し、貿易の前途に、とかく不安をいだかせ気味であったところへ、翌四十四年〔1911〕には、なんら特に認むべき事由があったわけではなかったにもかかわらず、ほとんど一億円にも達するほどの大入超をつげて、官民を通じ一世を驚かしたという事情であった。しかるに日露戦時中から累積していた公・私外債の利払は年額合計八千万円を下らないという支払勘定があった。とすれば、この先、日本銀行の正貨準備をいかにして維持して行くべきかという深刻な懸念を生じ、朝野を挙げて、この「正貨準備問題」の論争が湧き立ってきたのである。

正貨準備問題に関する論争のうちでも、比較的穏健派と見られていた一派の説は、一時の苦難を忍んでも、思い切って公・私経済の緊縮を断行し、おもむろに逆境を改善するがよいというにあったが、これに対し、急進論者は当分の間、兌換制度を停止して財界の根本的改善を促すがよいと主張し、こうした論争が政・財・学界を通じて高調されてきたのである。このような論争の渦中に立って、時の高橋日本銀行総裁は独自の所見を公にし、次のような積極説を高唱するところがあった。

「日本銀行兌換券の増発は何ら物価に影響を及ぼすものにあらず、貨幣数量説の如きは過去学者の謬説のみ、採るに足らず、今において消極主義を固守して兌換券の収縮を計らんより、むしろ積極的方策によりて金利の低下を誘い、事業資金の豊富疏通を促致するにしかず。」

この高橋総裁の所見は、まれに、或る特殊の場合においては必ずしも絶対に否定さるべきものではない。

しかし明治の末期から大正の初期にわたる当時の通貨事情は明らかに常道をはずれていた。すなわち民間の資金需要は減退しても兌換券は少しも収縮しないし、貿易は逆調をつづけているにもかかわらず、正貨準備の在り高に影響を及ぼさないということは、なんらか、そこに特殊の原因でもあったからか、でなければ不自然な人為的施策が加えられていたからに相違ない。この場合、もし毎年打ちつづく貿易の入超を自然のなりゆきにまかせておいたならば、正貨の流出は止めどなくて、或いは兌換制度の基礎を危くしたかも知れない。否、後に大正の初期に至って、ついに重大な危局に陥った。それにもかかわらず日本銀行は在外正貨の繰入れを続行して、いたずらに制限外発行の増加を避けようとつとめたのであるが、それが永続し得られるはずはなかったのである。

では、かような変態がどうして現出したのか。さかのぼれば、それは日露戦時ないし戦後にわたって続発された公私の外債が、正貨の形式で海外に保留されていた残り分を、時に一部の現送によるものの外、大部分は「在外正貨」のままで、これを兌換準備に繰り入れただけのことであって、しかも、その間に起った通貨の膨脹はほとんど財政の膨脹に基づくものといってよい。すなわち大蔵省証券が発行されれば日本銀行がこれを引き受け、したがって兌換券の膨張をきたし、それが民間に売れただけ兌換券が収縮するという関係にあったから、日本銀行の割引歩合にしても主として大蔵省証券の利率に追随して上下されるという以外には、経済界の実勢に対応するところなく、したがってまた中央銀行の公定歩合としての権威をも失わざるを得なかったというわけである。

当時、政府は大蔵省証券の売行増加によって通貨の収縮を図ろうとする対策に重きをおき、しきりにそんなの割引歩合を引き上げたが、それはただ一般の金利高騰を助成するだけで、通貨を収縮させる上にはなんらの寄与するところともならなかった。通貨が収縮しないから物価は依然として低落しない。物価が対外的に割高であるために貿易は入超をつづけた。かくては外債の発行に次ぐに外債の発行をもって正貨の補充を計るより外に途はないわけであるが、当時は、もはや、その外債による方策も事情が許さないという窮状に行きづまっていたので、ついに正貨準備を危局に陥らしめ、いわゆる正貨準備問題がわが国としての空前の懸案となったまま大正時代へ推移したという次第である。

各種銀行の発展と銀行業の変遷

ここに、あまねく銀行というのは、中央銀行たる日本銀行、普通銀行、貯蓄銀行、特殊銀行の外、中国その他の外国に進出していたわが国の支店銀行をも含め、これらの銀行に関する政策、銀行自身の実質の変化または発展事情を概説するものであって、わが国における資本主義上昇期の金融界が、どのような動向をたどって推移してきたかを察知することをもって主旨とする。

いうまでもなく、わが国の産業革命は日清、日露の二大戦争を契機として格段的に展開されたし、したがって、ここに述べる金融事情の変化、発展は、主としては日露戦後の時代に属することであるが、前述のような事情から、たんにこれを日露戦後という時代区画だけで仕切るのは、必ずしも適当ではないと認められるので、特にここで別章に一括する次第である。

日本銀行の営業満期延長と増資

日本銀行条例が十五年〔1982〕六月二十七日に公布されて、同年十月十日に同行の開業を見た事情はすでに述べておいた。同行の創立時の資本金は一千万円で、営業年限は三十年となっていたから、大正元年

（明治四十五年）〔1912〕十月九日に営業満期に達するわけであった。資本金については二十年〔1987〕三月十五日に一千万円を増加して二千万円に、つづいて二十八年〔1995〕八月十九日に、さらに一千万円を増加して三千万円となり、三十一年〔1898〕二月二十五日に最終の払込を了して全額払込ずみとなっていたが、そうしている間にも営業満期に近づいてきたので、四十三年〔1910〕二月二十二日これをさらに三十ヵ年延長して、昭和三十年〔1955〕を営業満期とすることになり、またこの延長と同時に、資本金を倍増して六千万円とする旨告示されたのである。

ところが、この増資分の第一回払込は同行の手持ちにかかる公債その他の有価証券を売却して得た臨時収入をもって、これにあてたから、株主としては営業満期の延長と増資による特別な利益とに、いながらにして均霑《きんてん》し得たわけである。かように自己資産を振り替えて増資を行う方法は、民間の法人としては必ずしも珍しい例ではないし、またそれは、なんら違法の処理でもない。日本銀行としても、こうした増資方法そのものは、あえて非難さるべきではないかも知れないが、ただ、問題は中央銀行という特殊の立場にある同行として、はたしてそれが黙過されてよいか否かという一点にかかっているのである。

諸国の実例を見ても、およそ中央銀行が営業満期を延長することとばかりでなく、保証準備発行制限を拡張する場合などには、おおむね多大の対償を提供して、それらの特権を獲得するのを常とする。もちろんヨーロッパ諸国などにおける場合と、わが国の日本銀行に関するそれとは、必ずしも同日に比較さるべきではないが、しかも、日本銀行が創立以来、独占的に政府から特別の保護を受け、わけても兌換券の発行に関して与えられていた利益のごときは、或いは過分に重大なものであったともいえよう。だから、わが国全体としての将来にわたる大計としては、こうした機会にこそ、政府としては同行に対し、従前以上に適当な対償を提供させるような改正を断行すべきであったと認められる。

かように明白でまた重大な問題が、特に経済問題としてよりも、一部政治家の私議によって、これぞという理由もなく、政府の許可が与えられたということは、むしろ理解に苦しむところであったといわなければならないが、そうした重大問題が世上から特に批判の対象ともされず、したがって、このような計画がたやすく解決されたのは、いわば、民間の金融事情に関する知識の幼稚さを物語る一事例であって、当時の金融界がそうした国民知識の段階を推移していたことに、ここで改めて注意しておく必要があると思う。

韓国における銀行および銀行業

韓国における銀行および銀行業に関する歴史の主要な部分は、日露戦後における韓国時代から、日韓併合によって同国がわが国の版図にはいり、朝鮮と称されるようになって以来の一時代にわたる近代史の一節に属するが、その段階に至るまでには、これに先立つ数十年の事歴を経過してきたのであるから、本題にはいるについては、さかのぼってその由来を明らかにしておかなければならない。ただし、ここでは政治関係による名称の改変、したがって時代関係の混乱を避けるため、特記を要しない場合については、便宜上、「朝鮮」という称呼を用いることとしておく。したがってそれは現在の「大韓民国」を意味するものではないことも付記しておかなければならない。

日露戦後、朝鮮がわが保護国となったのは、三十八年〔1905〕十一月十七日に締結された韓国保護条約（第二次日韓協約）によるものである。つづいて四十年〔1907〕七月二十四日に第三次日韓協約が調印され、同国のわが国に対する依存関係はいっそう密接の度を増したが、これより先、三十九年〔1906〕五月には、わが国の韓国統監府が設置されて（初代統監は伊藤博文）、同国の政治は日本政府によって運営されることになり、さらに四十三年〔1910〕八月二十九日、韓国併合に関する日韓条約が公布されて、同国は日本の一部としての朝鮮となり、朝鮮総督府が韓国統監府に代って、完全な植民地行政が行われることになったという経過にある。

さかのぼって、十一年〔1878〕六月八日第一国立銀行（後の第一銀行、以下同じ）が釜山支店を開設したが、朝鮮における金融機関の重なものとしては、日清戦争前にあっては長崎第十八銀行および大阪第五十八銀行（後に第百三十銀行に合併）の各支店、その他、ほとんどわが国の支店銀行にすぎなかったから、第一国立銀行の釜山支店こそは朝鮮における銀行の先駆であったといってよい。

日鮮貿易の起源は明らかでないが、その由来はすこぶる古い。しかし交通が不便で経済上の連絡が不十分であった時代には、為替、荷為替の取引、いわゆる韓銭の交換については、ほとんどその方途が得られないままに推移してきたのであるから、第一国立銀行の釜山支店開設は両国の経済関係を発展させるために切実な役割をもっていたものと思われる。この支店開設について大久保利通が、大蔵省当局をして相当の援助を与えさせたのもゆえなしとしないのである。

第一国立銀行は次いで元山津および仁川が開港されたのにともなって、元山津には十三年〔1880〕五月また仁川には十五年〔1882〕十一月それぞれに出張所を設置し、また金塊採買の方途を開いたり、海関税の取扱い事務にも従事した。これがため同行は持参人払の振出手形を発行し得る許可を受けて二十六年〔1893〕まで継続したが、同年に至ってこれを中止した。しかるに、その後、日韓両国間の貿易は著しく発展して海関税の取扱い事務も激増してきたいっぽう、韓国自身の幣制は混乱してその極に達し、通貨の不自由は経済生活を阻害して、局面は収拾し得られないまでに事態が悪化してきたのである。

この間、第一国立銀行は二十九年〔1896〕九月二十五日、営業満期を機として純私立のいわゆる普通銀行に振り替ったが、営業の実際、したがって韓国における支店または出張所の業務にはなんらの変化もなかった。かくて同行は貿易市場における取引や海関税の取扱い上における不便を改善するため、三十四年〔1901〕十月十四日、大蔵省の許可を受けて一覧払の約束手形を発行することになった外、同行は韓国政府に対して時おり資金を調達し、その財政上に便益を与えていたという関係もあって、無記名式一覧払の約束手形（朝鮮のみに適用する銀行券）を発行する特権をも許与されたので、同行はその発行ならびに取扱い規則を定めて、翌三十五年〔1902〕五月からこれを実行したのである。

しかるに、これがため同国においては銀行券排斥事件や、その偽造事件が続発して、金融の疏通、安定を妨げるような傾向が現われてきたので、わが大蔵省は三十六年〔1903〕二月、同行に対して次の条件に従うべき旨の命令を発したのである。

一　準備金　金、銀貨および日本銀行兌換券を正貨準備とし、公債証書、商業手形および政府証券（韓国の分とも）を保証準備とすること。

二　正貨準備　発行高百万円まではその三分の二、それ以上の分に対しては半額を正貨準備となすこと。
三　保証準備　準備証券の価格に関する定めについては大蔵大臣の認可を受けること。
四　発行制限　各支店を通じて五百万円を最高限度とする。この限度を超過して発行しようとするときは大蔵大臣の認可を受けること。
五　時効　銀行券については永久に兌換の義務あるものとする。
六　監督　韓国に駐在するわが領事の監督を受けること。

かくて銀行券発行額はだんだんと増加の傾向をたどり、ことに日露戦争の発展するにともなってそれが激増し、三十七年［1904］末には三百二十万円を超えた。翌三十八年一月二十八日には、韓国政府は第一銀行をして無手数料で国庫金の取扱いおよび貨幣整理の事務を担当させる代りに、同行の発行にかかる銀行券を法貨として公認した。よって、わが政府としてもまた同年三月二十四日の勅令により、韓国における第一銀行の業務を制定し、かくて同行は外務および大蔵大臣の監督下に韓国の中央銀行となったのである。業務規定のうち、銀行券発行に関する条項は次のようなものであった。

一　正貨準備の発行　金貨、地金銀および日本銀行兌換券を準備として同額の銀行券を発行することを得る。ただし銀地金は引換準備額の四分の一を超過することを得ない。
二　保証準備の発行　一千万円を限り国債証券、商業手形その他確実な証券を保証として銀行券を発行することを得る。
三　制限外発行の許可ならびに発行高の制限　主務大臣の権限に属する。

この外の条項は前述の大蔵省から同行に対して命令した規定とだいたい同様であった。そして別に大蔵大臣の内訓により、正貨準備*の発行高は銀行券発行総高の三分の一以上とすることになった。（*正貨準備のうちに日本銀行兌換券を含むことについては、当時、一部に不条理であるという非難もあったが、これは韓国が当時すでにわが国の植民地のように一般からみなされていたこと、またベルギー銀行が外国手形を正貨準備の一部に加えていたことに照らし、あえて、さしつかえなしという説によるものであった。）

この勅令によって第一銀行支店は、名称はたんなる一普通銀行の支店であるにすぎないが、実質的には韓国における中央銀行としての立場を占めるようになった。しかしまた同時に、同行はたんなる一普通銀行でしかないから、これより先、同行が三十八年〔1905〕一月二十八日、一千万円に増資したうちの三百万円を限り、これを韓国支店の資本金にあてて、普通銀行業務をも担当、発展させることになった。かくて銀行券発行高はさらに毎年増加して、三十八年〔1905〕末には八百万円、三十九年〔1906〕末には九百万円を超え、四十一年〔1908〕末には一千百四十五万円に上り、また同行は重要な諸地に支店を設置して、逐年、営業の発展をつげたのである。

これより先、右の勅令が発布された翌三十九年〔1906〕五月に、わが政府は韓国統監府を開設したので、第一銀行の同国における業務は、いっさい、韓国統監の監督に属することになったが、初代の伊藤統監は、いやしくも一国の中央銀行業務をたんなる一普通銀行の一支店に委任するのは適当な在り方ではないという見地から、新たに韓国銀行という中央銀行を設立して、中央銀行業務に関するかぎり、第一銀行支店から、これを新設の韓国銀行に移譲し、同行をしてそれを専掌させようと計画したのである。

この計画に対しては、わが政府当局者の間にもいろいろの異論が生じ、或いはそうした新銀行を設立する必要を認めないとするもの、或いは第一銀行の韓国支店を改組して、同国の中央銀行たらしめるがよいとするもの、或いは日本銀行をして京城支店を開設させるべきであるとするものなど、諸説が入りまじって一時は紛争を生じたが、伊藤統監は異説にかかわらず、新たに韓国銀行という中央銀行を設立させることとし、第一銀行は従前、同国内で経営し、扶植してきた銀行業務のほとんどすべてを、無償で韓国銀行に譲渡することになったので、問題は比較的無難に解決し、わが政府は韓国政府と特約を締結して韓国銀行条例を公布し、四十二年〔1909〕十月二十九日に同行の創立*を見たのであった。（*同行は創立の翌月、すなわち四十二年〔1909〕十一月二十四日に開業したが、同行に対する世間の信用は予想外に大きくて、その株式応募高のごときは二百九十四倍という大超過をつげたほどである。）

韓国銀行は資本金一千万円の株式会社であって、一株の金額は百円とし、株主は日、韓両国の皇室、同じく政府および人民に限り、韓国政府は同行の創立後、五ヵ年を限って年六分までの利益配当を保証することになっていた。また総裁以下、役員の任命方法は、わが国における特殊銀行のそれと、ほぼ同じであって、韓国政府および統監府がその監督にあたることになっていた。営業科目は日本銀行に準じ、銀行券の発行に関する規定は、先に第一銀行に対して命令したところと、だいたい同様であるが、異なるところは、保証準備発行の制限額が前には一千万円となっていたのを、同行に対しては二千万円に拡張し、また正貨準備のうち、銀地金を含み得る限度が四分の一とされていたのを、五分の一以内とすることに改めた点である。かくて、従前、第一銀行の発行した兌換券はそのまま韓国銀行の発行したものとみなされ、わが国で国立銀行紙幣を銷却したと同様の方法で、だんだんとこれを回収したのである。

この外、同行の幹部の任命は、総裁に第一銀行韓国総支配人市原盛宏を、またその他の役員には同じく副支配人をこれにあてるというふうで、新銀行への切り替りは、だいたい無難にすんだが、ただ、当時、すでに問題とされていたことは、その兌換券発行に関する特例的規定であった。というのは、同行の正貨準備中には日本銀行兌換券が含まれることとなっていた（この点は台湾銀行の発券方法と異なっていた）関係上、後年、この規定が乱用されて、同行がしきりにコールを取り入れ、無謀な営業の手を広げて失敗をしでかしたことは、大正編のうちで詳述するところに譲ることとする。

こうして韓国銀行は開業後も引きつづき順調に業務の発展を見たが、たまたま翌四十三年〔1910〕八月二十二日、韓国併合に関する日韓条約の調印が成立（同月二十九日公布）して同国はわが国の版図の一部となり、翌々十月一日に朝鮮総督府官制が施行されたのにともなって、翌四十四年三月二十九日に朝鮮銀行法を公布し、同年八月十五日その施行と同時に、韓国銀行は朝鮮銀行と改称されたのである。朝鮮銀行はその組織、営業その他内容において韓国銀行と大差なく、いわば韓国銀行を異名継承したもののようであるが、ただ、兌換券発行方法に関して、前述のように銀地金を正貨準備総額の五分の一と規定されていたのを、第一銀行支店時代と同様に四分の一以内と復旧され、また保証準備発行の制限額が二千万円となっていたのを三千万円に拡張された点で異なるだけである。

ところが、ここに問題を残したのは同行に対する監督制度である。先の韓国銀行は韓国の銀行である以上、韓国政府および統監府の二重監督を受けることとして問題はなかったが、朝鮮銀行は純粋のわが国内銀行の一つとなった関係上、いきおい監督権の所在が問題とならざるを得なかったのである。

朝鮮の統治が、いっさい朝鮮総督の手に帰属して以来、わけても一般の銀行、会社に対する干渉や監督は急に厳重の度を加えたというよりも、むしろ不当な会社令を施行して諸企業に対し、はなはだしい束縛を加えたことは、ただに植民地統治策として適当でないばかりか、かえって同地の植民地としての発達をはなはだしく阻害するゆえんであるとして、当時、すでにわが官民間における非難の声は諸方面で高調されていた。だから朝鮮銀行に対する監督についても、必然に大蔵省側との間に権限争議を生じたが、何分にも当時は陸軍側の勢力が強大であって、大蔵省側の主張は斥けられ、その監督権は朝鮮総督に帰属せしめられたのである。前述のように、韓国銀行を朝鮮銀行と改称するについて、保証準備の発行制限を一千万円方拡張し、三千万円と改めたことなどは、これによって総督府が同行を朝鮮財政の運営上に利用するために外ならないとて、当時、内地で強い非難のあったことも付記しておきたい。

朝鮮には朝鮮銀行の外に内地銀行の支店も数店はあったが、いずれも微力で、特に見るに足るほどのものはなかった。その外には朝鮮人の経営によるものが三行、在留邦人の設立したものが一行あったが、これらも重要視さるべき実力を有するものではなかった。日露戦後、横浜正金銀行がその本務とするところに関して多少の活動を進めた外、日本興業銀行が三十九年〔1906〕以来、他の国内銀行と同様に、外国における銀行事業に関する法律に基づき、韓国において国その他、公共団体、会社などに対する貸付、不動産担保の貸付およびこれに必要な業務を営むことを許されたが、実際には、これぞというほどの活動は進め得なかった。また別に不動産銀行として各道に一行ずつ、合計八行の農工銀行と称するものがあったが、これは、先に四十二年〔1909〕一月に設立された東洋拓殖株式会社とともに、むしろ、その子会社のような立場で、主として農業開発に従事したなど、およそ同地の金融機関としては、名目的には必ずしも事欠かぬようであった。

しかし、なんといっても朝鮮における開発事業は主として第一銀行に負うものといわなければならない。明治の初期以来、商業金融に関してはもちろん、朝鮮の開発のために、同行が国立銀行時代から尽した功績は多大なものがあった。たとえば京釜および京仁の両鉄道の敷設をはじめ、京城電気会社その他、諸地方における鉱山事業などについて指導援助したところは、後代の朝鮮をして文化の恩恵に浴さしめた大きな動力をなしたものとして特記しておかなければならない。

銀行業の海外発展

一　横浜正金銀行の対外金融業務への進出

日清および日露の両戦争がわが国の勝利に帰して、東亜におけるわが国の国際的地位は飛躍的に向上し、その指導的立場を確保したのにともなって、経済活動の国際的発展にも目ざましいものがあった。わけても銀行業の対外活動は、特に日露戦後において著しく拡大された。前節のうちに述べた朝鮮銀行関係の変遷にしても、もちろんその一事例に外ならない。

朝鮮以外にあっても、日露戦争の結果、関東州はわが租借地となり、満洲鉄道およびその付属地帯はわが国の勢力圏内にはいった関係から、当時、わが国内では、日清銀行とでも称すべき一特殊銀行を設立するがよいという説が、官民間でしばしば唱えられたこともあった。しかし、これらの中国北部地方では、当時、すでに横浜正金銀行の地位が確立されていたから、新たに別の特殊銀行を設立して、いたずらに既存の金融機関と競争させるのは得策ではないというので、この説はいつしか沙汰止みとなり、正金銀行は中国北部一帯を通じて金融業務の発展に独歩的立場を確保し、また銀行券発行の特典も同行に独占させていたのである。

これより先横浜正金銀行は三十四年〔1901〕十月、前に述べたように第一銀行が、韓州国の支店において引き替えらるべき無記名式一覧払の銀行券を発行し得る許可を受けたのにつづいて、同行もまた同様に、三十五年〔1902〕十一月から海外におけるその支店または出張所で一覧払の手形を発行し得る許可を受けた。当時、その三十円未満という一覧払の手形の発行は、わが国の商法の規定に触れるので、違法に属するという反対意見もあったが、しかし、これらの手形は商法に規定されている手形の形式を備えていないし、また、たんに信用をもって流通するだけの、いわば一種の信用証券にすぎないものであるから、これによって他国の国権を侵害するものではないという解釈のもとに公許されたのである。かくて同行は三十五年〔1902〕十一月から天津支店において、またその後、三十五年〔1902〕十二月上海において、翌三十六年一月牛荘において、同年三月北京において、それぞれ一覧払の手形を発行し、三十九年〔1906〕九月まで継続したのである。

そうしている間に、三十八年〔1905〕三月九日には「外国における銀行事業に関する法律」が公布され（この法律は最初は満洲の利源開発のために日本興業銀行をして、それに必要な全融業務を担当させる目的で立法されたものであるが、後に方針が変更されたのである)、同行は同年七月わが政府から満洲における軍票の整理にともなう一覧払手形の発行を命ぜられ、同年十二月から牛荘支店を発行元店としてこれを発行することになった。次いで政府は三十九年〔1906〕九月十四日、同じく横浜正金銀行の関東州および清国における銀行券の発行に関する法律を公布すると同時に、当該銀行券の発行に関する勅令をも公布して翌十月十五日からこれを施行した。要項は次のようなものであった。

一　本位　銀行券は銀をもって引き替えるものとすること。

二　発行準備　発行の銀行券と同額の準備を要する。その内容は別に大蔵大臣の命令によって定められ、発行総額の二分の一以上は円形銀塊、金銀貨、日本銀行兌換券をもってし、その余は政府証券ならびに容易に現金に引き替え得べき有価証券をもってすること。

三　流通力および監督　関東州および清国においては公私いっさいの取引に無制限に通用するものとし、その発行に関しては外務、大蔵両大臣の監督を受けるものとすること。

もっとも、従前、満洲においては清国の旧時代から流通していた幾種類もの銀貨の外に、第一銀行券なども混交して流通していた関係上、正金銀行券が無制限の流通力を公認されたとはいえ、実際には、その流通はとかく円滑を欠くような傾向にあった。

こうした経過をたどって、正金銀行は満洲における銀行業務をほとんど独占することになった。特に日露戦時中から同戦後にわたって、同行は満洲各地に支店または出張所を設置し、最初は主としてわが政府のために金庫事務に従事していたが、後には一般銀行業務をも営み、時には専横に失するという非難をすらこうむるようになり、これがため、別に特殊銀行を設立すべきであるという説が唱えられたこともある。しかし、満洲方面に対する同行の発展は、元来、歴代の政府が一つの国策として推進してきたことでもあり、また前に述べたように同行をして、新設されるかも知れない銀行と、いたずらに競争をなさしめることは、わが国としての立場からして得策ではないという事情もあったので、政府は一意、同行をして満洲における金融機関の王座を占めさせることにしてきたのである。

かくて四十三年〔1910〕五月四日には、大蔵大臣は同行に対し、従来の営業を拡張して産業貿易の発展を図るべき旨の命令を発し、かつこれが実行に必要な資金として、日本銀行から三百万円を限り「為替元渡」として同行に交付せしめ、同行は同年七月一日から満洲におけるいわゆる特別貸付を実施したのである。だから翌四十四年七月には営口の正隆銀行が安田系の手中にはいったが、正金銀行の圧倒的な勢力はほとんど他行の進出を許さなかったばかりか、同行は後には満洲地域内にとどまらず、四十四年〔1911〕二月から開始した清国各地における「特別貸付」にも、ますます発展の歩を進めてきたのである。

二　対支借款団への参加と台湾銀行の発展

正金銀行の国際金融に関する活動は清国の借款についても、また目ざましいものがあった。同行は四十年〔1907〕十二月わが政府の内命を受けて湖北漢陽鉄廠（後の漢冶萍煤鉄廠鉱有限公司）に対し三十万円を貸し付けたのに引きつづき、四十四年〔1911〕三月には清国政府五分利付鉄道公債一千万円の発行を引き受けて、わが国における外国公債発行の先駆をなした。次いで翌四十五年〔1912〕三月には、これまた政府の内命によって対支六国借款団に参加したのである。

この借款団は清国政府の倒壊にともなって成立した中華民国の袁世凱政権に対し、イギリス、アメリカ、フランスおよびドイツの四国財団が財政的援助を与えようとする目的をもって組織した借款団に、正金銀行はわが国の資本家代表として、旧ロシア帝国の代表とともに参加したものであるから、四国借款団はここで六国借款団となり、後にアメリカ側が脱退したので五国借款団となったものであるが、同借款団については大正編で改めて述べるところに譲ることとする。

顧みれば、十三年［1980］に開業した正金銀行が、いわゆる為替銀行として国際金融業務に乗りだして以来、おおよそ日露戦争に至るころまでの二十数年間は、わが国の貿易はヨーロッパおよびアメリカ諸国のそれに比して、はるかにおくれていたが、しかも取引先の拡大、輸出入数量の増加によって、全体としての貿易は年々根強く発展し、ことにそれは日露戦後において著しいものがあった。したがって正金銀行はこうした大勢に乗ってますます営業状態の好調をつげ、資力を増大する必要に迫られた。よって同行は四十四年［1911］三月、さらに資本金を増加して四千二百万円となし、海外における信用と勢力との増加にともなって、事実上、わが国における唯一の為替銀行として、独歩的地位を確保するようになったのである。かくて同行が国際金融界に立って、ヨーロッパおよびアメリカの諸国から、その勢力と信用とを認められるようになったことは、わが国側としては、もちろん喜ぶべき成果であったに相違ないが、しかし、またその背後には、国策上の必要から歴代政府の厚大な援助が、これを推進する上に、大きな力のあったことも忘れてはならないところである。

明治時代における外国為替業務については、横浜正金銀行の外に香港・上海銀行、チャータード銀行など、二、三の外国銀行支店の勢力が根強い支配力をもっていて、その間に第百、住友などの諸銀行がこれに対抗し、つづいて他の大銀行の外国為替を取り扱うものが、おいおいと出てきたが、とにかく明治時代には、外国為替その他、国際金融事業に関するかぎり、正金銀行に主導的勢力を専有させるより外はなかったのである。

これらの外国為替業務を営む銀行の外に、いわゆる為替銀行として有力な存在をなしていたものは台湾銀行であった。すでに述べたとおり同行は設立以来、中国の南部および南洋方面に対する貿易金融機関たることをもって一つの重要な使命としていたから、これがため、上海、香港およびその他の諸地に、次々と支店または出張所を開設し、遠くシンガポールにまでその業務を拡張していた。

そうした発展途上において、日露戦争後の三十九年〔1906〕二月十九日、台湾銀行法中改正法律が公布され、同行の銀行券は、従前、銀兌換であったのを金兌換に変更されると同時に、発行額の半額に相当する正貨準備を必要としたのを改めて、保証準備の発行に関する制限を解かれたので、発券事情はそれだけ余裕が大きくなったところへ、次いで四十三年〔1910〕四月六日、さらに同銀行法に改正が施され、従前の銀行券発行限度五百万円が一千万円に拡張されると同時に、同行は資本金を、やはり五百万円から一千万円に増加し、同島内の産業開発とともに、外国為替業務にも躍進したのである。

だが、同行はそうした発展の余勢を駆って、後には、わが内地商業の中心にも進出し、普通銀行業務の上に活躍したというよりも、むしろそれがために内地の金融界に累を及ぼし、けっきょく国の重大な救済を仰がざるを得なくなったのであって、同行設立の趣旨をふみにじるような大失態をしでかすに至ったのである。ただしこの間の事情は改めて大正編のうちで詳述するところに譲ることとする。

＊省略節［明治末期の各種銀行業］

むすび［明治編］

明治時代四十五年間にわたる金融界の大勢は、以上に述べたところだけから見ても、その推移は決して単調なものではなかったことが認められる。というよりも、この期間における複雑な変遷の跡は、むしろ、そのこと自体がわが国民経済の固有的性格と、それに由来した資本主義体制の、ことにヨーロッパおよびアメリカの諸国よりも、はるかにおくれて生成発展した事情とを反映しているといってよい。

本編では、なるべく史実の分類と史的段階との関係を明らかにするための便宜上、この間の推移を八章に区分して説述したが、時代本位に集約すると、最後の章［各種銀行の発展と銀行業の変遷］に属する分は、日露戦争後の史実として、前章［日露戦時および戦後の金融界］中に一括してもよいわけであるから、その意味からすれば、始終を通じて七段階に区切られるものと見ることもできる。

史的段階別による要約

第一期　明治初年から六年［1873］に至るまでの期間であって、かりに名づければ為替会社時代とでもいえよう。すなわち金融機関としては、政府の強力な指導と干渉と援助とにより、ほとんどその手足のようになって金融の業務に従事した為替会社が存在しただけであって、自己資本または一部のいわゆる問屋金融に依存したものを除く外、庶民層としては頼母子、無尽、質屋、営業的または非営業的金貸しにたよるより外はなかったのである。

第二期　六年〔1973〕から九年〔1876〕に至る期間で、国立銀行創業時代と称することができる。国立銀行は、今日のいわゆる普通銀行の概念規定にあてはまるものではないが、とにかくわが国でははじめて「銀行」なるものの出現した先駆であって、金融の態様が西洋式に発展して行くための足場をなしたという関係にある。この国立銀行が出現したのと前後して銀行類似会社もぼつぼつと現われ、かくて世人一般の脳裡に、「銀行」なるものの観念形態が、おぼろげながら映しだされてきたのであった。ただし何分にも「銀行」と通貨政策との不調和によって、国立銀行の設立が、初期には四行だけで停滞し、一時その発展歩調がくじけたことは、なお金融界の大勢を改新させるに足らなかったゆえんであるが、もちろんこのことは通貨制度の不備という基本的な障害と相関連して考えなければならない問題であった。

第三期　改正条例による国立銀行時代または国立銀行全盛時代とでも称すべきであって、条例が改正された九年〔1876〕から十五年〔1882〕の日本銀行設立に及ぶ期間がそれである。国立銀行は当該条例の改正によって、その発券銀行としての立場が確立されるとともに、金融界の新情勢に即応して業務を発展することができるようになったから、以来、その新設されるものは続々と全国に普及し、営業成績も著しく向上して、金融界の大勢に乗じ、ようやく金融機関としての面目を発揮してきた時代であった。

この間には、国立銀行の新設が許されなくなるに及んで、純私立の民間銀行がようやく頭をもたげてきたという事情もあったが、とにかくわが国の金融界がおいおいと民間の手によって支配されるような機運を示してきたのは、おおよそこの時代であったといってよい。

第四期　日本銀行が設立された十五年〔1982〕から、同行が兌換銀行券をはじめて発行した十八年〔1885〕に至るまでの期間、すなわち日本銀行設立時代を指すものといえる。これは、さかのぼれば明治の初期以来、政府が続発してきた不換紙幣を回収するため、あわせて民間の金融を順調ならしめる目的をもって、中央銀行を創立する必要があるという趣旨に基づき、日本銀行を設立した前後の過渡期である。具体的には、同行が銀行券発行の特権を独占すると同時に、国立銀行がおいおいと純私立の普通銀行に振りかわってきた時代であって、このことは金融体制としては、わが国が資本主義段階へ進展して行く前奏曲をなしたものと見てよい。

第五期　通貨制度の不備に基づく銀貨と紙幣との差価が消滅し、日本銀行の兌換券が流通しはじめた十九年〔1886〕から、日清戦争の勃発した二十七年〔1894〕に至る期間を通じ、金融界としての特徴的傾向からいえば、日本銀行専権の時代とでも名づけられる。このころには各国立銀行は、それぞれの営業満期が近づくにともなって、来たるべき各自の立場を想望し、しょせんは預金銀行として立ちなおるより外はないという見地から、かれらは、ひたすらこの方針のもとに努力してきたのである。もちろん各国立銀行としては、以前から相当に発展の跡を示してはいたが、何分にも当時は日本銀行の資力や特権や地位が圧倒的に群を抜くような体勢にあった関係上、民間銀行はややもすれば日本銀行の意向に屈従し、またはその態度に迎合するような傾向を生じ、いきおい日本銀行は思いのままに中央銀行としての特権を振い得るようになったため、おのずから同行をして専権をほしいままにさせたわけである。

第六期　日清戦争後、日露戦争の勃発に至るまでの数年間であって、金融界としての特徴的現象からすれば、それは特殊銀行続設の時代と称してよい。すなわち日清戦争後、なかには戦前からの懸案であった一部の施設をも含め、いわゆる戦後経営の名のもとに、農・工業の発展促進、植民地の開発などに資すべき諸種の特殊銀行を設立し、日本銀行および普通銀行と対立して金融体制を整備させようとしたものである。

これらの特殊銀行がその後、設立の目的をはたす上に満足すべきものであったか否かは別として、とにかくこれらの特殊銀行としては、それぞれに自行の発展隆昌を期して努力したいっぽう、普通銀行や貯蓄銀行としては、これらの特殊銀行の活動が一つの刺戟剤となって、それぞれの営業に、いっそう精進せざるを得なかったというような関係から、特に普通銀行としては、ようやく日本銀行の圧力に対抗しまたはその拘束から脱して自主性を強化し、金融界の主動的立場を強化するとともに、経済界の一大勢力となってきたのもこの時代であったと認められる。

第七期　日露戦争後、明治の末期に至る数年間であって、金融界としての最も著しい傾向からすれば、預金銀行興隆の時代といってよい。日露戦争前からその地歩を躍進してきた普通銀行は、預金額の増大と営業の拡大とにともなって、ますますその勢力を増進し、たんに金融界においてだけでなく、あまねく経済界の大勢をリードするまでに発達して、このころには政府の財政策も普通銀行の立場を考慮せずしては、とうてい成り立たないような情勢に変ってきたのである。

もちろん日本銀行は普通銀行の勢力の増大にかかわらず、依然として金融界の総本山たる地位を占めてはいたが、同時にまた同行としては、政府の圧力の加わるにともなって、おのずから同行自身をして大蔵省の一外局たらしめたような傾向に走らしめ、時には民間金融の中枢機関たる責務を忘れ去ったのかと疑わしめるような場合すら少なくなかった。また諸種の特殊銀行としては、それぞれの領域において発展に努力したけれども、いまだ全体としての金融界を左右するほどの勢力はなく、むしろ普通銀行の営業に累するような場合もあった。そうしているうちに、金融界としては、各種銀行間の勢力の消長にかかわらず、正貨準備の減少という大問題に当面して、その重大な不安のうちに明治年代を送ったという次第である。

高度の保護干渉と長足の発展

かように明治維新以来の金融界の経過を跡づけて見ると、維新早々のころには、政治上の大変革とともに社会事情も一変し、したがって経済界もまた混乱して、尋常の意味での金融は、一時は、さながら杜絶の状態に陥った。しかも新たに起生しなければならなかった「金融」は、当時のいわゆる西洋式体制に依存せざるを得なかったがために、万事が創業によって新発足を試みるより外はなかったというわけである。

このいわゆる西洋式金融体制の骨子となるべき金融機関は、いうまでもなく銀行であるが、その「銀行」が六年［1873］に第一国立銀行の設立を見るまでは、名実ともに、いまだまったく存在しなかったのであるから、前にいったような尋常の意味での金融は、ここから始まったといってよい。しかるに、その後、明治の末期に至る四十年間に、およそ銀行と称する金融機関は全国を通じて二千百余行、この預金高は通計十九億円以上を数え、六大都市だけでも年間の手形交換高が八十五億円近くに上るようになったという振合から見ると、わが国の金融界が明治維新以来、比較的短い期間に、どんなに著しい発展を遂げたかは想像するにかたくないであろう。

もちろんそれは、ただに金融界としてだけでなく、本来、経済界一般ないし経済財政に関するわが国民経済としての固有の、または当時の国際関係に由来する特殊的事情と関連して考察しなければならない問題であるが、とにかく金融界自体として、ことにその骨子をなしている銀行または銀行業が、かくまでに著しい発展を遂げたことは、むしろ驚くべき史実であったといわなければならない。

だが、それについて見のがしてならない一つの特殊的傾向は、金融界の発達と政府の金融政策との関係である。明治初年以来、歴代の政府が踏襲してきた金融政策の枢軸は、金融の発達を促進するというよりも、もっぱら金融機関、わけても、主として銀行に対する干渉と保護とで一貫してきたとみなしてよい。このことは、一つは明治政府の標榜した富国強兵、それがための殖産興業という政綱を実現して行くためには、よぎない方策の一つであったとも見られるが、しかしまた同時に、政府が銀行に対する保護を施恩的に逆用して、銀行を財政上の目的に利用しまたは役立たせようとした跡も著しいものがあった。

こうした意味での官民なれあいによる相互的利用関係が、数十年にわたって、わが国の金融界を発達させてきた一大動力をなしていたことは、以上に述べたところを通じて明らかに認められるのであるが、しかしまた、そうしたなれあい関係が、他日、わが国の金融界ないし経済財政上に重大な累をなしたことも、とうてい否定されない宿業であったといわなければならない。

だが、そうした好ましからぬ傾向もあるにはあったが、とにもかくにも、この半世紀足らずの間に、わが国の銀行または銀行業が草わけから起って、かくも偉大な発展を遂げ、したがって国運の興隆に寄与したところの少なくなかったそのことは、結果的に見て何人も肯定せざるを得ないものがある。

およそ明治年代の金融史を一語で要約するならば、それは明らかに一難去って一難来たるとでも表現さるべき経過にあったが、銀行としての立場からすれば、功罪のほどは必ずしも速断されないものがある。今日から見れば、時勢はまったく変っているが、幸いにしてその罪跡を繰り返すことなく、過去の功績を将来にますます発揚して行きたいものと切望して、ひとまずこの編のむすびとする次第である。

＊省略章［大正編第一章　大正前期の経済界の大勢］

大正編

外国為替業務の伸展

大戦前における外国為替業務の概況

この期間における銀行および銀行業の推移を顧みると、まず最も著しい伸展を遂げたものの一つは、外国為替業務である。大戦前にあっては、わが国において外国為替その他、国際金融関係の業務を取扱っていたものは、日本銀行が中央銀行としての特殊の任務に従事したのは別として、一般には、ほとんど正金銀行と外国銀行とに限られ、そのほかでは普通銀行中の一、二のものが多少その方面に手を触れたにすぎなかった。しかるにヨーロッパ開戦後、輸出貿易の増進その他、国際経済活動の発展につれて、正金銀行以外の特殊銀行も、にわかに外国為替業務を拡張したほか、普通銀行のうち、新たに外国為替業務を開始するものが続出して、国際金融上に画期的な変化を生ずるにいたった。

もっとも、わが国における外国為替業務の発展は、日露戦後から、つとにそうした気運には向かっていたのであって、それは開戦後、中国特に満洲に対する経済関係が一変したので、正金銀行が鈔票《しょうひょう》を発行するとか、或いはわが国の正貨補充問題のために、是非とも貿易、海運などを助長しなければならないというような事情からして、いきおい為替銀行の発達を促すとか、或いはまた中国南部、南洋方面との通商がようやく好望に向かってくるとともに、いっぽうでは、三年〔1914〕にパナマ運河が開通する予定になっていたとか、こうしたいろいろの国際経済事情の変化に刺戟されて、明治の末期頃には、新たに為替銀行を設立しようという運動すら擡頭してきたほどであった。これが、たまたまヨーロッパ開戦に際会して、ちょうどその発展を遂ぐべき好機に恵まれたというわけである。

各種銀行の活躍と為替銀行の新設

一 横浜正金銀行

まず正金銀行について見ると、同行は元来、為替銀行としては、わが国においてほとんど独歩的地位を占めていた関係上、ヨーロッパ開戦当時までは、なお比較的自重の態度を持していたが、しかも、開戦直前の三年〔1914〕五月中、同行東京支店の改築を機とし、首脳部を横浜の本店からここに移して新陣容を整備した。そしてヨーロッパ開戦後にあっては、わが輸出貿易がますます新販路を開拓していったので、それにともなって四年〔1915〕八月から戦後の八年〔1919〕七月に至る間に、内地では下関に出張所を設けた（七年〔1918〕三月）ほか、海外ではオーストラリア、南洋、アメリカ方面などに合計八ヵ所の支店または出張所を開設した。その間、輸出貿易の最盛期には同行の各方面に対する全体としての買持ち為替は、多いときには五億円にも上って、為替資金の調達に困難を感ずるようになったなど、業務の発展は著しいものがあったので、八年〔1919〕五月、従来の資本金四千八百万円を一億円に増加したのである。

もっとも同行としては、この間に一つの受難とも認められるような事件に遭遇した。それは後に述べるように、当時の政府が満洲に対する朝鮮銀行の進出を援助するために採った政策の、いわば犠牲に供されたものであった。すなわち従前、同行の取扱いに委されていた同地におけるわが政府の金庫事務ならびにその金庫事務を取扱っていた主要な支店または出張所を、挙げて朝鮮銀行に譲渡させられ、かつそれに関連して従前、同行が満洲において発行していた金券の発行を停止され、既発行の金券全部を朝鮮銀行へ引継がされ、その上に、この金庫事務の譲渡と同時に、従来、同行がやはり政府の命令によって特に満洲において営んでいた長期貸付を、同様に政府の方針の変更により、七年［1918］十二月末までに、いっさい東洋拓殖株式会社に委譲させられた。それがために同行としては、多年満洲において築き上げてきた金融上の施設の大部分を喪失するという不運に陥ったのである。

しかしながら同行本来の使命たるヨーロッパおよびアメリカその他世界各方面に対する為替業務は、わが貿易ならびに貿易外の経済活動が飛躍的に発達したのにともない、戦時および戦後にわたって画期的な伸展を遂げた。ことにそれを動機として日本銀行との連繫のもとに貿易金融制度上に一大改善を実現するにいたったが、それらの事情については、しばらくこれを後に譲ることとし（次節二および三参照）、順序として、次には他の諸銀行に関する為替業務の発展ぶりを述べることとする。

二　台湾銀行

台湾銀行は明治の末葉から為替業務のみならず、一般銀行業務上にも著しい躍進ぶりを示してきたが、特に為替銀行としての活動はヨーロッパ開戦を好機としていっそう拡大された。かつその設立の主旨にのっとって、ことに東洋、南洋方面に対する新進貿易の助長につとめ、三年〔1914〕十一月から為替資金の融通に関して日本銀行から特別の便宜を受けるようになった。そして翌四年〔1915〕五月には従来の資本金一千万円を二千万円に、さらに戦後の八年〔1919〕九月中その二千万円を六千万円に、前後二回の増資を実行し、また後に述べるように、その間七年〔1918〕三月には保証準備発行制限一千万円を二千万円に拡張されるとともに、それらの増資や保証準備発行制限の拡張と前後して、ニューヨーク、南洋各地、ボンベイなどに五ヵ所の支店または出張所を新設して著しく業務を拡張した。こうして従来、正金銀行が採ってきた老成した営業ぶりに対抗しつつ、いろいろと新進気鋭の方針を立てて活動したので、それが正金銀行ばかりでなく、内外にわたって一般銀行の営業上に、非常な刺戟を与えたことは争われない事実である。

三　朝鮮銀行

いっぽう、朝鮮銀行は戦前同半島以外には、大連支店のほかに、奉天、長春の各出張所を有《も》つにすぎなかったが、ヨーロッパ戦争の局面が拡大するにともなって、わが対ロシア貿易が増進され、対満諸取引が発展してきたので、その機に乗じて五年〔1916〕七月にはハルピンに、同年九月には営口に各支店を、また同年十二月には伝家甸にそれぞれ出張所を開設した。その他内地では十月中、神戸に出張所を設けた（後に翌六年〔1917〕五月中、支店に昇格）。それらの新店舗の開設と前後して、五年〔1916〕下半期には安東県、奉天および長春の各出張所を、いずれも支店に昇格し、さらに翌六年の三月には間島および竜井村に、同年六月には吉林に各支店を、また同年十一月には奉天新市街にそれぞれ出張所を新設して、満洲方面に対し一大進出を遂げた。

では、この当時、わが国の満洲方面に対する為替その他金融上の諸取引は、かく主として朝鮮銀行の進出に待つほかはないような状況にあったかといえば、決してそうではない。すなわち前述のように正金銀行がつとに日露戦争以来、金券を発行して満洲方面に対する金融上、着々と営業を拡張し、ことに政府の命令によって大連支店に本金庫を設置し、その他の重要支店を通じて金庫事務を取扱い、ヨーロッパ開戦の当時においては、同行の満洲における活動は、がっちりした地盤の上に発展の歩調をたどっていたのである。

正金銀行が、かく発展の状勢をたどっていたところへ、朝鮮銀行がにわかに進出してきたがために、いきおい、正金、朝鮮両銀行は営業上、角突きあいを演ぜざるを得ないような対勢に当面してきた。しかも、このことは従前、朝鮮銀行総裁であった勝田主計が、五年〔1916〕九月に成立した寺内内閣に大蔵大臣として入閣して以来、同内閣としての重要政策の一として実行されたものであって、つまり満洲方面における正金銀行の活動をおさえて朝鮮銀行の進出を助成するということにほかならなかったのである。だから政府としては右に述べたように朝鮮銀行の満洲における店舗の新設などを続々と許可したばかりでなく、従来、同行の銀行券が満洲において流通していたのは、なんら法令上の根拠に基づくものではなかったのを、六年〔1917〕十二月一日施行の勅令第二百十七号をもって、「朝鮮銀行の発行する銀行券は関東州及南満洲鉄道附属地に於て公私一切の取引に無制限に通用するものと」し、それにともなって、従来、正金銀行が同地において発行していた金券は、即日その全額四百五十三万八千余円を挙げて、これを朝鮮銀行に引継がせた上、同月末日をもって正金銀行の取扱いに係る大連支店の本金庫事務とともに、その支金庫または出張所となっていた同行の旅順、遼陽、鉄嶺および安東県の四支店を朝鮮銀行に譲渡させたのである。

この改革については政府としては、なんらその理由などを公にするところはなかったが、当時の美濃部（俊吉）朝鮮銀行総裁が翌七年〔1918〕一月大連において官民招待の宴を開催した席上、挨拶に替えて試みた演説によると、正金銀行からの「此の業務継承は一に帝国政府の方針によるものにして、要は満鮮経済上の連合を一層密邇ならしめんとする主旨に外ならざるべく」云々というわけで、これがために正金銀行としては前述のように、政府の政策に順応せざるを得なかったのである。では、その「満鮮経済上の連合を一層密邇ならしめ」るため、なにゆえに本金庫の事務や主要な四支店をも挙げて同行に譲渡させたかといえば、必ずしも、そうしなければならない理由とては認められなかったのみならず、ことに両銀行の資力、信用、従来の営業成績、沿革など、いずれの点から見ても、金庫事務のごときは、むしろ正金銀行をして、そのまま、これを続行させて支障はなかったように思われる。

もっともさらに反面から観察すれば、正金銀行の遣り口は堅実ではあるが、同時にまたあまりに保守的であって、満、鮮その境を接する関係上から、朝鮮銀行のような土着の銀行をして活発に経営させようと欲したからでもあり、そして相当にその効果をもたらしたことも肯定される。しかしながら朝鮮銀行のこの満洲進出が、やがて同行にとって重大な禍因となったことに想到すれば、ひっきょう、この政策が、人をして功罪いかんを考えさせるものがあるのも、もっとものように思われる。しかるに後年にいたって満洲国の出現にともない、やはり、わが政府の方針のもとに、朝鮮銀行の満洲国内における業務は、いっさいを挙げて満洲国中央銀行および同国の興業銀行に譲渡させられたのであって、転変の跡は、まことにきわまりなきの感ありといわなければならない。

同行は、かように政府の重大な保護を受けて満洲方面に活躍の歩を進めたほか、後に述べるとおり翌七年〔1918〕にはいって、従前の保証準備発行制限額三千万円を五千万円に拡張され、投資余力を増大して、さらに中国の北・中部方面にまで羽翼を伸ばし、前年十月に青島支店を新設したほか、七年〔1918〕四月中には上海に、九月中には天津に、十月中には済南に各支店を開設した。また七年〔1918〕八月には資本金二千万円を四千万円に、次いで九年〔1920〕二月にはさらに八千万円に、前後二回の増資を続行して、七年〔1918〕十一月の大戦休止後、かえってますます営業を拡張してきたのである。ただしその著しい発展は以上に述べたように、むしろ主として政府の政策に基づくものであるから、かような事情は一概に為替業務の伸展といううちにも、あらかじめ考慮において観察しなければならないところであろう。

四　普通銀行

転じて普通銀行の方面を見ると、普通銀行で大戦前から外国為替業務に手を染めていたものは数行を数え、中には正金銀行（明治十三年〔1880〕二月開業）よりもさきに取引を試みたという相当に古い歴史を持っているものもある。いろいろの記録に徴すると、最も古いのは第百国立銀行であって、同行は明治十二年〔1879〕下期からこれを営んでいたということである。もっとも、その当時にあっては、為替業務とはいうものの、主としてアメリカ向輸出生糸の荷為替を取扱うくらいにとどまっていたもののようで、今日における様な意味での外国為替業務と称しうるほどのものであったか否かは、多少疑いの余地がないでもない。それはとにかく、同行の外国為替業務に関する記録によると、「米国輸出生糸荷為替の儀を佐藤組と結約し該為換事務取扱の為め米国在留開通社々員田代四郎へ当銀行の代理を委託せり（中略）該売捌代価は田代四郎より新約克《ニューヨーク》領事館へ納付領事館より商務局へ電信為換等の事を同局え請願也しに九月（注、明治十二年〔1879〕）十七日允准《いんじゅん》せられ且右荷為替取組の儀に付佐藤組約定書相添へ九月四日大蔵卿閣下え請願し同月廿日允准を蒙りたり」とあった。またその十二年〔1879〕下半期中に、ニューヨークとの間に取り組んだ生糸輸出荷為替の金額は通計一万一千三百九十九円を算したとある。いずれにしても、わが国で外国為替業務を公許のもとに営んだのは、おそらく第百国立銀行が最初であろうと思われる。

同行に次いで古いのは住友銀行であって、その開始は明治三十六年〔1903〕と注されている。第三番目は三井銀行の同三十九〔1906〕年六月、第四番目が第一銀行の同四十二年〔1909〕五月、第五番目が三十四銀行の同四十三年〔1910〕四月という順序である。もっともこれらは、いずれも主として各銀行それぞれの記録によるものであって、その外国為替業務の実際は各行必ずしも一様ではなく、そのうちには、たんに名目にとどまったものもあった。とにかく大戦前にあって普通銀行中、外国為替業務を取扱ったものは、まず以上の五行くらいにとどまっていたもののようである。

しかし、これらの銀行における当時の外国為替業務は、もちろん今日のように発達した態様のものではなく、またその取引額も、わずかなものであった。普通銀行としての外国為替取組高として統計に載せられているものは、明治四十二年〔1909〕以降に属するが、それとても、全体としての取組金額は仕向け勘定ならびに受取勘定ともに、一年中の累計がだいたい各三、四千万円から五千万円内外、双方を合わせても一億円に達しなかった。それがヨーロッパ開戦後、貿易、特に輸出の増進にともなって為替取引もますます繁忙をつげてきたために、開戦の年の翌四年〔1915〕以降、三菱（四年〔1915〕）、山口（六年〔1917〕）、安田（七年〔1918〕）、鴻池（九年〔1920〕）、川崎（十五年〔1926〕）など東西の有力銀行中、新たに外国為替業務を営むものが続出してきたばかりでなく、これら新規開始の銀行のうちにも、また戦前から営んでいた銀行のうちにも、ヨーロッパ、アメリカ、中国などの各地に支店を開設し、または増設したものも少なくなかった。かくて、これら普通銀行の外国為替取組高は五年〔1916〕以降急増してきて、戦後の第一年である八年〔1919〕には仕向け勘定十一億四千余万円、受取勘定九億五千六百余万円、合計二十億九千七百余万円に達し、やや見るべきものがあるにいたったのである。

五　中華匯《わい》業銀行および華南銀行の設立

外国為替業務の伸展は既設銀行に関するもの以外、新たな為替銀行の設立をも見るにいたった。その一つは中華匯業銀行であり、他の一つは華南銀行である。もっとも、この両銀行はともに純本邦銀行ではなく、前者は中、日合弁組織に成り、ことに本店を北京に置き、また後者は日本内地、台湾、中国南部および華僑（この場合には主として南洋への中国移住民）の合弁によるもので、本店を台北に置いている。この両銀行は、わが国と中国および南洋各地との相互間における貿易その他通商関係の発達にともない、日本側が対等または主力となって設立した国際銀行であって、前者は七年〔1918〕一月、後者は八年〔1919〕一月の創立に係る。ともに外国為替取引を主業とし、前者は公、社債の引受けや経済的借款の取扱いなど、また後者は事業資金の融通や信託業務の一部などをも、それぞれに兼営するものであった。

六　外国銀行の内地支店

外国為替業務の発達に関連して、ついでに付言しておくべきは、外国銀行の内地における支店その他営業所に関する概況である。すでに述べたように大戦前におけるわが国の外国為替業務は、主として正金銀行の営むところとなっていたが、それとても取引先は全般には行き渡らず、また取引高も多大ではなかった。そんな事情にあったから、外国為替業務に関しては外国銀行の支店および代理店などが相当に重要な役割をつとめていた。すなわち戦前には外国銀行の内地における営業所は、支店だけが十二店（内、一店は貯蓄銀行）を算し、わが国の外国為替取扱高の四割余を占めていたが、ヨーロッパ開戦後、一つは各自国の本店が戦乱の影響にわざわいされたのと、今一つは右に述べたように、わが国の銀行が外国為替業務に著しく進出して、その海外支店のごときも、戦前には正金銀行二十二、台湾銀行八、朝鮮銀行四、合計三十四にすぎなかったのが、戦後の十一年〔1922〕には正金銀行二十四、台湾銀行十六、朝鮮銀行二十三のほか、住友銀行七、三井銀行二、三菱銀行三、合計七十五に増加したほどであるから、外国銀行支店はおのずからその活動範囲を狭められるようになったのとあいまって、戦時中には外国銀行の内地支店は十店（内、三店は貯蓄銀行）に減少した。戦後それがふたたび増加して、大正の末期には代理店をも合わせると二十五店（内、三店は貯蓄銀行）を数えたが、その外国為替取扱高はわが国全体としての合計額の二割強にとどまっていた。

貿易金融の改善

一　戦前および戦時中の為替金融

かように各種の銀行における外国為替業務は著しい伸展を遂げたが、元来わが国では為替市場そのものが比較的狭小であったし、また為替金融が主として正金銀行に対する日本銀行の「外国為替貸付金」という特別の融通によることになっていたため、おのずから一般の金融市場からかたよっていた。そして正金銀行その他、為替銀行が金融市場からコールを吸収する以外には、外国為替と金融市場とは、むしろ隔絶したような観を呈していた。ところが、かく外国為替業務が画期的な伸展を遂げたために、為替金融の偏傾はいっそう著しくなった。その結果、輸出貿易が増進するほど、いたずらに通貨の膨脹を助成して、しかも為替銀行は、やはり資金調達難の傾向を避けられず、したがって、せっかくの好機会にもかかわらず、輸出貿易が思うように進展しないおそれが兆してきたというような状態であった。

そこで、政府としては前述のように六年〔1917〕六月中に、まず臨時国庫証券法を施行し、為替資金の調節と連合与国の財政援助とを兼ねて、その後、同証券を続発したが、しかも、そのいわゆる為替調節はもっぱら連合与国の対日軍需品代金の支払を立替えるためのものであって、民間一般の為替資金については、なお適当な対策のないのに困りはて、為替調節策いかんが当時朝野の大問題となったのである。

しかるに、そうしている間にも、六年〔1917〕下半期ごろから片《かた》為替の傾向はますます著しくなり、それにともなって為替相場は躍騰を重ね、七年〔1918〕十一、十二月ごろには対米相場は正金銀行の建値《たてね》で五十二ドル八分の一、市場では七年〔1918〕十一月一日に五十四ドル八分の三買に対する五十二ドルちょうど売（井上準之助『我国際金融の現状及改善策』）という最高記録を残したほどであった。かような状勢になってきて、政府としても、ついに、なんらかこれが対策を講ぜざるを得なくなったので、七年〔1918〕九月に官民間から委員を挙げて戦時為替調節委員会を設置し、具体案を調査させることになった。しかるに、すでに述べたように休戦後の同年十一月下旬から貿易が逆調に転じたのにともなって、為替相場もようやく反落の傾向をたどり、翌八年春ごろには片為替の傾向はだんだんと緩和されてゆくような見とおしがつくにいたったので、同調査会はほとんどなんらの成案をも得ないうちに、八年〔1919〕五月中そのまま廃止された。

これより先、八年〔1919〕三月七日、三島（弥太郎）日本銀行総裁が病死したので、同月十三日に井上準之助が第九代総裁に就任したが、日本銀行としても、さしあたり処理しなければならない問題は為替金融の改善策であったし、金融界としても、それに期待をかけていたのである。元来、民間一般を通じて、為替資金はできるだけ関係銀行独自の手で、これが調達を図ることにすればいっそう好都合であるから、かような状態にかんがみて、日本銀行は為替金融改善の計画を立て、まず八年〔1919〕五月中には銀行の手形引受制度を勧奨したのに引続き、同年八月中には、いわゆるスタンプ手形の制度を実施したのである。

二　銀行の手形引受制度

手形引受制度のほうは、いうまでもなく主として輸入の場合に利用される。これは為替銀行が、外国の輸出商から内地の輸入商あてに振出した手形を、内地市場で売却して為替資金の運転を円滑ならしめるため、市場でこれを売却しうるように、あらかじめ内地の有力な銀行が輸入商のために引受信用状を発行するものである。しかし、この制度はわが国では一般に、なお、この種の信用取引がいまだ十分に発達していないのと、有力銀行などは内地輸入商のために手形の引受をするくらいならば、むしろ自行にこれを抱容するというようなわけで、それらの事情から、この制度は最初に期待されたほどには利用されるにいたらずして、そのままに推移してきたようである。

三　スタンプ手形制度

いわゆるスタンプ手形は、もっぱら輸出の場合に利用される。これは日本銀行があらかじめ為替銀行買持ちの輸出手形を担保として預り置き、為替銀行はこれを見返りとして同額の邦貨換算手形を市場に売出し、日本銀行は商業手形に対すると同率の歩合で、これが割引に応ずるというしくみである。その邦貨手形には輸出手形であることを表示するために、日本銀行で一定の印形を押捺するところから、俗にそれがスタンプ手形と称されていたのである。

いったい、日本銀行がこういう制度を案出したのは、むろん一つは為替金融の円滑をはかり、もって貿易特に輸出の進展に資するためであったが、しかも同時に、また一面、それが通貨調節上にも重要な目的を持っていたことを見のがしてはならない。すでに述べたように、元来、わが国の為替金融、特に輸出の方面については、日本銀行から為替銀行——主として正金銀行——に対し特別の低利をもって、「外国為替貸付金」を融通することになっていた。それで、輸出が盛んになればなるほど外国為替貸付金がますます増加するにもかかわらず、金融市場は貿易金融にはいっこうに関与しないという有様で、したがって輸出貿易が増進されるほど、偏傾的に通貨を膨張させるような状態を避けられなかった。しかるに、このスタンプ手形は銀行引受手形のように、保証だとか信用状だとかいうようなめんどうなことはなく、そのスタンプ一つで商業手形同様に流通しうるから、それが出回るほど、為替銀行、特に正金銀行は外国為替貸付金に頼らずに市場から為替資金を調達しうる。つまりこの制度により金融市場と貿易との関連が、それだけ円滑に保持されると同時に、通貨の自然的調節ができるという次第である。

四　貿易と金融市場との連繋

そんなわけで、試みに当時における日本銀行の外国為替貸付高の異動状況を見ると、大戦中の輸出貿易の最盛期にあたっていた七年〔1918〕から休戦後の八年〔1919〕にわたるころには、その額は常時、三億円以上を持続し、時には四億数千万円から五億円台にも上ったが、それが九年の下半期以来、十一年〔1922〕の下半期ごろに至る期間を通じて、一億円以下に減少している。もっとも、かく日本銀行の為替貸付金が七、八年〔1918-19〕ごろに激増したことは、一つは米国の金輸出禁止の影響にもよる。すなわち同国の六年〔1917〕九月の金輸出禁止から八年〔1919〕六月の解禁に至るまで二ヵ年足らずの間は、わが国への金の輸入はとだえたために、わが国の正貨勘定はこの期間を通じて在外正貨で約七億円を増加した。つまり正貨による受取決済ができなくなったために、正金銀行はよぎなく日本銀行からの借入れ資金をもって輸出為替を買入れ、海外における買持ち外貨を政府または日本銀行に買上げてもらって、日本銀行への返金を済ますという国際的操作を繰返していた。しかも、なお正金銀行の買持ち為替は前に述べたように、一時は最高五億円以上を算したというような有様であった。

しかるに八年〔1919〕六月にアメリカが金解禁を行ったために、対米為替はようやく軟化してきて、同年中、ついに五十ドル台割れをつげるとともに、それ以来、わが国への金の輸入がふたたび増加して、おのずから正金銀行の為替資金の需要を減退させた。かかる状勢にあったところへ、貿易の逆調がだんだん著しくなり、ことに九年〔1920〕の下半期ごろから輸出がとみに減少してきたために、同行の為替資金の需要はいっそう減退した。今一つは、同行が増資を実行したことも、多少の影響を及ぼしたもののようである。前に述べたとおり同行は八年〔1919〕五月に四千八百万円から一億円に増資をしたのであって、これは為替資金調達の一助に資するということが、その一理由に供されていた。もっとも、それは日本銀行の外国為替貸付金を減少させた原因としては、もとより重視すべきほどのものではないが、とにかく、その一助となったであろうことは察するにかたくない。

かように為替金融に関する状況が戦時の末葉から戦後にわたって一変したことは、いろいろの事情が相関連して、そうさせたものではあるが、いずれにしてもスタンプ手形の出回りが順調になってきたことが、正金銀行に対する日本銀行からの為替資金の融通を、著しく減少させた主要な一因であったこともまた疑いない。これが、時にはスタンプ手形が公、社債の発行や一般市場金融の順調にわざわいするというような横槍すらも出てきたゆえんであろう。その後このスタンプ手形の出回りは、だいたい大正年代中に自然消滅に帰したようであるが、当時為替金融の改善ということは、いまだ十分とはいわれないにしても、とにかく、このスタンプ手形制度によって為替金融上に一新生面を開拓したことは、特筆に値するところであると評してもよかろう。

外資輸入と対外投資

戦前における外資輸入

一　外資輸入計画

外国為替業務のほかに、大戦中わが国の銀行が国際的に重大な活躍を演じたのは対外投資に関してである。そのおもなものは、連合与国の国債に対する応募と、いわゆる対支借款とであった。顧みれば大戦前においては、わが国は対外投資はおろか、いかにして外資を輸入しようかと、官民ともにその方をもっぱら問題としていた。たとえば興業銀行のごときは、その使命の一つとして、この方面にいろいろの計画を進めたという状態であった。すなわちわが国としては、この間に、債務国から一変して債権国になったわけであるから、まず、この間の急激な事情の変遷を明らかにするため、少しくさかのぼって、明治の末期以来の外資輸入状況を概観しておきたいと思う。

すでに述べたように、わが国は明治の末期から大正の初期にわたるころには、いわゆる正貨準備問題をひき起したほどで、これが補充策いかんは緊切な要務の一つとなっていた。この状勢に応じて民間の一部には、しょせん公私経済の緊縮刷新によって、国際貸借の根本的改善をはかるほかはないという意味でのいわゆる常道論も、つとに有力に提唱されていた。しかし実際には中央、地方を通じて財政の緊縮を断行するということは、なかなか困難な問題であるし、ことに当時は公私の事業資金を要するものが少なくなかったにもかかわらず、そうした公私いっさいの事業資金を内債の発行によって調達することは、ほとんど不可能事に属していたという状況であった。それで政府においてもまた民間の一部においても、趣旨としては外資輸入を非認しながら、しかも事情やむをえないものとして外資輸入の計画を進めたというような次第であった。そうした計画の実現されたおもなものは日仏銀行の創立と公私の外債発行とである。

二　日仏銀行の創立

もっとも、日仏銀行の創立は必ずしも日本側のみからの発議によるものではなかった。さきに日露戦争に際し日本がフランスにおいても、戦費財源調達のためにする外債の一部を発行したのが機縁となって、その戦後、同国の金融資本家などの間には、日本または中国に対する投資ということが、つとに一つの関心事となっていた。そして同国のアルベール・カーンのごときは明治三十年〔1897〕以来、再三わが国に渡来して(後には、その寄贈に係る財団の関係もあって)、投資方面に幾分か交渉したばかりでなく、明治の末期から大正の初頭にわたり、バンク・ド・パリとかソシエテ・ゼネラールとかいうような同国の有力な銀行が、特にわが国へ実地調査のため、前者はフィナレ、後者はフールネルをそれぞれ視察員として来訪させた。その後、相当の波瀾や曲折はあったが、けっきょく日本側は興業銀行が中心となって、同行のほかに正金、第一、三菱、三井の各銀行などが分担出資することになり、フランス側は上述の両銀行のほかに、数行の有力な銀行が参加して、資本金二千五百万フランのうち、フランス側千五百万フラン、日本側千万フランを引受け、明治四十五年〔1912〕七月に日仏銀行という国際銀行の創立を見たのである。

同行は本店をパリに置き、東京その他に支店を設け、おもに事業金融を行おうというもくろみのもとに開業した。それで最初、日本側では同行を介して相当にフランス側からの資本が輸入されるもののように期待していた人々もあったが、その投資業務は予想されていたほどに活発には行われず、それがために一部には多少の失望を感じたものも少なくなかったようである。

三　外債の続発

この日仏銀行の創立に先立ち、明治四十五年〔1912〕二月に旧東京市は外債約九千万円を発行した。この外債は従前、民営となっていた旧東京市内の電車事業の買収、その他電気事業経営の資金にあてるためのいわゆる電気事業公債であって、これをイギリス、フランスおよびアメリカの三国に分割して起債した。その発行額はロンドン三百十七万五千ポンド、パリ一億八十八万フランおよびニューヨーク二百万ポンドという割当であった。右のうち、パリで発行された分について「英貨一磅《ポンド》に対し仏貨二十五法《フラン》二十二参《サンチーム》の割合を以て換算することを得」るという約款があるほかは、支払うべき通貨に関してはなんら規定するところはなかった。

ところが、フラン貨はその後一九二八年六月に平価を約五分の一に切下げられたので、それを理由として旧東京市は、その後に償還すべき元本ならびに利子は、右の切下げられた通貨価値を基準とし、すなわち新平価のフランをもって支払うべきものと主張したのに対し、フランス側の債権者は、やはり「磅《ポンド》」に換算しうべき約款のとおり「二十五法《フラン》二十二参《サンチーム》」、すなわち旧平価で償還されたいと要求し、双方が相確執して久しく繋争を続けていたところ、その後昭和十二年〔1937〕にはいって以来、ようやくそれが日本側にとって有利に展開してきたあげく、ついに翌十三年〔1938〕一月十七日パリにおいて、債権者代表たる前駐日大使ピラと旧東京市代表との間に協定が成立し、旧東京市側は現行ペーパー・フランで元利払をなしうることに、いっさいの解決をみた。この結果、旧東京市側はいわゆるポンド換算払による元利総額に比して、約三億八十万フラン（現行の紙幣フランにて）だけ有利となる勘定であったが、この交渉が太平洋戦争のためにふたたびとんざして、その後、また交渉のしなおしにはいったのである。

この旧東京市債が成立した翌二年〔1913〕三月中、日本政府はイギリスにおいて鉄道証券百五十万ポンドおよび鉄道債券同じく百五十万ポンドを発行した。これは、以前に内地で発行した鉄道公債の償還にあてるための借替であって、内地ではその借替が困難であるとの理由によるものであった。次いで翌三年〔1914〕二月中その一口の借替を行うに際し、同様に別口の既発行内債を償還するため、百万ポンドの新債を、これと一括して、合計二百五十万ポンドの英貨鉄道証券を発行した。かくて第一回分のうちの一口百五十万ポンドと、この新債とを合わせ、これらの短期外債は通計四百万ポンドを算した。しかるに翌年二月中、このころにはわが国は貿易、海運などの好転による国際受取勘定がようやく増加し、在外正貨が充実してきたので、そのうちの百万ポンドを現金償還するとともに、残余の三百万ポンドだけを借替え、そのまた翌五年〔1916〕にこの三百万ポンド全部の現金償還を終った。

かく政府は内債から外債への借替によって当面のやりくりだけはつけたが、このほかに鉄道特別会計所属の短期証券で借替を要するものが、なお八千万円を算していたし、また短期の外債借替を続行していただけでは、在外正貨補充策として不十分でもあったので、これよりさき、二年〔1913〕四月中、別にフランスにおいて仏貨国庫債券二億フランを、十二年〔1923〕までの期限で発行したのである。

戦時における連合与国の財政援助

そんなふうにして、わが政府は当時、ひたすら正貨の補充につとめてきたおりから、たまたま三年〔1914〕八月にヨーロッパ戦争が起り、前に述べたように翌四年ごろから輸出貿易の増進、ことに連合与国の軍需品製造の引受や、それに関連しての海運業の活況などにともなって、国際受取勘定がとみに増加してきたので、正貨準備問題のごときは自然に解消された。

しかも開戦以来、連合与国中には、わが国に対し、兵器その他軍需品などの製造調達かたを注文してくるものが続出し、それらの連合与国から、主として対日軍需品代金の支払にあてるため、日本でそれら諸国の大蔵省証券や短期の国庫債券などを発行したいという商談をも受けるようになった。そうした起債商談を申込んできたのは旧ロシア帝国、フランスおよびイギリスの三ヵ国であって、わが国側としては四年〔1915〕秋冬の交から七年〔1918〕冬までの間に、イギリスに対して二億八千五百万円、フランスに対して一億三千三百万円、旧ロシア帝国に対して二億四千万円、合計六億五千九百万円の公債を引受けた。これらの大蔵省証券や国庫債券の引受はだいたい三通りに分かれ、一はわが国庫の所属に係る在外正貨、二は預金部または臨時国庫証券特別会計、三はシンジケート銀行団の各引受によるものである。すなわち一と二とは政府自身の引受に係り、三だけが民間の引受によるものであって、三の銀行団の引受による発行はすべて「円」勘定によるものとし、その額はイギリス一億円、フランス同じく一億円、ロシア帝国一億二千万円、計三億二千万円を算した。

ちなみに、これら三国の公債のうち、イギリスおよびフランス二国の分は戦後にわたって一回ないし数回の借替を続行したが、十三年〔1924〕十二月二十九日にニューヨークにおいて支払われたフランス「円国庫債券」の一口二千五百万円を最後として全部現金償還された。

かく両国政府が現金償還を実行したのは、わが国における金利の国際的割高のため、これら諸国の側で借替を不利と認めたことが主要な一動機をなしていたようであった。しかるにロシア帝国は六年〔1917〕春の革命後、国情が一変して、労農新政権は七年〔1918〕一月二十五日付の公文をもって、いわゆる外債破棄の宣言を発し、債務履行の意思なきことが明らかになったので、わが政府はいわゆる対露債権のうち、シンジケート銀行団の引受けに係る同国の大蔵省証券計一億四千四百余万円（利子を含めて）の処理に関し――その他、民間持ちに係る旧ロシア帝国政府支払証明書、同五分利付短期軍事公債など、計約五千二百万円も同様に――、わが臨時国庫証券の発行に際して、これらの旧ロシア帝国証券による乗替応募をなさしめ、また臨時国庫証券特別会計自身の引受に係る旧ロシア帝国大蔵省証券九千五百余万円とともに、合計約二億九千二百万円全部を国庫に肩代りして、対内的にはひとまずこれが解決をつけたのである。その後、十四年〔1925〕一月に成立したいわゆる日蘇基本条約の付属議定書において、「前露西亜《ロシア》国政府（中略）及《および》之を継承したる臨時政府の発行したる公債及《および》国庫証券に依り日本国の政府又は臣民に対して負える債務に関する一切の問題は（中略）将来の商議における調整に留保せらるゝことを約」したが、これとても、その後、空文同様の状態において推移してきたのである。

対中国借款

一　大戦前の対中国借款

これらの連合与国に対する財政援助のほか、この間における海外投資のおもなものに対中国借款がある。もっとも中国に対するわが国からの投資は、大戦中に初めて実行されたものではなく、すでに明治年代以来相当に古い歴史をもっている。わが国側としての対中国借款商談の皮切りは、つとに明治十年〔1877〕一月中、わが政府の命により第一国立銀行と三井物産会社とが、当時の清国政府に対して二百五十万両《テール》および同国の招商局に対して百万両を貸付けるため、渋沢栄一と益田孝とが上海に渡り、同国の左宗棠と商議をしたのがそれである。このうちの清国政府に対する借款のほうは仮調印までおわったが、細目の条件に関して交渉がととのわず、ついに双方の分ともに破談に終った。その後、明治年代において多少の事業投資が行われたが、それとても特に見るに足るほどのものはなかった。

しかるに同国においては、たまたま明治四十五年〔1912〕二月に袁世凱大総統のもとに共和政府が成立して、いわゆる南北和平統一のために巨額の政費を要することになったので、イギリス、フランス、ドイツ、ロシア、アメリカおよび日本の六ヵ国資本団は共同投資団を組織して、その借款に応ずることになった。それがいわゆる六国借款団であって、その借款団が成立したのは同年三月であった。そして日本側としては、正金銀行が事実上、わが投資団の代表の格でこれに参加し、大正年代にはいって以来その借款が実行された。いわゆる善後借款がそれである。

かような経緯のもとに六国借款団は、まず「本借款」が成立するまでの繋ぎという意味で、その後、元年〔1912〕（明治は四十五年〔1912〕七月三十日で終る）の九月ごろまでに累計千二百万両の前貸をしたが、たまたま翌二年春にアメリカが借款団から脱退したので、六国借款団はここで五国借款団となった。アメリカがこの借款団から脱退したのは、ちょうど、その折に同国の大統領がかわって民主党の政府となったのを機会に、対中国借款をもってその内政に干渉するゆえんであるとなし、民主党の主義にもとるという理由に基づくものであった。しかし、その真意のほどはとにかく、他の五国は五国だけの借款団で本借款を実行することになり、二年〔1913〕四月に善後借款英貨二千五百万ポンドを、五分利、九十パーセント、五十ヵ年とし、各国五百万ポンドずつを分担して引受けた。

もっとも当時のわが金融界は、前に述べたように、とうてい外国の公債などを消化しうるほどの余力をもっていなかったので、正金銀行はその分担引受に係る五百万ポンドを、内地で売出すことを避けて、主としてこれをイギリスおよびフランス二国で漸次に売出したのである。ところがヨーロッパ開戦にともなって借款団は当然にドイツを除外することになったところへ、旧ロシア帝国が革命の結果落伍したので、五国借款団はついにはイギリス、フランスおよび日本の三国借款団になってしまった。しかも、そのイギリスおよびフランス二国の資本団も大戦のために、対外投資などは思いもよらなくなったので、この借款団は事実上、自然解消に帰し、けっきょくその後の対中国投資は日本のひとり舞台という状況になってしまったのである。

二　わが対中国借款の概況および種別

そんな次第で、大戦中のわが国の対中国借款は五年〔1916〕春ごろから七年〔1918〕九月末までに、官民各種の投資を通じて合計三十件以上、その金額累計二億五千数百万円に達した。そのうちのシンジケート銀行団で引受けたものは、前の五国借款団で引受けた善後借款の延長にあたる第二次善後借款二口合計三千万円と、京畿水災借款五百万円とであって、その他は、いわゆる西原借款に属する八口一億七千万円、預金部の興業債券引受による興業、朝鮮および台湾三銀行の第一次および第二次交通銀行借款の計二千五百万円のほか、正金、朝鮮、台湾、興業各銀行、中日実業、南満洲鉄道、三井物産、大倉組、東亜興業などの諸会社の単独引受によるものである。これを性質別にすると、だいたい、政治借款と経済借款とに区分することができるが、問題となったのは、その双方にわたっているいわゆる西原借款である。これは他の借款とははなはだしく趣きを異にするところがあるので、今少しくその事情、内容、経過などを詳述しておきたいと思う。

三　いわゆる西原借款

一般に西原借款と称されているのは、一　京畿水災五百万円、二　交通銀行二千万円、三　有線電信二千万円、四　吉会鉄道借款前貸一千万円、五　黒吉林鉱三千万円、六　満蒙四鉄道借款前貸二千万円、七　山東二鉄道借款前貸二千万円、八　参戦二千万円、九　兵器三千万円、合計一億七千五百万円を一括総称したものであって、そのうちの一が水害救済という特殊の目的に出たものであるのを除くほかは、名目上から見ると、政治借款と経済借款との二通りに分けられるが、引受の形式および資金調達の方法は幾通りにもわかれている。

右のうち、京畿水災借款は前に述べたように、水害救済という特殊の事由によるものであるから、しばらくこれを別とすると、他の八口のうちで参戦および兵器の二口が政治借款に属するのを除く以外の六口は、いずれも経済借款である。それを引受者または資金調達の方法別に区分すると、四通りに分かれる。第一、京畿水災借款は前に述べたとおりシンジケート銀行団の出資、第二、交通銀行借款は預金部の興業債券引受、第三、有線電信、吉会鉄道、黒吉林鉱、満蒙四鉄道および山東二鉄道の各借款は、日本政府の元利払保証を条件とする興業債券の発行によるもの、うち、有線電信および黒吉林鉱の二口は中華涯業銀行を、他はすべて興業、朝鮮および台湾三銀行をそれぞれ債権者とし、第四、参戦および兵器の二借款は双方を通じて、臨時国庫証券特別会計による中国政府国庫証券三千二百八万一千余円および中華民国国庫証券一千八百四十四万円、合計五千五十二万余円の引受となっている。

兵器借款については、目的、条件その他内容いっさいが全然発表されなかったが、その他の借款については八年〔1919〕四月の上・中旬にわたって、日、中両国政府協定の上、双方において各予備契約書その他関係公文書のいっさいを発表した。それによると、経済借款はそれぞれの名目に関する事業資金の融通を目的としているが、参戦借款は以上の経済借款とはまったく趣きを異にしているのであって、純政治借款である。これは「日本及《およ》び中華民国陸軍協同防敵軍事協定の趣旨に基づき中華民国政府は完全なる協同動作を為し得る国防用軍隊の編成及《およ》び戦争参加に要する経費に充てんが為」め、興業、朝鮮および台湾三銀行において中華民国政府国庫証券を引受けるというのであって、「別約」として、「本借款金は中華民国国防軍隊を直接主管する機関に属する経理主任に交付する」という条項が付帯されている。

かように以上の借款は、いずれも表面上は興業、朝鮮および台湾の三銀行なり、または中華匯業銀行なりが、各自の自発的意志に基づいて、それぞれの債権者となっているもののようであるが、事実は日本国政府自身の外交政策に出た中国政府に対する財政的援助であって、それがために、或いは預金部や臨時国庫証券特別会計の資金を利用したり、または政府自身で当該興業債券の元利払を保証したりしている。その上、これらの借款契約の締結に際し、当方としては特に外務大臣後藤新平の名をもって、当時の駐日民国公使章宗祥にあて、「帝国政府は欣然支那国政府の声明（注、借款による鉄道建設その他企業の件）を了承すると共に日本国資本家をして本借款の商談に応ぜしめんが為、速《すみやか》に必要なる措置を執るべきことを茲《ここ》に致言明候《げんめいいたし》」という（七年九月二十四日付）覚書を提出している（外務省発表）のであって、右の三銀行や中華匯業銀行は、むしろ、かかる外交政策上の手段として利用されたような関係にあったのである。

では、当時の日本国政府すなわち寺内内閣が進んで、かような対中国借款に尽力した理由はいずれにあ

ったかというと、同内閣としては、これらの借款が成立した直後に総辞職したので、議会その他において
これが公表の機会を得なかった。しかし同内閣の蔵相であった勝田主計が辞職後に公にした著述（同氏述、『菊の根分け』）によると、第一には「日本が国際貸借に於て貸方勘定が多くなる。日本に資金が溢れる。（中略）是等の事実は連合国援助、其他経済的放資に依つても大《おお》いに緩和することが出来た」という通貨政策上の必要に基づくものであって、つまり通貨膨脹の緩和ということが一大眼目となっていたのである。しからば、それがために、なぜ特に対中国投資に重きを置いたのかというと、
「日本の国民経済上或は国防上、将来に亙つて独立を保つて行く為めには、支那に拠らなければならぬと云うことは明らかなことである。又帝国は東洋の先覚者としては支那を開発して之を文明に導き、立派なる一国として東洋に存在しめることを極力努めねばならぬのであつて、（中略）此意味に於て支那に対して経済上の投資をすると云うことは日本の天職であり、又事柄は支那並《ならび》に世界に向つて極めて正義なる事柄である。（中略）是等の趣旨を以て自分の在職中には、支那に対する投資は連合国の援助に続いて重きを置き、矢張政策の一として極力これを実行したのである。」
というのであって、このほうは、要するに日中共存共栄というわが国の伝統的方針に即するものであるから、この点より見れば、或いは事のよろしきを得たものであったともいえよう。

四　西原借款に対する批評

しかし、いっぽう、この当時における通貨の膨脹、したがってこれが調節を行う必要ありとする通貨政

策上の理由は、しばらくこれをおくとしても、他方、これを当時の中国側の国情に顧みると、時の段祺瑞政権なるものは必ずしも安固とした立場を保持していたわけではない。ことにいわゆる南方派の勢力は、つとに段政権に対する隠れた一つの脅威となり、その政治的地歩をじりじりと向上しつつあったような次第で、全体としての同国の政情は、たとい混とんとまでは許されないとしても、とにかく濃厚な不安に掩われていたことは否定されない。そんなわけで段政権としては経済的開発事業などに進出するような余力はほとんどなく、いわんや「協同防敵」のためにする「国防用軍隊の編成」などにおいてをやで、要するに西原借款の使途が実際上はなはだしく不確実であり、また投資としての安全性を欠いていたことは、世間一般としても、ひそかに危ぶんでいたところであった。かりに段政権がこれらの借款資金を忠実にその使途に振向けたとしても、当時の同国政府そのものが、朝にして夕の運命をも測られないような状態にあって、一朝、政変をひき起したならば、借款契約のごときもはたしてどうなるかわからないということは、当然に考慮されなければならなかったはずである。にもかかわらず、寺内内閣がかかる危険を冒してまでも、なお、かような借款に尽力したのは、つまり段政権の実力、したがってその永続性を過信し、いわゆる援段政策に偏するというあやまちをおかしたものであるというので、当時すでに世間の非難はようやく高調されていたのである。

次に、今一つはわが国内の通貨、金融政策に関する問題である。この点に関しても、政界、言論界などには幾多の異論があって、当時、同内閣を支持していた政友会のごときすら、著しく方針を異にしていたもののようである。なるほど、当時のわが国における通貨膨脹の状勢は、後に改めて述べるように、おそらく未曽有の現象であったと評してもよかろう。「資金が溢れる」ほどであったか否かは、あえて問わないとしても、国際受取超過の増加にともなって、はなはだしい片為替の傾向を招来したことは明らかな事実である。しかし、国内経済界の状況に顧みると、資金の需要はますます増進して金利は高騰し、銀行は預金の争奪を演ずるというような有様であり、その間には幾多の不堅実な企業や投機思惑なども続出したから、不堅実な企業や投機思惑などを抑制する必要は別として、とにかく、いっぽうでは、経済界将来のために金融の不自然な梗塞を緩和し、低金利への状勢を馴致するということもまた考慮に入れておかなくてはならないはずであった。この意味からすると、通貨の減量そのことに重きをおいての海外放資ということは、むしろ事実に即しないともいうべく、少なくとも西原借款のような長期かつ不確実の海外投資は、通貨、金融政策上からしても非認さるべき状勢にあったように思われる。

五　借款の打切りと四国新借款団の成立

しかるに大戦の末期から休戦後にわたって、わが国内の金融状勢はとみに変化してきたところへ、中国側の政情もようやく不安に傾き、また対中国投資そのことが、国際関係上からもおもしろからぬ形勢になってきたので、寺内内閣に次いで成立した原内閣は、七年〔1918〕十二月中、いわゆる対中国不干渉に関する声明書を発して、わが国側からの同国に対する借款も、ここで打切ることになった。その当時、寺内内閣の閣僚であった後藤新平は、政党は、ややもすると国内のみに眼さきが走って、対外的施設を顧みないと評したが、前に述べたような事情とあわせ考えれば、原内閣のこの断案は実際に妥当するものであったようである。

そうしているうちに、外国側では日本の対中国単独借款ということが物議の種となったばかりでなく、アメリカのごときは、わが国に対し、特にその単独借款が政治上の目的を有するという点を非難して、抗議的な意味を宿した照会をすら持込んできた。そして同国政府はついにイギリス、フランスおよび日本の三国に対し、それにアメリカ自身を加えた四国により、対中国旧借款団に代るべき四国新借款団の組織を提議して、各国政府の同意を得たので、八年〔1919〕五月中、ちょうど大戦の講和会議がヴェルサイユにおいて開かれたのを機とし、パリにおいて関係諸国代表の協議会を催した。その協議会において新借款団の組織に関する大綱を決した後、引続き各国間で商議を重ねた結果、九年〔1920〕十月十五日ニューヨークにおいて、いよいよ新借款団規約に調印を了した。そして日本としては、いわゆる満蒙特殊利権を除くほか、事業未着手の既成借款に対しては、すべて関係諸国に共同参加権を認めることになったのである。

戦時、戦後における対外債権債務の総勘定

一　外資輸入と対外投資との差引

以上に述べた連合与国に対する財政援助という意味での外国公債の引受通計六億五千九百万円、対中国借款通計二億五千万円のほか、大正年代にはいって以来、といっても実は大戦開始以来、休戦後の同八年〔1919〕までに、わが公私の在外債券を輸入した額は、概算二億三千三百万円に上る（大蔵省調査による）のであって、こうしたいわば消極的な対外投資をも合わせると、けっきょく大正前期を通じての対外投資総

額は十一億四千三百万円に達する勘定であった。

なお、このほかに大正前期間にわが外貨国債を償還した額が、借替による分（一億二千三百余万円）を別にして一億六千三百余万円を算したが、前に述べたとおり、わが国は大戦前に外国で数次の起債を続行しているから、双方を差引すると、けっきょく国債においては一億二千六百万円方の償還超過となる。もっとも、地方債や社債にあっては多少の起債超過となっているので、これらの公私外債の増減を総差引すると、総差引四千四百余万円の債務減額となる勘定であった。

かように大正前期を通じて、わが公私の外資輸入と対外投資との総勘定を付けて見ると、つまり、わが国はこの期間に四千四百万円方の債務を減少するとともに、十一億四千三百万円という債権を有することになったわけである。明治の末期から大戦開始前後にわたり、正貨準備対策が朝野を挙げての大問題となった当時の状況と対照すると、対外経済関係消長の跡は誠に感慨に堪えないものがある。そして、これらの公、社債に関する資本の国際的移動において、貸借関係の逆調をかくも著しく緩和せしめた動機は、ひっきょう、わが国の貿易の出超および貿易外受取勘定の激増にほかならないが、その国際受取勘定の増加は同時にまた正貨在高の増加をともなったから、以下、ついでにこの期間における国際貸借関係の総決算を概観しておくこととする。

二　貿易および貿易外収支と資本移動との総決算

貿易および貿易外の収支が、この時代にあって順調を示したのは、これを年別に見ると、双方ともにヨーロッパ開戦の翌四年〔1915〕以降のことであって、貿易のほうは休戦の翌八年〔1919〕来、逆調に再転したけれども、貿易外収支のほうは、なお引続き受取超過を算した。ただしその貿易外受取勘定も十年〔1921〕以降においては、とみに減少したので、こうした事情により、正貨在高の増加傾向は十年〔1921〕一月末に峠をきわめた後、一転して漸減歩調をたどってきたという経過にある。そこで、まず、これを貿易額について見ると、四年〔1915〕ないし七年〔1918〕の四ヵ年を通じて、出超額の累計が十四億円、次に同期間中の貿易外受取勘定が十三億四千万円、すなわち戦時中に、だいたい二十七億四千万円という受取勘定になったが、右にいうとおり戦後においては、八、九両年〔1919-20〕を通じて貿易は六億七千万円の入超となったにもかかわらず、貿易外の収支はかえって九億二千万円の受取超過を算したので、けっきょく、この二年間を通じての国際収支は差引二億五千万円の受取超過となった。そこで、これを右の戦時中における受取分と通算すると、わが国の国際貸借関係が順調を維持していた九年〔1920〕末までに受取超過となった額は、通計大約三十億円に達したわけである。

かくて、わが正貨在高は十年〔1921〕一月末に二十一億八千三百万円に達して、ここにその最高記録を作った。試みに右の九年〔1920〕末現在のわが対外資産および負債の（正貨を資産として）総勘定を、三年〔1914〕の開戦前におけるそれと対照する（井上準之助著、前掲『我国際金融の現状及改善策』）と、戦前には国債、地方債および社債を通じての負債合計が十九億円を算したのに対し、資産は日本銀行正貨準備一億三千万円、在外正貨二億二千万円、海外放資四億六千万円、合計八億一千万円、差引十億九千万円という負債勘定になっていたのに反し、九年〔1920〕末には同じく負債合計十六億円に対して、資産は日本銀行正貨準備十一億一千万円、在外正貨十億六千万円、海外放資二十二億円、合計四十三億七千万円、差引二十七億七千万円の資産勘定を確保し得たわけである。

そして、ここにいわゆる海外放資は、すでに述べた外国政府公債の引受および対中国借款のほかに、戦前にあっては中国の各地方における会社の払込資本金または個人の企業投資などを含め、また戦後にあっては、そうした対中国投資とともに、イギリス領マラヤ、イギリス領およびオランダ領インド、フィリピンなどに対する栽培事業投資、その他南洋方面に対する各種の事業投資をも包括しての勘定であって、この意味での資産と負債との総勘定は、右のように戦前には約十一億円の借金となっていたものが、戦後には二十七億七千万円の財産ができたというふうに見なしてよいわけである。このことは、いうまでもなく、わが国が全体として、一躍、成金国になったことを意味するものであり、したがって、こうした俄分限《にわかぶんげん》が、後年わが国民経済の消長を左右する上に重大な影響を及ぼしたことは、是非もない次第であるといわなければならない。

金融市場の発達

各種市場の状勢

一　金融界の経過

かようにわが国の資本市場は大戦の影響を受けて、対外投資とか在外邦債の輸入とかに画期的な活躍をなしたほどであるから、金融界一般もまた非常な発達を遂げたことはいうまでもない。ただしこの場合においては、わが経済界の好転が、最初は輸出貿易、特に中国南部、南洋方面などに対する新販路の開拓、連合与国に対する軍需品の輸出などにともなって招来された関係上、前述のように、いきおい、まず外国為替業務の伸展とか、軍需品代金の支払などのために発行した外国債の引受とか、そうした国際的方面における金融界の活動を促したものであって、国内金融市場の活躍は、むしろその国際的活動に追随してきたような傾向にあった。

金融市場としての活動が盛んになってきたのは、だいたい、五年〔1916〕の下半期にはいって以来のことであって、その以前、ことに大戦開始前後のころまでは一般に閑散な状態を持続していた。この当時における銀行の営業時間は、日本銀行が午前九時から午後三時までとなっていたのを除くほか、一般には、午前九時から午後四時までを原則としていたが、後年から顧みれば、余暇の多分にあったことはまったく隔世の感ありとでもいうべきか。その当時には、実務に携っていたものも、往々にして無為に苦しむようなことすら少なくなかった。それが五年〔1916〕、六年、七年と、戦争景気の上昇にともなって、ますます多忙に向かい、戦後にはいよいよ繁激をきわめて、とうてい応接にいとまなく、また行員の保健上にも堪えられなくなったので、ついに九年〔1920〕一月中、組合銀行は協議の上、翌二月二日から閉業時間を午後三時限りと改定したのである。

この期間中、特に大戦開始後における金融市場の大勢を概観すると、最も著しい傾向が二つあった。一つは資金需要の激増にともなう金融の大繁忙であり、他は銀行の合併、増資等による資力の充実であって、一般的には前者が後者の一因をなしていたといってよい。いずれにしても、こうした傾向は財界の急激な発展にともなう当然の現象にほかならなかった。まず金融繁忙の状況を顧みるに、資金の需要は、すでに述べたとおり、為替または事業に関する特殊銀行側において最も急をつげたようであった。それがために、たとえば正金銀行は普通銀行から定期預金を受入れようとつとめたり、或いは台湾銀行は五年〔1916〕十一月から、また興業銀行は翌六年の七月から、それぞれにいわゆる信託預金の受入を開始したほか、同行は七年〔1918〕三月からその信託預金の利上げをなしたなど、そうした特別の手段に訴えて資金の吸収につとめるところがあったのも、ひっきょう、この間の消息を語るものである。

この景気の上昇期にあたっていた五、六、七年〔1916-18〕ごろには、前後を通じて金融はほとんど一途に繁忙に向かい、金利は全般的に硬化の傾向をたどって、市場の割引日歩は東西ともに、だいたい一銭二、三厘内外から漸騰状勢を持しつつ、一銭七、八厘どころまでを往来し、コールは五年〔1916〕下半期中には最低四、五厘から最高一銭七、八厘程度を唱えていたのが、七年〔1918〕下半期ごろには最低一銭内外から最高二銭内外を呼ぶようになったという状況であった。もっとも、一面においては景気の上昇にともない、銀行の預金もとみに増加の歩調をたどってきたが、何分にも金融が繁忙に向かい、銀行としても資金の需要が盛んになってきたところへ、右に述べたように、特殊銀行が信託預金の受入を開始したり、さらにその利上げを試みたりしたことは、いきおい普通銀行における預金の増勢に多少の影響を及ぼさずにはいなかった。そこで六大都市の組合銀行はこれに対する自衛の意味をも兼ねて、六年〔1917〕十月中、預金協定利子の引上を実行した。ただし、この場合には、東西の金融状勢に多少趣きを異にするところがあったため、東京、横浜および名古屋が定期一分上げの年五分、当座二厘上げの日歩六厘と改めたのに対し、大阪、京都および神戸は同じく五厘上げの年四分五厘および一厘上げの日歩五厘に止めたのである。

かく預金協定利子が東の方で上ざやに決められたのは、必ずしも特殊銀行における信託預金の吸収が、主として東京において行われたがためというわけではあるまい。しかし信託預金利子のほうは銀行預金利子よりも高率で、たとえば台湾銀行の信託預金のごときは最低保証利率が年五分五厘、実際利回りが六分五厘にもあたるという振合いにあったがために、普通銀行としては、たとい従来の預金を奪われることはないとしても、当時つとに競争的傾向を呈していた普通銀行相互間の預金吸収を、ますます競争的ならしめるような一因とならずにはいなかった。この時、三十四銀行の小山健三のごときは、普通銀行においても同種の預金を始めようかなどと、皮肉な一言を洩らしたことさえあった。そこで大蔵省当局者としては金融界の安定を保持するためには、とうていこれを放置されないものと認め、七年〔1918〕七月中これらの特殊銀行に対し、その不服にかまわず、断乎として新規の信託預金の受入を禁止したのは卓見であったといってよい。

もっとも信託預金のみならず、一般の信託業務を営みたいという希望は、前述のように、当時、普通銀行業者の間にも、ようやく高まってきた一面には、「信託」なる名称のもとに不正金融業を営もうとするものも続出するような傾向にあったので、政府としてはこれが適法かつ正当な発達を助成するため、信託法および信託業法を制定してはどうかという意向のもとに、外国の実状に照らしてこれが調査に着手し、後に十二年〔1923〕からその実現をみた。

二　預金争奪と預金利子協定

かくて特殊銀行の信託預金問題は一段落をつげたが、一般の資金需要はやはり切実なものがあった。かつ財界の好況がいよいよ、たけなわになろうとするにともなって、一般の資金需要はますます盛んになり、ことに東西有力銀行の支店増設の傾向は、いわゆる支店網計画へと発展していったいっぽう、大事業家、大資本家などの間には自家経営の事業に要する資金を自給する目的をも兼ねて、各自に銀行を新設するものが続出してきた。たとえば浅野昼夜銀行——大正五年〔1916〕四月、もとの日本昼夜銀行を改称し、後にふたたび改称して日本昼夜銀行に復名した——（七年〔1918〕三月）、東京古河銀行（六年〔1917〕九月）、若尾銀行——ただし組織変更と同時に増資した——（六年〔1917〕九月）、藤田銀行（七年〔1918〕一月）のごときがそれである。かくて預金の吸収がだんだんと競争的になり、したがって預金利子は、いきおい高騰して、定期年六分台から七分台を呼ぶにいたり、当時の新聞によると年八分五厘というものすらあったと伝えられている。

もちろん、かような法外の高率を付したものは、多くは二流以下の銀行に限られていたようであるが、しかも、なお二流以下の銀行などにあっては、預金の吸収難を免れないところから、なかには担保付預金というような新手の吸収策をすら案出するにいたったものもある。これは銀行が自行の所有または引受株券その他の有価証券などを担保とし、支払保証の趣旨をもって、これを預金者に交付し、そして預金をしてもらうという方法であって、実は銀行自身の信用が薄弱であることを表白すると同様の屈辱的な窮策にほかならない。それにもかかわらず、いかがわしい銀行の間には相当にこの手を用い、その結果預金者に迷惑を及ぼしたものも少なくなかったようである。

かように預金吸収の競争がますます著しくなってきて、銀行間にはさながら争奪戦の傾向をすら激成するにいたった。かくては銀行各自の基礎を不堅実に陥らしめるばかりでなく、金融界全体のために弊害の測り知られないものがあるので、この状態にかんがみ、時の高橋蔵相は日本銀行当局者を介して、まず東京、大阪および名古屋の各銀行団に対し、新規の預金利子協定を締結するように勧めた。ただし同蔵相としては、その勧告が世間から干渉とみられるのを避けようという趣意から、新聞などには銀行団が「以心伝心」、政府の意向を体し、自発的にかつ自治的にこれが協定を締結したものであると声明し、また、それはたんに預金利子に関して協定を維持するというだけでなく、むしろ銀行業者相互間の精神的協調を助成し、もって経済界の健全な発達の一礎石たらしめようとするものであると弁明していた。もっとも池田成彬著『財界回顧七十年』によると、この協定は、かれが時の水町（袈裟六）日銀副総裁を動かして画策したようになっているが、当時、佐々木勇之助、池田謙三のごとき長老は、このことに気乗り薄であったから、水町がこのように動いたというのも真相であったろうと思われる。

それはとにかく、かような預金争奪の傾向のごときは、堅実な銀行としては、もとよりできるだけこれを防止したいと望んでいたことであったから、七年［1918］十二月六日に右の東京、大阪および名古屋三銀行団の間にこれが協定を締結した上、同月十二日（東京）ないし十五日（大阪）から、それぞれこれを実施した。そして引きつづき横浜、京都、神戸その他各地の組合銀行もまたこれに追随して、漸次それが全国的に普及し、その後、利子や規約に関して幾たびも改正が施されたが、いずれにしても、これは従前の最低率基準による制度を一変し、預金利子協定制度に一転機を画したものであって、その点においては金融制度上、重要な意義を持つものといってよい。すなわちこの協定制度は従来のように預金利子に関するたんなる目安として、四、五の主要銀行間に最低協定利子を申合わせるだけではなく、一定の最高限度を設けて、それに少しばかりの「勉強率」を許すほか、それ以上の高率は絶対にこれを禁ずるという趣意のものであって、利子の割合や違反者に対する制裁規定などに関しては、各組合によってそれぞれに多少の異なるところはあるが、こうした協定規約のたてまえにおいては、全国まったく共通しているのである。

右の三大都市組合銀行の協定においては、協定利子に関して二本建主義を採り、すなわち加盟銀行を甲乙二種に区別して、たとえば東京においては定期を年五分五厘とし、それに対して甲種銀行は六分まで、乙種銀行は六分二厘まで、当座は日歩八厘を基準として、同様に甲種は一銭まで、乙種は一銭一厘までの勉強率を認めることにした（地方によっては甲乙丙の三種としたところもあった）。かく差別規定を設け、かつ適用率に屈伸性を持たせたのは、実施当初、なるべく協定の維持を容易ならしめるための暫行的便法であった。その代り、他の一面においては制裁によってこれが励行を厳守させる方針を採り、違反銀行に対しては——協定組合の制規は必ずしも一様ではないが——手形交換所組合と連絡して、その組合から除名することに決めた。その後、規約について数次の改正が行われたが、とにかく預金利子の協定は、ここに初めて全国的かつ自治的に完全な実現を見るにいたった。それが従来はなはだしく乱雑をきわめていた金融界を刷新する上に一大礎石となったことは、わが銀行史上特筆に値するところであろうと思う。

三　ビルブローカーの発達

さて、かように多くの銀行は営業の発展拡張にともなって運用資金を充実する必要上、いきおい預金の吸収につとめなければならなかったが、ことに一般商工業の取引が大量になってきたところへ、物価が暴騰して、銀行の貸出は一般に大口になり、かつ、かかる大口の貸出がますます増加してきたために、銀行としては、どうしても資力の増大を要することになってきた。この間の事情については、便宜上、後に預金、貸出、手形交換、その他銀行業務および金融に関するあらましをまとめて述べるところに譲ろうと思うが、なお、このほかに、当時の金融界における重要な新傾向として見のがすことのできないものはビルブローカーおよび起債市場の発達である。

わが国においてビルブローカーという名称を使用しはじめたのは明治三十二年〔1899〕中、東京で開業した諸井時三郎である。その後、同三十五年〔1902〕中、大阪の藤本清兵衛がこれにならってビルブローカーをはじめ、かくてビルブローカーは明治年代から金融界に多少の役割を勤めていたには相違ない。しかし、それはほとんど、いずれも個人組織のもとに経営され、おおむねたんなるコール取引の仲介か、手形割引の周旋かにより、いわゆる口銭かせぎを業としたランニング・ブローカーの一種にすぎなかったようであって、取扱高のごときも見るに足るほどのものはなかった。

ところが戦時中に金融市場がとみに発達し、市場資金の需給関係が著しく拡大してきた結果、従前はコールといえば、手形交換尻の決済とか、その他特殊の臨時的資金の需要に際して、多少の利用をみたにすぎないという有様であったのが、戦争景気の上昇当時にあっては、特殊銀行が為替その他の資金を調達するために続々と大口のコールを吸収するようになったほか、金融市場一般もだんだんとコールの需要と供給とが増加してきて、それがためにビルブローカーの活動範囲はにわかに拡大されてきた。したがってビルブローカーとしては、その組織を従前の個人もしくは個人的経営から、新たに法人に改めるとともに資力を充実し、たとえば小池銀行（六年〔1917〕八月小池合資会社を改称）とか、藤本、柳田（八年〔1919〕九月個人名義からビルブローカー銀行と改称）、増田各ビルブローカーとかいうような、いわゆるビルブローカー銀行が続出してきた。同時にまたそれらの比較的有力なビルブローカーは、従来のような、いわゆる口銭かせぎの域から進出して、自分自身の営業資金に利用するためにも、コールを吸収して手形割引などを営むというふうになり、たとえばイギリスにおける割引業者のような業態をとるものもできてきたのである。

かようにビルブローカーが発達したことは、もともと金融市場の発達にともなう当然の現象であったし、そのビルブローカーの発達が金融市場の円滑な運行上に少なからぬ寄与をなしたことも、もちろんこれを認めなければならない。しかしまた一面において、ビルブローカーが不堅実な金融のなかだちとなり、自身もまた不良手形の割引などをあえてして、金融界を不純ならしめる動機をなしたことも掩うことのできない事実である。たとえば後に述べる増田ビルブローカーの破綻のごときは、いわば、その一実例にすぎない。ことに後年、金融界のガンとなったいわゆる単名手形のごときは、このビルブローカーが一つの有力な禍因を作ったものであるし、またその弊害については、つとに金融界で問題となっていたのである。

四　起債市場の生成

かくてコール市場が著しく発達したほどであるから、社債および株式の発行もまた盛んになり、ことにわが国ならびに外国の大口の国債発行が続行されたのにともなって資本市場はとみに発達した。わが国で起債市場と称しうるものは、事実上この期間に生成されたといってよい。もっとも、こういっても、大戦前には起債市場そのものが存在しなかったという意味ではない。もちろんそれは明治時代から存在してはいた。すなわち明治四十三年〔1910〕に四分利公債の発行に際し、神田、小池、福島の三仲買人がその下引受の組合を作ったころが市場の萌芽といってよいかと思うが、その市場はきわめて微力なものであった。

ことに明治の末葉から大正の初頭にわたるころには、前に述べたように、公私ともに外資の輸入につとめざるを得ないような状態であって、一般の起債市場としては、ほとんど睡眠状態を持続していたのである。

しかるにヨーロッパ開戦後、さきに述べたように連合与国の政府から起債商談を申込まれて、わが金融界としては、さながら長夜の眠りから覚まされたように、にわかに活気を呈してきた。その最初に交渉を受けた相手かたは旧ロシア帝国であって、開戦の翌四年〔1915〕の初冬のことであった。しかし、この当時にあっては、わが国において外国債を起すということは、まだ経験を有しなかったから、政府としてはこれに関して、まず日本銀行と協議を重ねた上、東西の有力銀行各数行に対して、その引受け方をすすめ、以後しばしば日本銀行および東西の有力銀行との間に商談を重ねた。そして旧ロシア政府との間にいよいよ交渉が成立するまでには約四ヵ月を要したというような有様であった。とにかく、その起債談が成立して、同国政府の大蔵省証券五千万円の発行をみたのは、翌五年〔1916〕の二月八日のことであった。この旧ロシア帝国大蔵省証券発行の引受に参加した銀行は、東西各七行のほかに特殊銀行四行を加えた十八行であって、それには、たんに「組合銀行」というだけの名称を用いていたが、実体はいわゆるシンジケート銀行団であって、加入銀行は左の通りであった。

（特殊銀行）横浜正金、日本興業、台湾、朝鮮。
（東京側）第一、第三、十五、第百、三菱、三井、安田。
（大阪側）浪速、三十四、住友、鴻池、山口、近江、加島。

元来、このシンジケート銀行団が成立したのは明治四十三年〔1910〕二月、当時の第二次桂内閣が既発行の五分利公債を四分利公債に借替えたときのことであった。このことは、明治編中で述べておいたように、銀行団は政府のすすめにより、日本銀行の引受けた公債の下請をなすという意味で、「下請銀行組合」という一団を組織したのに始まる。これに加入した銀行は、

(特殊銀行)横浜正金、日本興業。

(東京側)第一、第三、十五、第百、三菱、三井、安田。

(大阪側)浪速、三十四、北浜、住友、鴻池、山口。(この場合、大阪側で加島銀行が加入していないのは、その事由が明らかでないが、おそらく当時の同行は、なお他の六大銀行に伍するまでにはいたらなかったのではなかろうか。)

の十五行であったが、右の旧ロシア帝国大蔵省証券を引受けたころには、台湾、朝鮮の二特殊銀行が加入していた。いっぽう、大阪側においては北浜の脱落と近江、加島の加入との出入りがあったので、差引十八行に増加していた。以来このシンジケート銀行団はイギリスおよびフランス二国の公債のほか、対中国借款の一部をも引受けたことはすでに述べたような次第である。

そうしている間に、六年、七年[1917, 18]と引続いてわが政府の公債発行計画もだんだんと増進されてきたので、シンジケート銀行団は、もちろん引続きそれら国債発行の引受にあたってきた。ただし、自国公債の引受にあたる場合には、右の十八行のほかに名古屋の三銀行、すなわち愛知、名古屋、明治を加えることになって、以来その合計二十一行が一団となるのを常としていた。当時の新聞などに、前者を外債シンジケート銀行団、また後者を国債シンジケート銀行団と報じていたのは、この両銀行団を指すのである。

かような組織もしくは制度は、その後、地方債や社債の引受にも準用されて、たとえば旧東京市債とか旧南満洲鉄道会社の社債とかに対しては、これが引受にそれぞれ別個のシンジケート銀行団が組織されている。もっとも、それらのシンジケート団はおのおの別に参加銀行の離合が一様ではなく、また地方別に、たとえば東京なり大阪なり、おのおのその地方関係にしたがって組織されているものもある。ただし市債や社債に関するシンジケートは国債シンジケートよりも一般に参加銀行が少数であり、また社債の発行が盛んになったのは、大正の末葉ないし昭和年代にはいって以来のことである。これらの銀行団が続々と成立したことは、いうまでもなく起債市場の発達を反映するものであるが、それについては後に改めて述べるところ（「整理時代における財界の大勢」章「起債市場の発達」節参照〔後巻所収〕）に譲ることとする。

銀行資力の充実

一　銀行の合同と政府の促進策

それはとにかく、金融市場がかように著しく発達して、取引がだんだんと大口になったことは、おのずから都鄙を通じ、比較的大資力の銀行をして増資を実行しめる動機となったとともに、比較的小資力の銀行をして、いきおい営業難に陥らせるような傾向を招来し、それがために、おのずから銀行の合同がしきりに行われるようになった。

もっとも銀行合同の傾向は前に述べたように、大戦開始前後の経済的難局に処して、預金の取付け騒ぎや休業が続出した当時から継続してきた全国的な現象であって、初めの間は不良銀行の「身の振り方」を付けるために行われた合併が多かったようである。それが景気の好転期にはいって以来は、資力関係または金融系統上の大勢に即して、積極的に合同を敢行するものが続出してきた。そうした傾向が特に著しくなったのは、だいたい六年〔1917〕の下半期以来のことのようである。ことにこうした銀行の合同については、一面において歴代の政府当局者が、なるべくこれを促進する方針を踏襲したのみならず、七年〔1918〕九月に成立した原内閣のごときは銀行合同の奨励を一つの政策として標榜し、まず、その手続上の改正に手を染めた。

その主要な事項を挙げると、一　およそ会社は合併の決議をなしたときは商法の規定によって、知れている債権者には各個にこれを通告しなければならないことになっているのを、銀行の預金者に対してはこれを要しないという除外例を認め、二　合併に対しての異議申立ての有効期間二ヵ月を、銀行に関しては一ヵ月で足ることに改めた点などであった。ただしかような手続上の改正は法律によらなければならないが、たまたま九年〔1920〕二月に衆議院の解散をみたので、その実現は多少遅延し、財界反動後の同年七月から施行された。これは合同奨励策としては特に重要視するほどのものではないが、とにかく政府の銀行合同に関する奨励方針が、この辺からようやく積極的になってきたことをうかがうに足るものといってよい。

二　増資の流行

この間、いっぽうには新銀行の設立も相当の件数を数えたが、合同の傾向はそれよりも、はるかに著しいものがあった。それがために全体としての銀行数は逐年減少し、有力な銀行の資力は増資とあいまってようやく充実されてきた。すなわち七年〔1918〕の上半期中から九年〔1920〕春の財界反動前後のころにわたって、前に述べた特殊銀行以外、興業銀行は六年〔1917〕八月に一千七百五十万円から三千万円に、また普通銀行にあっては、東西の一流銀行、たとえば東京では第一、十五、第百、三井、三菱、安田など、また大阪にあっては三十四、山口、住友、その他諸銀行が、一回または二回以上にわたって数割ないし数倍の増資を実行した結果、全体としての銀行の資本金は行数の減少と相反的に累増の傾向をたどった。

試みに全国各種の銀行を一括して、大戦前の二年〔1913〕末と同戦後の八年〔1919〕末とについて比較すると、前には二千百七十三行、この資本金額合計九億六百余万円、うち払込済み六億二千七百余万円にすぎなかったのが、後には行数が二千六十九行に減少して、しかも資本金は十八億六千八百余万円、うち払込済み十二億六千五百余万円という巨額を算している。今これを一行あたり平均額について対照すると、大戦前の二年〔1913〕末には資本金において四十一万余円、うち払込済み二十八万余円に止まっていたのが、同戦後の八年〔1919〕末には九十万余円の六十一万余円、すなわちともに二倍以上に激増している。もちろん、これは銀行の一口あたりの取引額が巨額になり、また取引件数が増加したのに促された結果と見てよい。さらにこれを支店または出張所数の異動状況に見ると、同期間に双方を通じて三千二百二十九から四千七百に増加している。これは特に大銀行のいわゆる支店網計画が、当時、流行の観を呈した事実を反映しているものといえよう。

要するに、この期間における金融界の発達は、銀行および銀行業をしてほとんど面目を一新させたほどに著しいものがあった。営業上、特に預金利子の協定などに関し、つとに自治的統制の傾向に進み出していたほか、銀行そのものの整理合同による集中の状勢にも相当見るべきものがあったことは以上のような次第である。しかしまた全体としての銀行を通じて概観すれば、何分にも銀行各自の活動がそれぞれ急激に発展したために、なかには内容のはなはだ不堅実化したものも少なからずあって、後年の金融恐慌の禍根が実にこの当時にはらまれていたことも見のがしてはならないところである。

こうした意味からすれば、当時のわが金融界は一大過渡期に処していたといってよいが、しかしこれは、ひとり金融界だけでなく、むしろ経済界全体としての重大な問題であったといわなければならない。後に九年〔1920〕の反動以来、昭和時代にわたって、幾多の難事件が続出したことから回想して、思いなかばに過ぎるものがあろう。

主要な諸事件

一　日本銀行関係

以上に述べた一般的経過のほか、この期間に金融界に生じた主要な事件について今少しく概説しておかなければならないものがある。その一つは日本銀行の見返品種類の拡張で、四年〔1915〕二月と、六年〔1917〕十一月との二回にわたって実行されたものである。もっとも、四年〔1915〕の場合には東京市債、日本郵船会社および大阪商船会社の株式を追加しただけであって、したがって六年〔1917〕の改正前における見返品はだいたい各種国債、東京および大阪各市債、イギリス、フランスおよび旧ロシア各国の円払い公債、大額勧業債券、正金銀行、南海鉄道、日本郵船および大阪商船各会社の株式にとどまっていた。この南海鉄道会社の株式は、いわゆる鉄道国有前に主要な鉄道会社の株式が見返品に供されていたのを、鉄道国有にともなって国債に振替えられたために、その際、国有漏れとなったものが、そのまま見返品として存続されたという事情によるものであった。

日本銀行はそういう事情にあった見返品制度を、六年〔1917〕の改正において根本的に刷新し、新たに数十種の品目を追加して、同年十一月十六日からこれを施行した。その施行に先立ち、この改正に関して日本銀行から発表された声明書によると、「今後経済界の発展は尚ほ一層大なるものあるべしと認めらるるを以て、之に応じて取引を円滑にして金融の疏通調理を助成せんが為め、（中略）出来得るだけ取引方針を営業的ならしむるの趣旨」により、「従来慣行し来《きた》れるが如き品目列挙主義は之を廃止し、優良なる有価証券と認められ得べきものの内より見返品を採択することとなしたり」。しかし「右の方針を採りたる結果、常に取捨加減を要するが故に其品目を公表すること能はざるは実に已《や》むことを得ざる次第」である。ただし「之が取捨の標準の如きは兌換券発行の責任ある本行の立場として、世間一般の標準とせるものとは自ら多少異る所あるを免れ」ないというのであった。なお、当時の新聞に報道された水町副総裁の談によると、品目採否の条件としては、人的信用が相当加味されるようになるということであった。とにかく、これによって見返品の採択に関する制限に著しく屈伸性が与えられたことは、もちろん金融政策上よろしきを得たものであったといってよかろう。

次に同行に関するもう一つの事件は、いわゆる日米金融協定の成立である。本協定は主として目賀田種太郎および浜口五雄の斡旋によって締結された一種の紳士協定であった。すなわち戦時ないし戦後にわたって彼我の国際金融上に起った変動または諸問題に関し、双方の意思疏通によって、その円滑を期するという趣旨に基づくものであり、これはアメリカとイギリスおよびフランスなどの諸国との間に、当時つとに実行されていたところにならったものである。それに関して七年〔1918〕一月に日本銀行から発表された声明書によると、「同行はニューヨーク連邦準備銀行との間に時々発生することあるべき業務上の便宜を計るの目的を以て」協定を締結したというのであった。協定の内容については彼我ともに公表しないことになっていたが、とにかく、これによって「両国金融関係に付《つき》一般的了解の下に相互関係を設け、今後必要の場合には相互に商議を行う」というのであるから、この協定趣旨のとおりとすれば、国際金融関係上、相当に重要な意義を有するものであったと認められるが、実際の運営については、めぼしいものはなかったのではないかと思う。

二　普通銀行関係

この間における普通銀行関係の比較的主要な事件としては、名古屋および京都における貸出利率協定について一言しなければならない。さきの東京および大阪における各大銀行の共同貸出利率協定が、事実上、うやむやに終ったことは、すでに述べたような次第であるが、戦後の八年〔1919〕二月には名古屋における地もとの有力銀行数行のほかに、東京の一流銀行の支店二、三も加入して、同様に貸出利率協定を施行した。これに引続き、同年十月中には京都においてまたこれが実現をみた。ことに後者は組合銀行としてこれを施行したのであったが、その成績はともに予期に反した。京都のほうは、当初の一、二ヵ月間は相当有効に維持されたようであったが、その後、特に八年〔1919〕十二月以来、金融の繁忙、したがって金利の高騰が著しくなり、翌九年の新春にはいって以来は最低利率の協定そのことが全然無意味になってきたので、いくほどもなく自然消滅のような不結果に終った。名古屋のほうは地もとの有力銀行が率先してこれを唱道し、最初はよほどの意気込みをもってその励行方を標榜し、かつ相当に強度の協定が結ばれ、違反者に対する警告、違約金の課徴、除名などの制裁規定まで設けたが、施行早々から、とかく、ゆるみがちになって、いくほどもなく解消されてしまった。そして貸出の協定が確実にその機能を発揮するようになったのは、昭和年代のことに属する。

その他、主として普通銀行に関する比較的著しい傾向としては担保付社債信託業が盛んになったことである。この業務は、もとは明治三十五年〔1902〕に興業銀行が開始したのをはじめとし、明治時代には特殊銀行および普通銀行でこれを営むものは、通計七行を算するにすぎなかったが、大正年代にはいって以来、同八年〔1919〕までに十二行を増加して、計十九行となったのである。

三　特殊銀行関係

以上のほか、この期間における金融機関の活躍について見のがされない現象は、特殊銀行の普通銀行業務への侵入と、同時にまたその特殊銀行と、前に述べたビルブローカーとの関係である。もっとも、一概に特殊銀行とはいうものの、この点に関して問題となったのは、主として台湾および朝鮮の両銀行であった。前者が大事業家または大商人、たとえば鈴木商店などに対して、思いきった巨額の貸出を行い、後者がいわゆる商事会社、ことに普通銀行が取引を応諾しないような比較的不堅実な分子を顧客として大口の融通を続行したことは、おのずから金融市場における資金の需要を増大して、金利を不当に高騰させた一大原因であったと認められる。しかも、それは各特殊銀行固有の業務とはなんらの交渉もない内地の一般事業資金に、大口の放資を続行したものであって、これに対し当時一部の新聞などでは、ずいぶん手きびしい攻撃論が試みられた。ところが、かような特殊銀行の営業ぶりをいっそう助長したものは、右に述べたビルブローカーであって、そのビルブローカーが台湾、朝鮮の両銀行を最も大切な顧客としたことは、やがて、わが金融界を不純ならしめる一動機となったのである。

前に述べたように、この当時における資金の需要は財界一般を通じて著しく増大し、コールの取引が非常に繁忙になって、たとえば新聞などに「コールで泳ぐ」という言葉が用いられるようになったほどである。しかも、それが二流以下の銀行やブローカー自身だけでなく、実にこの台湾および朝鮮の両特殊銀行が常習的かつ最大のコールの取手であったことは、金融界の変態を助長した一大原因であったといわなければならない。

かくコール取引が、とみに盛大になったのは五年〔1916〕の下半期にはいって以来のことであった。毎月の銀行集会所社員銀行営業報告を見ると、東京では五年〔1916〕十月までは貸出欄が貸付金、当座貸越、割引手形の三項目に区分されていたのが、その翌十一月から改正されて、証書貸付、手形貸付、当座貸越、手形割引のほかに、新たに「コール貸」なる一項目が分立され（大阪組合は後に十二年〔1923〕一月からこれにならった)、同月末の「コール貸」は三千三百余万円と注されている。以来「コール貸」は五年〔1916〕末には二千九百余万円にすぎなかったのが、六年〔1917〕末には八千六百余万円、七年〔1918〕末には九千百余万円と躍増し、八年〔1919〕末には、やや減少したけれども、なお七千四百余万円を算していた。もちろん、これはわが金融市場発達の一面を象徴したものといってよいが、かくして生成したコール市場は、当時にあっては大部分は不堅実な取引に終始していたのである。

四 信託業

なお、ついでにこの当時の信託業および信託会社なるものについて一言しておく。このころにはまだ信託法および信託業法は存在しなかった。その営業はだいたい不動産の管理という名目のもとに、他人の計算をもってする土地または建物の売買か、でなければ、その仲介かまたは金融の仲立ち、紹介、保証などに限られていたようで、大部分のものはまだ金融機関といいうるほどの業態を維持するまでにはいたらなかった。しかし、財界の好況にともなって当業者の数は著しく増加したばかりでなく、それがため、ことに個人営業に係るものなどのうちには不良な分子も少なくなかったようである。それで、かような不良業者と同一視されるのを避けたいという意味もあって、八年〔1919〕五月中、原則として資本金百万円以上の同業会社十二社だけで信託協会なる団体を設立した上、それによって同業者相互間の協調をはかることになったのである。

金融界発達の統計的概観

かように、わが国の銀行ないし金融界は大戦の前後を通じて画期的な発達を遂げたが、以上はその発達の状況をおもな事項別に概説したにすぎない。さらにこれを統計的に大観するため、大戦前の二年の分を基準として、八年〔1919〕の通貨、金融に関する重要な諸統計を対照し、その間、各事項に関する金額において、いかような移動があったかを、かいつまんで述べようと思う。なお計数は特に断りのないかぎり、いずれも年末現在高である。

まず、正貨在高においては、すでに述べたように、増加の絶頂は十年〔1921〕一月末の二十一億八千三百万円と注されているが、二年〔1913〕末の三億七千六百万円から八年〔1919〕末には二十億四千五百万円に、すなわち五・四倍強に増加し、日本銀行の兌換券発行高は各年中平均額において三億三千四百余万円から九億七千八百余万円に、すなわち三倍弱に膨脹した。次に銀行勘定に見ると、各種銀行全体では、預金は二十二億二千九百余万円から九十九億一千七百余万円に、すなわち四・四倍強に、また貸出は二十七億四千八百余万円から九十九億五千二百余万円に、すなわち三・六倍強に、いずれも増加した。

いっぽう、手形交換状況を見ると、全国を通じて交換所の数は明治の末期には東京、大阪、京都、横浜、神戸、名古屋、広島、関門、金沢の九ヵ所にすぎなかったのが、大正年代中に十七ヵ所を増加して合計二十六ヵ所となり、交換高は全国を通じて二年中の合計百四億百余万円から八年中の七百七十一億九百余万円に、すなわち七・四倍強に増加し、その後十四年〔1925〕に八百三十億余万円を算するにいたるまで、ここに最高記録を作った。もっとも、その枚数においては一千八十一万五千余枚から二千四百五十九万八千余枚に、すなわちその増加は二・三倍弱にすぎなかった。これは、一つは物価騰貴の影響によるものでもあるが、いうまでもなく、手形の取引金額が一般に著しく増大した事実を語るものである。

これらの諸統計に現われている各金額の激増は、ひっきょう当時における景気沸騰の反映と見てよい。そして、かような好景気の影響は、同時に大衆の間にも相当に普及して、消費が急激に増進した一面には、貯蓄もまた相当の増加を示している。たとえば郵便貯金のごときは、同様に一億九千五百余万円から六億九千八百余万円に、すなわち三・五倍強に増加し、また無尽は後に述べるように、五年〔1916〕から無尽業法の適用を受けて、その給付金契約高は五年〔1916〕中の四千百余万円から、八年〔1919〕中には一億五千四百余万円に、すなわち三・七倍強に増加している。ちなみに振替貯金について見ると、これは明治三十九年〔1906〕の創始に係り、二年〔1913〕末には九百余万円にすぎなかったのが、八年〔1919〕末には三千三百余万円に、すなわち三・六倍余に増加したのである。

＊省略節〔金融界発達の実質的観察〕

金融機関に関する法制および行政施設

わが国の金融界は、わずか数年間に画期的な発達を遂げたので、その間にはいろいろの事件や、できごとが続出した。しかし、ここでそれらの諸問題を逐一述べているいとまはないので、しばらくこれを省略することとしておく。ただし金融機関または金融行政に関する法令上の改正もしくは新規の立法に関する重要なものだけは、是非ともこれが概略を述べておきたいと思う。そのおもな事項をだいたいの施行順に挙げて見ると、無尽業法の制定、旧貯蓄銀行条例の改正、旧銀行条例の改正、銀行の新設に対する認可条件としての資本金額制限内規の変更、日本勧業銀行（以下、たんに勧業銀行と称する）、興業、朝鮮、台湾各特殊銀行法の改正、朝鮮殖産銀行の創立、有価証券割賦販売業法の制定のほか、大蔵省銀行局の設置などである。

庶民金融機関

一　庶民金融機関整備の眼目

右の中で、無尽業法の制定と旧貯蓄銀行条例の改正とは、ともに庶民金融機関の整備に関する一施設として、双方相関連して実行されたものである。これはつとに明治の末期以来、無尽、頼母子または貯蓄銀行類似の業を営むものがようやく続出してきたのにかんがみ、政府としては小商工業ないし一般小口の資金需要者に対して金融業を営む特殊の金融機関、たとえば庶民銀行とでもいうべきものを整備する必要と、既存のいわゆる下層金融機関に対して取締りを強化することの急務とを認め、大正の初頭以来、大蔵省主管のもとにこれが調査研究に着手した。しかし庶民金融機関に関する根本方針としては、新たに、そうした銀行のようなものを設立するよりも、むしろ既存の信用組合その他につき、比較的堅実なものの発達を助成するほうがよいということになって、下層金融機関としての代表的なもの、すなわち無尽、頼母子、質屋の三者のうち、大蔵省所管としては無尽業法を制定するとともに、信用組合については、主管庁たる旧農商務省において、これが助成策を講ずることとし、頼母子および質屋については、弊害のない限り放任することになったのである。

二　無尽業法の制定

およそ無尽なるものが、いわゆる商売として営まれるようになったのは、だいたい徳川幕府時代以来のことに属する。それが明治時代にはいって以来急速な発達を遂げ、ことにその後半期から大正年代にはいったころには、完全に一種の営業としての態様を呈するにいたった。そこで、無尽業法を制定する必要上、三年〔1914〕十一月現在を対象として大蔵省で調査したところによると、営業者の数は全国を通じて八百三十一、そのうちの個人経営は百六十三、他は全部会社組織に成るものであることがわかった。もっともその資力は一般に薄弱であって、たとえば会社組織のもののうち、三百三十六社を算していた株式組織によるものにあっても、一社平均公称資本金額は五万三千余円にすぎないという状態であった。

ところで、かような庶民金融機関が比較的に著しい発達を遂げたのは、元来わが国民経済自体の固有的な特徴、ことに中、小産業者がはなはだしく多数に上り、しかも、それら多数の中、小産業者が全体的には、国民経済の構成上に相当重要な地歩を占めているという事情に由来している。したがって中、小産業金融機関または庶民金融機関を整備することは、社会的施設としてよりも、むしろ経済政策上の重要な一問題たるを失わないといってよい。しかしまたこの種の金融機関には幾多の弊害をともなうのを常とし、はなはだしきは多少の不正行為をすらともなうもののように、一般から見なされていたほどであり、実際、またその当時における弊害は相当著しいものがあったように思われる。そこで政府は一面その堅実な発達を助成するとともに、他面その不正なものを取締るという趣旨をもって、新たに無尽業法を制定し、四年〔1915〕十一月一日からこれを施行したのである。

同法によると、無尽とは原則として「一定の口数と給付金額とを定め定期に掛金を払込ましめ一口毎に抽籤入札其の他類似の方法に依り掛金者に対し金銭の給付を為すを謂ひ」、その他「賭博又は富籤に類似するもの」以外、「無尽類似の方法に依り金銭又は有価証券の給付を為すもの」もまた無尽と称される。この無尽業は「資本金額及《および》営業所を定め」た上、「主務大臣の免許を受くるに非ざれば」営業をなすことを得ない。そして、その組織は法人、個人のいずれたるを問わないことになっていたが、会社組織のものにあっては、その「資本又は財産を目的とする出資の総額は三万円其の金銭を以てする払込金額は一万五千円を下ることを得ず」という制限が設けられていた。

「営業上の資金を運用する」については、一「国債証券、地方債証券其の他特別の法令に依り設立したる会社の債券又は株式の買入」、二　それらの「有価証券又は不動産を担保とする貸付」、三「掛金者に対し契約給付金額を限度とする貸付」、四「銀行への預け金又は郵便貯金」に限られていた。また株式会社組織のものに対しては、「会社の財産を以て其の債務を完済すること能はざるに至りたるときは無尽契約に基く会社の債務に付《つき》各取締役は連帯して其の責に任ずる」など、貯蓄銀行に対すると同様の責任規定が設けられていた。

三　旧貯蓄銀行条例中の改正

次に旧貯蓄銀行条例中の改正は、この無尽業法の制定に関連して併施されたものである。すなわち無尽と称するものは、右に述べたとおり、「一定の口数と給付金額とを定め定期に掛金を払込ましめ一口毎に抽籤入札其の他類似の方法に依り掛金者に対し金銭の給付を為す」ものと規定されたので、それと混同を避けるため、貯蓄銀行の営む業務は、公衆のため、一　一回五円未満の金額を預金として受入れること、二　あらかじめ払戻しの期限を決め定期にまたは一定の期間内において数回に預金を受入れること、三　期限を決めて一定金額の給付をなすことを約し、定期にまたは一定期間内において数回に金銭を受入れることの三項目に限定し、無尽と据置貯金および定期積金との区別を明らかにするとともに、右の貯蓄銀行業務は貯蓄銀行でなければ、これを営むことができないものと限定したのである。この旧貯蓄銀行条例の改正は五年〔1916〕一月一日から施行されたが、さらに貯蓄銀行に関しては資力不十分による営業不安の弊を予防するため、別に同年四月中、資本金額に関する認可内規が改正された。すなわち人口十万以上の都市に、新たに貯蓄銀行を設立しようとするものは、資本金額百万円以上(従前は五十万円以上)でなくては認可を与えられないことになったのである。

普通銀行に関する改正

旧銀行条例中の改正法は五年〔1916〕七月一日から施行されたが、これも久しく問題となっていた懸案であった。この改正は、すでに述べたように、明治の末期から続出した銀行の休業その他幾多の不始末にかんがみ、これが取締りを厳重にするという趣旨にでたものであった。

改正の要点をつまんでみると、

一 従前銀行の事業を営もうとするものは、「資本金額を定め地方長官を経由して大蔵大臣の認可を受」けることになっていたのを、新たに商号および本店所在地をも認可申請条件の一つに加え、かつ「銀行が他の事業を兼営又は支店を設定せんとするとき」および以上の各事項を変更しようとするときもまた同様に認可を要するという諸規定を追加したこと、

二 従前は「銀行の事業を営む会社にして合併せんとするときは大蔵大臣の認可を受くべし」とあって、これは、「銀行の事業を営む会社」であるかぎり、いかなる会社とでも合併しようとするときは、という意味であるが、それを「銀行の事業を営む会社の合併は大蔵大臣の認可を受くるに非ざれば効力を

生ぜ」ざるものと改正したこと、
三　監督上の規定としては、従前はだいたい、銀行に対して業務報告提出の義務を負わしめるとともに、大蔵大臣に対して業務および財産状態検査の権限を与えるにすぎなかったのを、新たに大蔵大臣に対し「業務又は財産の状況に依り必要ありと認むるときはその業務の停止を命じ其の他必要なる命令を為すことを得」るほか、「銀行が法令、定款又は大蔵大臣の命令に違反し其の他公益を害すべき行為を為したるときは（中略）事業の停止若《もしく》は役員の改任を命じ又は営業の認可を取消すことを得」るという権限をも追補したこと、
四「大蔵大臣の認可を受けずして銀行の事業を営みたるときは其の営業主を千円以下の罰金に処す」るほか、諸罰則を通じて規定を厳重にしたこと、

などであった。

要するにこの改正は、銀行と銀行類似の他業との区別ならびにその所在を明らかならしめるとともに、銀行に対する監督を厳重にすることに重点がおかれていた。なお、この改正は、かようにいろいろの点において重要なものがあったため、それにともなって銀行条例施行細則のほうは、この機会に全般的に改正されたのである。

ところで、新設銀行の認可については、大蔵省の内規によって資本金額は人口十万以下の都会においては五十万円以上、また同じく十万以上の都会においては百万円以上となっていたが、その後、既存銀行の廃業または解散を条件として新銀行を設立しようとし、または人口十万以下の都会から十万以上の都会に

本店所在地を変更しようとする場合、それぞれの制限額以下の資本金額によって認可を申請するものが続出してきたので、七年〔1918〕九月中、大蔵省は各府県に対して、右のようなものに対しては、すべて既定どおりの「新設に関する制限額を適用す」べき旨の通知を発した。しかし何分にも当時にあっては全国的に経済事情の変動が著しく、地方によっては、その地方の経済界がとみに発達したにもかかわらず、銀行がまだ存在せず、また他地方の銀行で支店を設置するものもなく、さればとて、制限額どおりを適用するには、なお、あまりに金融界が狭小であるというような事情のものが出てきたので、翌八年〔1919〕十一月中、そうした特殊の事情にあった二、三の新設申請に対しては、制限額以下の例外を認めたことがあった。

特殊銀行その他に関するもの

以上は主として普通銀行または貯蓄銀行に関する改正である。いっぽう特殊の金融機関に関する施設を見るに、これまたこの期間に幾多の重要な改正が行われている。これを各銀行別に見ると、まず勧業銀行に関しては、貸出のためにする抵当権設定の範囲を拡張して、軌道財団をもこれに加えた。次に興業銀行に関しては、新たに船舶金融を営業科目のうちに加えて、「十五年以内に於ける年賦償還の方法に依り船舶又は製造中の船舶を抵当とする貸付」および「造船材料又は船舶属具を担保とする貸付」をなしうることに改め、またいわゆる事業金融機関としての機能を発揮せしめるため、「主務大臣の認可を受け株式の応募又は引受を為すことを得」るようになった。それと同時に、同行が「海外に於ける事業資金の供給に充つる為発行する」興業債券に対しては、「政府に於て現に保証を為すものの外」、一億円を限って、新たに元利払を保証することになった。これは前々章〔外資輸入と対外投資〕で述べた対中国借款資金の調達のためにするものであって、銀行自身よりも、むしろ政府の政策遂行上の手段に供されたものである。ちなみに右の船舶金融業務は七年〔1918〕五月十五日から開始された。

いっぽう植民地関係の特殊銀行については、朝鮮銀行の総裁のもとに新たに副総裁一名をおくことになったほか、同行の保証準備発行制限額三千万円を五千万円に拡張した。また台湾銀行に関しても同様に保証準備発行制限額一千万円を二千万円に拡張すると同時に、既定の有価証券のほか、新たに「主務大臣の認可を受けたる有価証券」を担保として貸付を行うことをうるように改めた。以上の各特殊銀行に関する改正法は、いずれも七年〔1918〕三月末をもって施行されたのである。

右のほか、かねて懸案となっていた朝鮮における事業金融機関の改善問題もようやく計画が進捗して、けっきょく鮮内六ヵ所の既存の農工銀行全部を合同した上、増資を行い、資本金一千万円の朝鮮殖産銀行を設立することになった。そして同行は朝鮮銀行の営む大口の金融とならんで、それ以外の比較的小口の事業金融にあたることになり、これは七年〔1918〕六月七日の同総督府令によって施行された。

次いで翌八年〔1919〕四月から農工銀行法中改正法が施行され、従前は無抵当連帯責任による定期償還貸付が「二十人以上の農業者又は工業者連帯責任を以て借用を申出でたるとき」となっていたのを、十人以上で足ることに改められた。

最後に、銀行以外に関する事項で、しかも金融政策上比較的重要な施設をみよう。その一つは有価証券の売買に関する営業の取締りである。すなわち経済界の好況にともなって有価証券、特に債券投資がおいおい大衆化されてきたために、その割賦販売を営むものが続出してきたので、これが取締りの必要上、新たに有価証券割賦販売業法が制定されて、これまた七年〔1918〕三月末から施行され、不改廃のまま今日に及んでいるのである。

なお、これよりさき、大戦期にはいって以来、銀行その他金融機関の発達がようやく著しくなってきたのにかんがみ、政府においては金融関係行政事務の増加に備えるため、従来大蔵大臣官房付属の一課にすぎなかった銀行課を廃して、新たに銀行局なる一局を設置することになり、五年〔1916〕度から実施された。

以上は金融機関またはそれに関連した諸制度の改正または新施設についての大要である。元来これらの諸施設は主として財界の未曽有の膨脹に対応する必要にでたものであって、ほとんどいずれも、だいたいにおいて適当な政策であったといってよい。

大正九年の大恐慌と後始末

恐慌の態様

一　反動来

説述の区切りを明らかにするため、以上に述べたところは、主として八年〔1919〕末までを一画期として一段落を付けることにしたが、財界の活況は翌九年の春に引続き熱狂的状勢を呈して三月にはいった。試みに、日本銀行の調査に係る事業計画資本の金額表を見ると、新設および拡張を通じて、九年〔1920〕初めから同年三月末に至る三ヵ月間の累計は二十七億八千二百余万円を算し、この三ヵ月分だけで、前年一年中の累計の七割がたにあたるという振合いであった。しかし、そのように事業計画が増進された一面には、銀行および会社の解散もようやく続出し、その数は双方を通じて、同年初以降三月末までに三百五十件を数えた。しかるに翌四月には一転して事業計画のほうが減少したのに反し、解散のほうは急激に増加して、同月中だけで四百十二件に上った。これは、いうまでもなく、この年三月十五日に端を発した一大反動が、その翌四月にわたって、まさしく恐慌状態に陥ったためにほかならない。しかも、その反動は、かなり急激なものであって、ことに株式市場のごときはさながら、その震源地であったかの観を呈したのである。

二　株式の暴落

さきに述べたように九年〔1920〕の新春以来、財界の一部にはすでに多少険悪の徴候すらうかがわれたにもかかわらず、熱狂の惰性はそうした不安人気を圧倒して奔騰し、株式市場のごときは三月の発会に、なお、まれに見る暴騰相場をつげたほどであった。しかるに、それが、ちょうど半月を経過した十五日には突然に軒なみの暴落を演じて、東西その他各地の取引所はいっせいに立会停止のほかなきにいたった。そこで東西その他各取引所は十六、七両日にわたって臨時休業をなし、かろうじて追証《おい》拠金の納入（東京は合計六千五百余万円）を了し、十八日から再開することを得た。しかも、これが大恐慌の発端となって経済界の実勢はまったく逆転してしまった。すなわちその後の財界は、わずかに小康状態を持続して越月したが、その四月六日に大阪の増田ビルブローカーが破綻を暴露したのを動機として株式市場はふたたび休会となり、以来形勢は一段と悪化してきたのである。

この状勢に処して日本銀行は株式取引所および関係業者の要請に応じ、財界の動揺を緩和する必要上、とりあえず同月十二日に、それら関係当業者の取引銀行を通じて、当（四）月末における受渡し資金の融通に特別の方策を講ずべき旨の声明書を発した。しかも、その翌々十四日に株式市場はまたまたいっせいに暴落を演じ、さんたんたる混乱状態に陥った。そこで東西および名古屋の各取引所は三度、臨時休業をなし、関係代表者は政府および日本銀行に対して、ひたすらに救済資金の融通方を懇請し、日本銀行は財界安定のためには事情やむをえないものと認めて、相当の援助を与える旨を声明した。そして、その後、各市場関係者は極力、解合《とけ》いを励行し、同月二十三日からいっせいに再開場をなすことを申合わせたが、しかも売買双方の利害関係ははなはだしく込み合っていて、容易に妥協点を発見することを得ず、ずるずると月余にわたって揉み合いつつ、東京は三十四日間、大阪は三十二日間という未曽有の長期にわたる臨時休業の後、五月中旬に至って、ようやく市場を再開することを得たのである。

この間、日本銀行は株式関係当業者側の懇請に応じ、かつ財界一般のこうむることあるべき影響を、できるだけ防止するという趣旨のもとに、これが救済融資計画について、再三、当業者側と協議を重ねた結果、東西および名古屋の三取引所を一団とし、それに対するシンジケート銀行を通じて、日本銀行は四月末以降における解合いおよび受渡し資金にあてさせるため、東京四千五百万円、大阪一千二百万円、名古屋三百万という割当をもって、それぞれ各取引所に貸付け、各取引所はその資金をそれぞれ数行の株式関係銀行に預金として預入れた上、それらの各銀行からさらに仲買団に融通することにして、ともかくも株式関係の救済はこれで一段落をつげたのである。その後、五月二十五日には横浜の七十四銀行が破綻を暴露して、財界はふたたびショックを受けたが、このために株式市場が閉鎖することなどはなかった。

試みに当時の株式市場動揺の状況を察するため、一、二の実例を挙げると、右の三月一日と三回目のいわゆるガラを演じた四月十四日とでは、東株は五百四十円二十銭から二百七十四円ちょうどに、また鐘紡は五百六十三円から二百五円に、というような暴落ぶりであった。しかも、いわゆる投機株ばかりでなく、比較的堅実な事業株も、いきおいその巻きぞえをこうむらずにはいられなかった。

三　反動の原因および動機

では、財界がどうしてかような大反動をひき起したかを顧みると、それは、すでに述べたように、ひっきょう事業界、金融界の画期的な発展にともなって、信用が過大の膨張を遂げたばかりでなく、思惑取引や投機企業が著しく増進されたことに起因するものであった。すなわち信用の大膨脹が、大部分は人的にも物的にもはなはだしく不確実な根拠に基づくものであったために、わが財界自体が早晩、大きなつまずきを避けられないような必至のゆきがかりにあったといってよい。そうした状勢にあったところへ、九年〔1920〕の初め以来、貿易の逆調が著しくなり、輸入資金の需要が急増して金融がとみに梗塞した。その金融梗塞が財界の逆転状勢に拍車をかけ、したがって従来膨脹しきっていた信用は、いきおい破綻を暴露するにいたり、ついに大反動をひき起さずにはいられなかったという次第である。

さて、株式市場がかような暴落を演じたような場合に、中央銀行たる日本銀行自身が救済資金の融通にあたらざるをえないということは、もとより金融政策上の常道に即するものとはいわれない。これは元来、株式仲買人と銀行との関係が疎隔しているところに、主たる欠陥を存するものと認められる。現にこの株式救済融資を受けた関係当業者が、事件一段落後、いわゆるお礼の意味をもって、日本銀行当局者をはじめ右のシンジケート銀行団を招待した宴会の席上において、時の井上日本銀行総裁が謝意を兼ねて試みた挨拶の中にも、この点に関して所感を明らかにするところがあった。その趣旨は、イギリスなどにあっては、一流の大銀行が常に株式取引員に対して資金の融通を与えるという有様で、金融市場と株式市場との連絡が円滑に維持されているから、株式市場に多少の動揺を生ずる場合があっても、金融上、にわかにあわてるようなことはない。しかるにわが国においては、一流銀行は、ただに株式仲買人などに対して金融の道を開かないのみか、むしろ投機市場関係の方面などと取引することをもって、自行の体面上好ましからぬもののように思っているかの感がある。これが今度のような場合に、日本銀行自身が救済にあたらざるをえないゆえんであるというにあった。

だが、わが国の一流銀行が株式関係の方面などに対する取引を、みずから潔しとしないのは、むしろ株式仲買人側の信用が一般に薄弱であって、たとえば、その当時におけるわが株式仲買人の営業期間が平均して二、三年にすぎないというにみても、この間の消息は察せられる。いずれにしても、イギリスにおけるように、一流銀行と株式関係方面との間に円滑な取引が維持されるということは、もとより好ましい話であり、またその後この点に関しては、おいおいと改善されてきたもののようである。

ところが、またひるがえって、この当時における金融界ないし財界一般の状勢に顧みると、たとい、そういう関係が維持されていたとしても、かような大反動がとうてい無難に納まらなかったであろうことは察するにかたくない。試みに当時における金利騰落の跡を見ても、同年初めには市中割引歩合は、なお、普通二銭四、五厘どころを唱えていたのが、三月初めには二銭八、九厘から三銭という高値をすら呼ぶにいたった。またコールは一、二月頃には、だいたい二銭一厘程度から、だんだんと高騰傾向をたどって、最高二銭八、九厘くらいに達し、三月上旬には三銭三厘という記録をすら残したほどである。そんな次第で、金利の高騰、金融の引締りが財界反動の有力な一動機を成したことは疑いないところである。

もっとも、これは、すでに述べたように、元来財界の不堅実化、ことに投機思惑の増長にともなう当然の反動的現象であって、たんに株式市場だけでなく、財界全般にわたり、その難局の相当重大なものがあろうことは、つとに見とおされていた。たとえば当時の井上日本銀行総裁が同年一月の交換所新年宴会の席上において、特にこの点を力説したことは前に述べたような次第であって、市中の銀行家にしても、心あるものは着々とこの局面に善処しつつあったのである。

四　財界動揺の概況

当時の財界状況を回顧すると、七年〔1918〕十一月の休戦後、貿易は中国、インド、南洋方面などに対するヨーロッパ旧交戦諸国の進出には、まだ見るに足るものがなかったため、わが国のこれら諸方面に対する輸出は、なお引続いて相当に賑わった。しかし大戦中未曽有の活況を呈したヨーロッパおよびアメリカ諸国に対する輸出は急激に減退し、それがため、ことに生糸、綿糸・布、鉄鋼、銅のごときは、いずれも滞貨の山を前にして価格の大瓦落をつげた。その他各種重要輸出品市価の暴落に累されて、輸出関係筋などはつとに危い運命に直面していた。そのやさきに株式市場の混乱を動機として恐慌状態に陥ったので、たとえば安部幸とか増田屋とか湯浅貿易とか、その他、何々商事などという貿易商は、一時ほとんど全滅の惨状を呈したほどであった。そんな状態にあったため、ひいて内地向商品に関する諸産業も軒なみに転落を演じ、各種の商品を通じて取引関係は一時ほとんど梗塞状態に陥ったのである。

だから手形交換のごときは、すでに述べたように、その前の八年〔1919〕中には累計金額において空前の高記録を作ったのが、財界反動後には、とみに不渡りを続出し、その九年〔1920〕三月には二百十八枚の二十四万三千円、翌四月には四百十九枚の八十七万九千円、五月には八百二十六枚の百四十九万円と躍増して、ここにその峠をきわめた。また企業界においても一大つまずきを演じ、ことに新規の事業計画は反動直後、一時、中絶の観をすら呈した。試みに、この前後にわたる事業計画資本の消長を見ると、大正年代の大底入たる三年〔1914〕には二億五千万円にすぎなかったが、その後、逐年躍進的に増加して、八年〔1919〕には四十億円台を突破し、九年〔1920〕にはさらに五十一億円余に達した。しかもこの五十一億円中の三十七億円は、実に同年中の一月以降四月に至るまでの累計であって、当時の思惑的企業——といえば、なお多少聞えが良いようであるが、その実、大部分は泡沫会社——の濫興が、いかに盛んであったかを察するに足るものがあろう。はたせるかな、この反動を転機として事業計画資本金額は激減して、十年〔1921〕中には、なお二十二億円余を算したが、十一年〔1922〕以降はさらに減少して十億円台に下ったという衰退ぶりである。

反動後における財界各方面の状況は、だいたい以上に述べたような次第であるが、もう一つ注意を要することは、この反動と農村との関係である。前に述べたように米価は九年〔1920〕一月に正米平均最高五十四円台、生糸も同じくその一月に四千三百円台を唱えたのが、この反動に先立って、ともに崩落歩調をたどりはじめ、前者は同年十二月に二十六円台、後者は同年七月に千百円ちょうどまで暴落した。

かく農産品中の最重要商品たる米穀および生糸の市価が、財界の反動に先走って逆転しはじめたことは、一見、多少不調和の感がないでもないが、それは当時における田畑価格の異動と対照して見るとおのずから、うなずかれるものがあろう。試みにこれを勧業銀行の調査に見ると、大正年代にはいって以来、田畑価格が低落の底を入れたのは五年〔1916〕中のことで、全国平均、田二百五十七円、畑百三十八円であった。それが、以来累騰して、八年〔1919〕には七百六円の四百十八円に達し、ここに最高記録を作った。しかるに翌九年には急転して五百九十五円の三百二十九円に反落している。では、かような逆転事情が何に起因したかといえば、生糸は主として、市場の買人気があまりに行き過ぎていたために、いわゆる金づまりの窮状に陥って、手持ちの処分や、投げ物が集まってきたのによるもののように見られるが、米の方は、ひっきょう農家が投機思惑に手を出したそのたたりであったといってよい。ことに多くは、たとえば「株ちゅうものを買ってみべい」式の好奇心と射倖心とから、無分別に買い進んでいた株が暴落したために、やむをえず、まずもって手持ちの米を投売りしたのによるものである。田畑のほうは米のように簡単に投げ出すわけにはゆかないが、だからといって、米や生糸がかく暴落したほどであるから、もはや、田や畑も、しょせんは持ち切れないというので、その後、これを続々と手離す者が出てきたというわけであろうと思われる。

かように財界の逆転傾向は都会および地方を通じて深刻なものがあった。ただ一つ統計上から見て、やや例外的な現象のように思われるのは倉庫在貨金額の異動である。すなわち全国の倉庫在貨金額は財界反動後かえって逐月累増し、前にも述べたように九年〔1920〕七月に十三億円近くという最高記録を作った。これは好景気時代から各方面に累積されていたストックを、処分難と資金難とによぎなくされて入庫するものが、にわかに多くなったのによるものである。しかも、それがいよいよゆきづまったあげく、続々と投売りされたために、以来、在貨金額は逐月激減して、翌十年の十一月には五億二千五百万円まで低下したのである。

要するに、かような逆転現象は、いうまでもなく好況期における放慢のたたりにほかならない。したがって、それらの投機思惑などに走った不健全分子にあっては、この反動受難はむしろ自業自得と評されてもいたしかたはないのである。

恐慌善後施設

一　事業界の救済

しかしながら、かように財界の反動が重大であったこととて、事業界の堅実な分子までも、いきおいその波動に巻込まれて、それがためにつまずきを演ずるものが続出するようになり、経済界全体の安定のために打ちすてておくわけにはゆかなくなった。そこで政府は日本銀行と協力して、右の株式救済とは別に事業界一般の安定を維持する必要上、ついにこれが救済に乗出した。この救済計画はだいたい六通りにわたり、資金の供給は主として預金部と日本銀行自身とがこれにあたったのである。

まず、政府としては三度目の株式暴落の当日すなわち四月十四日をもって、事業界一般に対し「玉石を甄別《けんべつ》し」て救済を行う旨の声明書を発した。その方策としては、一　当時、正金、朝鮮および台湾の三銀行が為替資金にあてるため、市場から吸収していたコールが通計約五千万円に達していたのを、全部、日本銀行に肩代りして、それぞれに返還させ、二　日本銀行から直接に、製糖業シンジケートに三千二百万円、羊毛輸入資金に二千七百万円、綿糸シンジケートに一億一千万円、その他鉄および銅のストックに各数百万円ずつを融通し、三　一般工業資金の融通にあてさせるために、政府は日本銀行をして預金部所有の興業債券を買入れさせ、預金部をしてその売却代金により、別に興業債券を引受けさせ、興業銀行から東西および名古屋の各シンジケート銀行を介して、九年〔1920〕七月から十年〔1921〕四月までの間に化学工業、醸造業、製鉄、鉄工、機械工業、製紙、製粉、船舶、造船、電気および電力、紡績、製糖、鉱業、鉄道の諸業に対し、通計四十数件、この総金額約四千四百万円の貸出を行い、四　日本銀行から勧業銀行を通じて各地の農工銀行に対し、地方蚕糸業者救済のため一千万円を融通して、五　資本金一千六百万円の帝国蚕糸株式会社を創立（九年〔1920〕九月二十五日）せしめ、翌十年春の議会（国会）の協賛（議決）を経て、勧業および興業銀行がこの帝国蚕糸会社に対して貸付けている金額のうち、三千万円を限り、政府みずから、その損失を補償するという契約をなすこととした上、別に預金部から勧業銀行を介して低利資金合計五千万円を融通し、輸出生糸の買入および売却を営ませて生糸市価の暴落を阻止させた――この時に設立された帝国蚕糸会社は翌々十一年〔1922〕十二月一日をもって解散された――ほか、なお、六　前に述べた大阪の増田ビルブローカーおよび横浜の七十四銀行に対し、前者は日本銀行大阪支店のきもいりによって同支店の後援を保障とし、同地の有力銀行数行を整理委員に挙げて、共同援助の方針のもとに漸次整理を進めさせることになり、また後者に関しては、その整理のために新設された横浜興信銀行（資本金百万円）に対して、地もと銀行の保証により日本銀行から千六百万円の低利資金を融通したのである。

　以上は反動直後における財界救済の大要であって、その救済のために預金部および日本銀行から融通した資金は、前に述べた為替銀行関係の分を別にして、通計三億六千万円以上に達した。もっとも右のうちで蚕糸および銀行救済関係の分を除く以外の大部分は、九年［1920］末までに回収され、かくて、この恐慌善後策は一段落をつげたのである。

二　特殊銀行の救済

以上各種の救済のほか、この反動後、朝鮮および台湾両銀行の救済が問題になってきた。これは両行とも、すでに述べたように、好況期における放漫な営業が累を成し、いわゆる不良貸が累積して、だんだんと内容が不堅実に傾いてきたところへ、財界の大反動に会したため必然にゆきづまりの窮状に陥ったものである。ところが、この二大特殊銀行がつまずきを演じたということになると、その財界一般に及ぼすべき影響は容易ならないものがあるので、政府としても、とうていそのままに打ちすてておくわけにはゆかなかったのである。

しかるに朝鮮銀行のほうは、創立当時軍部の勢力を背景とする寺内朝鮮総督の威力により、朝鮮総督自身の監督に委ねられるという制度になっていて、内地における同行の立場は往々、治外法権に類するような感をすらいだかせることがあった。もちろん、かような特別の制度は、元来、金融政策の常道に即するものではなかったが、ここに同行の救済が避けられなくなったとすると、こうした銀行監督制度上の欠陥は、必然に支障とならざるをえなかった。そこでいきおい、同行を大蔵大臣の監督下に移管すべしとする説が政府部内にも民間にも擡頭してきたが、その当時には、なお実現を見るにいたらずして、以後そのままに数年を経過した。かようなわけで、この場合には、時の高橋蔵相の強硬な主張により——同蔵相後日談——事実上、同行を大蔵大臣の監督下に委ねさせることとし、政府および日本銀行協力のもとに厳重な干渉を加えてこれが救済にあたった。ただし、政府および日本銀行ともに、できるだけは同行自身に更生をはからせる方針を採って、特別の融通を与えることは、なるべくこれを避けようとした。しかも同行としては、右に述べた一般的救済融資の範囲内だけでは、とうてい難局を切り抜けられないので、反動の動揺が一段落をつげた後、日本銀行から一千五百万円という特別の融通を与えて、ともかくも同行の急場を救済することをえたのである。

いっぽう台湾銀行に対しても、最初はやはり、できるだけ自力で整理を遂げさせる方針を採り、同行自身としてもまた同行自身の固定貸や滞り貸の回収について引続き整理につとめた。しかし、なお是非とも切り替えて行かなければならない債務が累積して、十一年［1922］中に日本銀行から累計一千五百万円という特別融通を受けたにもかかわらず、同年末ごろには、もはやコールの吸収などでは当面の繰回しすらもつかなくなった。よって同行は同年中に中国南部および台湾における不動産貸付合計約三千万円を、勧業銀行および東洋拓殖会社に肩代りしてもらって、かろうじて一時の急場を凌ぐことをえたが、翌十二年春には、ついにまったくゆきづまった。そこで、同年二月中、日本銀行からその救済に関する声明書を発し、政府および日本銀行が協力して同行の整理を援助することになった。すなわち同行自身としては経費の節減による年額約百七十万円、従来の配当率一割を七分に引下げることによって浮ぶ年百五十万円、合計三百二十余万円をもって欠損の補塡をなすに対し、日本銀行は新たに五百万円の特別融通を、また政府は預金部から五千万円を年五分利で融通（同年四月）し、ひとまず難局を切り抜けさせることをえたのである。

財界の反動後における金融界の大勢

金融界の不安と動揺

一　反動前後にわたる変動

ひるがえって、この間における金融界の大勢を概観すると、すでに述べたように、わが国の財界は七年〔1918〕十一月の休戦直後にこうむった衝動が、ようやく緩和された翌八年の春ごろから、かえって企業界の活躍をきたしたというよりも、実は投機思惑がいっそう増長してきて、物価はますます高騰するとともに、諸取引はいよいよ繁忙をつげるにいたり、一般の信用は著しく膨脹した。それがために、たとえば手形交換高のごときは、全国を通じ八年〔1919〕中の累計において空前の巨額を算した。しかし、それは、もとより財界の実勢に即するゆえんではなかった。財界のそうした空景気状勢にともなって、金融引締りの傾向は八年〔1919〕下半期初め頃からようやく著しきを加え、ことに同年十月および十一月の二回にわたる日本銀行の利上げは、いっそうその引締り傾向を助成する動機となり、九年〔1920〕春には、もはや銀行預金の利上げも必至のいきおいと見られるにいたった。

ところが、それについては、かねて問題となっていたいわゆる勉強率の制度が、協定の精神に照らして切実でないという恨みがあったので、これが改正をも兼ねて、九年〔1920〕二月一日から改定利子歩合を実施した。すなわちこの改正によって勉強率はいっさいこれを廃止し、定期、甲種年六分五厘以下、乙種同六分八厘以下（従前は基本率五分五厘、勉強率は甲種五厘まで、乙種七厘まで）、当座日歩、甲種一銭以下、乙種一銭一厘以下（従前は基本率八厘、勉強率は甲種二厘まで、乙種三厘まで）というふうに、一律主義によって改定された。そして、その翌三月財界に反動が起って以来は、前に述べたように貸出利率のほうがさらに急騰したまま年中を経過したが、その後、財界の動揺もようやく沈静し、かつ救済施設が一段落をつげたのを転機として、同年秋冬の交以来、市中金利はやや緩和の状勢に転じてきた。この状勢にかんがみて、正金、朝鮮および台湾の三銀行は翌十年の一月十五日から輸出利付手形の利下げを行い、年八分五厘を八分と改定したのに引続き、翌二月二十四日からさらにそれを七分に利下げして、一般の金利低落傾向に追随したのである。

いっぽう、普通銀行の側においては、この金利軟化の傾向に即して十年〔1921〕一月二十五日から、第一、第百、三菱および三井の四銀行は当座貸越日歩を引下げ、従来の二銭九厘以上を二銭七厘以上と改定したが、この貸出金利の引下げは、またおのずから預金利下げの気運を促して、ここにふたたび預金利下げ時代にはいった。すなわち協定率は十年〔1921〕三月一日に定期、甲種年五分七厘（八厘下げ）以下、乙種、同六分二厘（六厘下げ）以下、当座日歩、甲種七厘以下、乙種八厘以下（ともに三厘下げ）と改定されたのに引続き、同年八月五日さらに再利下げを行って、定期は一律に五厘下げの甲種年五分二厘以下、乙種、同五分七厘以下、当座各一厘下げの甲種、日歩六厘以下、乙種、同七厘以下と改められた。

二　恐慌期の銀行界

かような状勢のもとに恐慌後の動揺がようやく沈静して行くにともなって、金融はようやく緩和しまた金利も軟化してきたが、とにかく、これだけの反動をひき起したこととて、銀行界のこうむった打撃も相当に重大なものがあったことはいうまでもない。反動が起る前には、地方銀行などのうちに、まれに不始末を暴露したものもあったが、それらの多くは地方的なものであって、金融界全体の上から見れば、特に問題となるほどのものではなかった。しかるに財界の反動を転機とし、四月以降六月下旬にわたって、銀行のつまずきを演ずるものが、とみに続出し、その後、いったん、やや下火になった後、同年秋冬の交以来、再燃して、九年〔1920〕中に臨時休業のよぎなきにいたった銀行は、普通および貯蓄を通じて合計二十九行、預金の取付けに会ったものは六、七十行という多数に上った。

そのうちでも前に述べた増田ビルブローカー銀行と七十四銀行とのほかに、世間から比較的に重大視されたものは、東京の農工貯蓄銀行であった。もっとも、この農工貯蓄銀行については、その臨時休業をなした（同年九月二十七日）直後に大蔵省銀行局から、特に同行の資産状態が不確実にあらざることを証明する意味の声明書を発し、それによって取付けはひとまず鎮静し、まもなく営業を再開することをえたのである。また、このころから各地の銀行界も、やや小康状態にはいったかの感じがあったが、何分にも財界の反動が重大で、その影響が深刻であったために、世間の不安人気は容易に解消されず、風の音にもおびえるというふうに、往々ちょっとした風説や流言にも惑わされて、預金者が銀行へ駆けつけるようなことすら、たびたび繰り返された。

そんなわけで、いったん安定した右の農工貯蓄銀行は、同年十一月中旬に至ってふたたび取付けに会い、ついに休業のよぎないはめに陥った。それが動機となって東京市中の主として貯蓄銀行に取付け騒ぎが波及し、たとえば「あかぢ」貯蓄（十一月下旬）とか東京貯蔵（十二月上旬）のごときも、かなり多数の取付けをこうむったようである。もっとも事情が判明して預金者側の不安が解消されるにともない、内容の堅実な銀行はまもなく安定を回復することをえた。そして、その後は地方の小銀行中にぽつぽつと取付けや休業が出るにすぎなかった。というような状況のうちに反動後の第一年を終ったのである。

経済界が、かような不安と動揺とのうちに推移してきたこととて、その間に一般の銀行は、いずれも警戒の手を引締め、できるだけ手許準備の充実につとめたために、九年〔1920〕秋冬の交には、一流銀行などは一般に資金が潤沢となり、むしろ進んで短期の確実な放資口を求めるという傾向すら見えてきた。したがって、かのスタンプ手形のごときは市場から相当に歓迎され、比較的短期の公、社債類も盛んに発行されるようになった。しかし、もちろん、それは、ほとんど金融市場の主流に限られた現象であって、金融界全般を通観すれば、信用はやはり収縮し、金融は引続き梗塞して、金利高はほとんど緩和されず、コールは出し手が多くて、歩合は八厘から五厘内外にまで下ったこともあったが、それにもかかわらず、割引日歩は二銭五厘から三銭どころを常とするという不つり合いの状勢にあった。

いっぽう日本銀行から貸出された反動後の救済融資は、前に述べたように、だいたい順調に回収され、同行の貸出高は恐慌直後の四月末には八億三千万円を算したのが、十一月下旬には一億六千万円に減少した。そんなふうに金融界がだんだんと安定を回復してきたのにともなって、反動後に起った預金者側の動揺もようやく鎮静に向かいつつ越年し、十年〔1921〕の春には金融界全般にわたって、よほど明るさを回復してきたかの感があった。かくて東西その他大都市の銀行などは九年〔1920〕の下半期なかばごろには、なお一般に貸出が預金をはるかに超過するという態勢にあったのが、その後預金増、貸出減の傾向にともなって、翌十年上半期なかばごろには、ちょうどその態勢が逆転するにいたったのである。

かような状勢のうちに十年〔1921〕中の金融界はだいたい小康状態を維持することをえたが、その翌十一年三月中にいわゆる石井定七《さだしち》事件が起り、その機関銀行である高知商業銀行が破綻を暴露したのを動機として、金融界はふたたび渦紋を巻き起した。ことに同人の取引していた銀行は数十行の多きに上ったために、同人の破綻は財界に対して一大衝動を与え、金融界はまたまた暗雲に掩われるようになったのである。

三　石井定七事件

この石井定七事件というのは、事がらは石井定七なる一投機師が、主として米相場のかたわら、株式取引にも手を染め、ことに清算（いわゆる現物取引に対する長期清算取引の意味）米《まい》について大規模の買占めを試みたのが失敗に終り、それがために多数の銀行に迷惑をかけたというだけのものであって、内容は比較的に簡単である。しかし、これを資金の需給関係という上から見ると、この事件はあだかも前に述べた北浜銀行事件に似て非なるもので、やはり銀行の不始末に関する代表的な一事例と認められるから、ついでに同事件の銀行側に関する方面の状況を述べておきたいと思う。

石井定七なるものが主として清算米の大買占計画に乗出したのは、十年〔1921〕下半期ごろからのことであった。当時、高知商業銀行の大阪支店長を勤めていた同行の某重役は、重役に就任して以来も支店長時代における石井とのいわゆる腐れ縁につながれて、石井のために引続いて巨額の融通を与えていた。後に同行の重役三人がこの事件に連座して背任罪に問われ、その筋の取調べを受けたところによると、同行が、かかる悪縁に深入りした事情は、往々、他の銀行にもその例を見るように、最初から不確実な貸出をあえてして、それが失敗に終っても、なんとかして銀行自身としての損失を免れようがために、危険とは知りつつも、なお追い貸を続けた。ところが、それがまた当然に失敗に終って、さらに銀行としての穴が大きくなると、それを回復するために、銀行としてもますますその危険な追い貸を避けられなくなった。ついには銀行の重役達自身が債務者と同類になって思惑を増進したあげく、けっきょく、債務者と銀行とが共倒れに終るという筋であって、投機心理の弱点にとらわれた墓穴への深入りという点においては、一般のいわゆる勝負事における失敗とほとんど異なるところはない。

そんなわけで、高知商業銀行は石井の手づまりにともなって、ついに十一年〔1922〕三月一日から臨時休業にはいったが、その後、同年末に至ってようやく整理計画を立て、十二月二十八日に再開業をしたときには、欠損額は二百六十一万七千余円と計上された。それを株式の払込徴収と重役の私財提供とのほかに、預金の払戻し七百万円を翌十二年末まで据えおくこと、その他の方法によって補填してゆくという後始末をつけたが、別に副産物として刑事問題をすら派生したことは右に述べたような次第である。

しかしながら、この高知商業銀行に関するかぎりにおいて、銀行の不始末に関する事例としては、必ずしも特に問題とするには足らない。また石井に対する全債権総額は五千万円にも上るであろうなどと、当時の新聞に伝えられていたが、その点もまた必ずしも重大視すべきほどのことではない。それよりも本件に関して特に注意を要することは、たとい金額は高知商業銀行のように巨額ではなくとも、数十行という多数の銀行、しかも、そのうちには東西の大銀行までが、一介の相場師のために誤られたという点であって、この意味において、本件のごときは、わが銀行史上に一大汚点を印したものといわなければならない。すなわち同人のために損失をこうむった銀行数は通計四十二行を算したが、そのうちの比較的大銀行十九行は連名をもって同人に対する破産の申請をなした。おのおのその損失をこうむった金額では住友銀行を筆頭として、以下、野村、十五（大阪支店）、加島、第一（大阪支店）、日本信託、鴻池、台湾（大阪支店）などの順位であると伝えられていたが、おのおのその金額の多少はしばらくおき、かく東西の大銀行をも含め四十二行という多数の銀行が、相手もあろうに、一相場師に乗ぜられたということは、はたしていかなる事情によるものか、そのこと自体が問題であらねばならないというのである。

けだし銀行も元来、営業である以上、同業者間におのずから競争の傾向を生ずることはいきおいの免れないところである。ことに旧銀行条例のもとに多数の不堅実な銀行が、都鄙を通じて散在していた当時にあっては、銀行相互間の競争が相当に深刻であったことは、一つは時勢のしからしめたところであったとも認められる。しかし、ひるがえって事件全体を達観すれば、かような競争、すなわち一取引先に対して貸出を競い、また或る場合には預金につられて貸出をするということは、そのこと自体が危険性を帯びているのであって、銀行業者としては特に戒心を要するところであるといわなければならない。

およそ何事に限らず、競争の当事者は、知らず識らず、否、往々知りつつも、なお、その競争に深入りするを免れないというのが競争における共通の弊である。それがため、たとえばイギリスの大銀行間においてすら、そうした大失敗を演じたことがある。すなわち一九二九年（昭和四年）九月に起ったいわゆるヘトリー事件（Hatry Case）がそれである。これはバークレーズ（Barkleys）、ロイズ（Loyds）およびウェストミンスター（Westminster）の三大銀行が、あだかも右の石井事件と同様の事情のもとに、通計千五百万ポンドの損失をこうむったと伝えられている。いずれにしても、かような不始末は、さきの北浜銀行事件が、銀行経営者自身の関係を有する幾多の事業に、手広く投資を行って失敗したのと、ちょうど対蹠的関係を成し、ともに銀行業者にとっての一大教訓を成すものと見なしてよいのである。

銀行業態の悪化

一　貸出の固定化

そんなふうに金融界が不安に掩われていたところへ、たまたま十一年〔1922〕六月に成立した加藤（友三郎）内閣が十二年〔1923〕度予算案の編成上、緊縮方針を採ることが明らかになり、それがために世間の悲観人気をいっそう深刻化させたなどの事情から、同年十一月以降、ふたたび銀行界に取付けが起り、同年末までに全国を通じて二十九行の休業銀行を出し、取付けに会ったものは数十行の多きを算して慢性化してきたが、そのうちには大阪の大投機師の関係があったといわれる日本積善銀行があって世人の注目をひいた。もっともその間、東西の大銀行その他大都市の比較的堅実な銀行にあっては、だいたい回収すべきものを回収する一面に、引締めるべきところを引締めて手もとの充実をはかったために、東西金融市場の主流は、かえってますます順調になってきた。しかし二流以下の銀行や地方銀行などの間には、後から後からと取付け騒ぎや休業が続出して、いっこうに不安人気が緩和されるにいたらず、そんなわけで、いったいならば救済資金その他財界反動当時の貸出が、比較的順調に回収されたのにともなって、金融の大勢は、たとい順調とまではゆかずとも、その後、相当に軟化してよいはずであったのに、やはり、それが緩和の状勢を呈するにいたらなかった。

では、どこに、その原因があったかといえば、ひっきょう、それは銀行貸出の少なからざる部分が固定化されたのによるのであって、当時この点に関し大蔵省で概略の調査を試みたところによると、十年［1921］末現在における全国銀行の不動産貸付高は、特殊銀行六億八千二百余万円、普通銀行七億二千七百余万円、貯蓄銀行三億五千四百余万円、合計十七億六千三百余万円に上り、このうちの普通銀行だけについて、その貸出総額に対する割合を見ると一割一分強を占めるという振合であった。そして、このいわゆる不動産は主として土地および建物であり、大部分は地方銀行の関するところであるということであった。しかし資金固定化の傾向は不動産貸付以外においても、東西の大銀行中、ことに特殊銀行などには相当におびただしいものがあったようで、試みに当時のいわゆるシンジケート銀行十八行の貸出高について、反動前の八年［1919］末と反動後の十年［1921］末とを比較して見ると、割引手形のごときは十億二千百余万円から七億二千八百余万円に激減しているのに反して、証書貸付は八千七百余万円から一億二千九百余万円に増加しているという振合であった。

もっとも、かような大銀行の貸出内容は、翌十一年〔1922〕以降、多少改善の傾向に転じたようであったが、主として地方銀行における不動産貸付の傾向は、その後かえっていっそう増進してきたようである。それがため地方銀行の資金はますます固定され、かくて前に述べたように十一年〔1922〕秋冬の交以来、地方銀行の取付けや休業がようやく続出し、ひいてまた銀行界一般の不安を濃厚ならしめてきた。かかる間にもだんだんと年末に近付いてきて、局面の推移はとうてい安んじていることを許さないものがあったので、政府はまず同年十二月十五日に、預金者側の自重を望むとともに、必要に応じて救済策を施すべき旨の声明書を発したのである。

それに引続いて、政府は同月十八日から三日間にわたり、日本銀行ならびに勧業および興業両銀行の各総裁を大蔵省に招致して協議を重ねた結果、普通銀行の不動産貸付を資金化させる方策に関し、二十日付けをもって「此の際に限り時局緩和の為め特に必要と認むる場合に於ては臨機の処置として両行（勧業および興業）営業の許す範囲に於て出来得る限り之が肩代りに付《つき》便宜を図る」旨の声明書を発し、わずかに当面のつくろいを試みて越年した。この肩代りがいかほどに実行されたかは、全然発表されなかったが、いずれにしても反動後において普通銀行の不動産貸付や、その他焦《こげ》着きがちの融通によって資金が固定したことは、ただに金融界の順調を回復する上に障害となったばかりでなく、さらに、それらの不動産貸付や、いわゆる焦着きが、後に述べるように関東震災後における不動産貸付の増加とあいまって、やがて昭和二年〔1927〕の金融恐慌の一大禍根となったことは見のがされない難問題であったといわなければならない。

二　銀行の整理合同

以上に述べたところからしても察せられるように、反動後における金融界は、その動揺の一段落とともに、救済資金その他、応急の貸出は比較的順調に回収され、ことに十年〔1921〕以降にあっては、時おり多少の波瀾をひき起したのを除くほか、大体に小康状態を持続することをえた。しかし、金融界全般を通じての実勢は、むしろ、ますます悪化してきたようであって、それがために――特殊銀行のことは、しばらくこれをおくとしても――普通銀行中の二流以下ないし地方の弱体銀行などにあっては、いきおい営業難に陥らざるをえないものが少なくなかった。そこへ後に述べるように政府の銀行合同促進策もいっそう強調されてきた。したがって、この間、銀行の合同はとみに促進されて、合併により解散または廃業したものは、全国を通じ普通および貯蓄を合わせて九年〔1920〕中に五十二行、十年〔1921〕中に七十一行、十一年〔1922〕中に六十二行に上り、これに対して、合併により新設または存続したものは、同じく九年〔1920〕中に三十八行、十年〔1921〕中に五十七行、十一年〔1922〕中に五十五行を算し、かくて、この三年間に差引三十五行を減少した勘定である。

これらの銀行合同は多くは九年〔1920〕の財界反動後、直接間接その波動をこうむって、整理の必要上よぎなくされたものが多数を占めていたが、ことに、それはまた大蔵省当局側の合同促進策によって、いっそう助長されたかの感があった。元来、大蔵省としては、一つの伝統的政策として銀行の合同を促進してきたが、財界反動以来、かく銀行の不始末が続出してきたのにかんがみ、銀行に対する検査その他、取締りを厳重にするとか、さらに進んで銀行法規に関する根本的改正を行おうという計画も出てきた。しかし、いずれも早急の間に合うことではないので、当面の対策としては、主として地方の弱体銀行に対し、大蔵省当局者が直接に、または各地方長官を通じて合併を促進し、それぞれに整理をつけさせるようにつとめたというわけである。

ところが、そんなふうに銀行の合同が進んでくると、合併によって資力を増大した銀行に対抗する必要上、他の銀行もやはり資力を充実する必要があるし、一面にはまた恐慌後、銀行界一般に預金の増勢がにぶってきたにもかかわらず、恐慌一段落後においては、貸出のほうはふたたび膨脹状勢にあったなどの事情から、いっぽうには銀行の増資計画が再燃するとともに、積極的な大合同計画が擡頭してきた。また他方では、預金の吸収を一つの目的として、さらに支店の増設が続々と行われ、ことに九年〔1920〕春の反動以来、とみにその傾向が著しくなった。試みにその移動状況を見ると、八年〔1919〕末には全国各種銀行の本店数二千六十九行に対し、支店および出張所数は合計四千七百ちょうどであったのが、十一年〔1922〕末には二千二行に対して六千九に増加している。

しかるに、そうした支店増設の必要はさらに銀行資力充実の必要をともない、反動後の動揺がようやく沈静に向かってきた十二年〔1923〕の春以来、銀行の増資や比較的大きな銀行の合同談が続出してきた。そのうちでも特に主要な二、三を挙げると、普通銀行では同年四月に山口銀行が二千五百万円から五千万円に、特殊銀行では翌五月に、勧業銀行が六千百余万円から九千四百万円に、いずれも増資したのと前後して、同じく五月には安田系銀行の大合同の計画が成立した。この合同は安田（二千五百万円）、第三（三千万円）、百三十（二千万円）ほか八行、計十一行、この資本金額通計一億三千万円と、別に新設された保善銀行（二千万円）とを合同して、大震災後の十二年〔1923〕十月一に資本金一億五千万円の安田銀行を設立したものである。いわゆる安田系と称される保善社傘下の銀行はその当時十八、九行あったが、そのうち事情の許すだけを合同して、当時としては非常に資本金の多大な銀行が実現した次第である。そして、かような例は規模こそ小さけれ、東西の二流以下または地方の銀行界にも相当に実現をみたが、とにかく財界反動後における金融界もしくは銀行に関する変動は、この辺で安定回復への一時期を画したもののようであった。

金融関係諸制度の改廃および創始

右に述べた恐慌後の後始末ならびにその後の経過は、だいたい十二年〔1923〕の上半期末までを一画期として概説したものであるが、なお、その間には銀行ないし金融一般または金融上に密接な関係を有する諸制度について、幾多の重要な改正や新規の制度が実施された。以下それらの事項を一括して概要を述べることとする。

各種銀行法の改正

一　各特殊銀行法の改正

まず金融機関に関する方面から施行順に述べると、特殊銀行にあっては勧業銀行に関して、従前、同行の不動産を抵当とする定期償還貸付額の限度が、「年賦償還貸付金総額の十分の一に相当する金額」に限られていたのを、「払込資本金及《および》積立金総額の十分の一」までに改め、「農工銀行の存在せざる府県に於て十人以上の農業者、工業者又は漁業者申合せ連帯責任を以て借用を申出でたるときは」、無担保で短期の貸付をなすことをうるという新規定を追加したほか、勧業債券の発行限度が払込資本金額の十倍かぎりとなっていたのを十五倍かぎりまで拡張し、かつこれを割引の方法によって発行することをうるなどの改正が施された。それにともなって農工銀行に関しても同様に、不動産抵当による定期償還貸付の限度を「払込資本金及《および》積立金総額の五分の一」に改めるとともに、農工債券の発行限度を同様に五倍から十倍に拡張し、かつ勧業銀行と同様に無担保連帯責任による短期貸付をなしうることになった。

次に興業銀行に関しては興業債券の券面金額が、従前は五十円以上と限定され、かつ無記名利札付となっていたのを、券面金額を二十円以上とし、かつ「五十円以下の興業債券を発行する場合に於ては売出の方法に依ることを得」るほか、一般の興業債券につき「割引の方法を以て発行することを得」るように改められ、また北海道拓殖銀行については、前に述べた八年〔1919〕の農工銀行法に関する改正と同様に、無抵当定期償還貸付の人的条件たる「二十人以上の農業者又は工業者連帯責任」というのを十人以上と改めたほか、年賦償還の方法による不動産抵当貸付が三十ヵ年以内とかぎられていたのを、五十ヵ年以内にまで延長されたなどである。

以上の各特殊銀行法の改正は、いずれも九年〔1920〕七月の特別議会(国会)の協賛(議決)を経た上、一部は翌八月から、また他の一部は翌十年〔1921〕四月から施行された。改正の動機は主としてこれら各特殊銀行の要望に基づき、それぞれに特殊金融の円滑をはかろうとする目的にでたものであろう。しかし、これらの特殊銀行法に対しては明治年代以来、それぞれに幾たびかの改正が施された結果、たとえば勧業銀行と興業銀行との業務の範囲について重複をきたし、多少の扞格《かんかく》をすら生ぜしめるようになった点もあったので、それらの事情にかんがみ、むしろこの両行を合併せしめるほうがよいとて、民間の一部には、つとに、いわゆる勧興合併論が擡頭していた。しかし、これに関しては農業方面の反対が潜在的に強くて、大蔵省当局者としては手をつけることができなかったのである。

右のほかに特殊銀行に関する重要な改正の一つは、いわゆる勧農合併の制を開いたことである。これは消極的には地方の不良農工銀行を整理するためであり、また積極的には不動産貸付金利の低下を促進する目的にでたものであって、単行法により十年〔1921〕四月から施行された。ただし立法の精神としては、その合併は、あくまでも関係各銀行の自由意思に委せるというのであって、当時の高橋蔵相は繰返しその趣旨を力説するところがあった。すなわち「農工銀行は日本勧業銀行に合併することを得」る。ただしその合併は主務大臣の認可を要し、かつ「合併に因りて消滅したる農工銀行の農工債券は之を勧業債券と看做す」などの規定に成るものであった。かくて同法の施行後、昭和元年〔1926〕末までに合計二十九行の農工銀行の合併をみたが、その後、しばらく停滞の状態において経過した後、昭和十九年〔1944〕九月十八日を最後として、農工銀行は全く消滅したのである。

二　貯蓄銀行法規の根本的改正

次いで重要なのは貯蓄銀行条例が廃止され、代って貯蓄銀行法が制定されたことである。けだし貯蓄銀行は零細な貯金を安全に保管運用するという使命を有するものであって、一朝、不始末を暴露したならば、国民の貯蓄心を阻害し、庶民の窮乏をみることになるから、よほど健全な機関としなければならないものであることは論をまたない。かような趣旨に基づき、この改正は従前の貯蓄銀行条例を根本的に刷新したものであって、新法は十年〔1921〕四月十三日に公布された後、翌十一年一月一日から施行された。

新たに施行された貯蓄銀行法によると、貯蓄銀行の業務については据置貯金および定期積金に関する規定はそのままとして、その他を「複利の方法に依り預金を受入るゝこと」および「一回十円未満——従前は五円未満——の金額預金として受入るゝこと」と改め、右以外に貯蓄銀行として営むことをうる業務の種類を、定期預り金、保護預り、債権の取立、公共団体または産業組合よりの要求払い預り金に限定し、かつこれが支払保障の義務として、保護預りを除く以外の諸預り金につき、その「金額の三分の一以上の金額に相当する国債を供託すべし」、ただし供託金額中、受入金額の五分の一を超える金額については地方債、社債または株式をもってこれに替えてもよい。また資金の運用に関しては、一 国債、地方債、社債または株式の応募、引受または買入、二 国債その他、右の各種有価証券を質とする貸付、三 不動産を抵当とする貸付、四 預金者に対しその預金額を限度とする貸付、五 銀行への預け金または郵便貯金、六 銀行引受手形の買入などに限定された。

かく業務に関する制限を明らかにするとともに、監督または取締りなどに関する規定や罰則などを厳重にし、貯蓄銀行の設立に対する主務大臣の「認可」を「免許」に改めるとともに、その資本金は五十万円以上、組織は株式会社であることを要するとしたほか、貯蓄銀行が「其の財産を以て債務を弁済すること能はざるに至りたるときは」、前に述べた各種の預金契約に基づく「銀行の債務に付《つき》各取締役は連帯して其の責に任ず」るばかりでなく、この責任は「取締役の退任登記後二年間仍《なお》存続す」るものとしたなど、幾多の重要な改正が施されたが、その代りにまた、いっぽうでは、貯蓄銀行に対し営業収益税額の二分の一を免除するなどの特典を与えられることになった。

本法は前述のように十一年〔1922〕一月一日から施行されたが、かく貯蓄銀行に対する諸制規を厳重ならしめるとともに、大蔵省当局者は、つとめてその整理合同を促進する方針を採った結果、解散や貯蓄銀行同志または普通銀行への合併によって、施行以来、貯蓄銀行の数は続々と減少し、施行直前の十年〔1921〕末には全国で六百三十六行を算したのが、関東震災直前の十二年〔1923〕八月末には百四十五行を数えるにすぎなくなった。これは改正当時以来、歴代の大蔵省当局者がいわゆる一県一行主義をうけついできたからである。

この貯蓄銀行法を施行するに先立ち、政府としては既存の貯蓄銀行中、解散、廃業、転業、貯蓄銀行同志または普通銀行への合併をなさんとするものをして、できるだけ円満にそれらの処理を遂げさせようとの趣旨から、むしろ指導的方針をもって、特に地方における貯蓄銀行の検査を励行することになった。たまたま前に述べたように財界反動後、普通銀行のうちにも不始末を暴露するものが続出したので、大蔵省は普通および貯蓄の双方にわたって銀行検査を励行するため、十年〔1921〕度から、従来の銀行検査官定員二名を六名に増員して、以来全国的に普通および貯蓄を通じ、地方銀行の検査を一巡した。その結果、普通および貯蓄を通じ多数の銀行において、予想外に内容の不良なものの少なくないことが明らかとなり、かねてのもくろみに係る普通銀行制度改善の急務に属するゆえんを痛感したということであった。

新種金融機関の出現

一　信託会社

次に、この当時において、金融関係機関の創始を目的とする立法に関し、特に重要なものがあった。第一は信託法および信託業法の制定がそれである。この両法規の制定に関しては前に付言しておいたように、歴代の政府があいついで、大戦中の好況時代から、これが調査立案を進めてきた。もっとも後に述べるように原（敬）および高橋（是清）二代の内閣は、なるべくは、これを見合わせようという方針を持続してきたことや、財界に恐慌をひき起したことなどのために延引して、その実現が遅れていた。そしてこの両法規はようやく十一年〔1922〕春の議会（国会）を通過し、同年四月に公布された上、翌十二年一月一日から施行された。

両法規のうち、信託法においては信託なるものの実体を規定し、信託業法においてはこれが営業の手続きを明らかにして、双方が不可分的関係になっている。それによると、信託とは「財産の移転其の他処分を為し他人をして一定の目的に従い財産権の管理又は処分を為さしむるを謂」い、信託業を営むものは資本金額百万円以上の株式会社であることを要し、主務大臣の免許を受けなければならない。そして、信託財産として引き受けるものは金銭、有価証券、金銭債権、動産、土地およびその定着物、地上権および土地の賃借権の六種に限定されているが、付帯的業務として保護預り、債務の保証、不動産売買の媒介または金銭、不動産の貸借の媒介、公債、社債もしくは株式の募集、その払込金の受入れまたはその元利金もしくは配当金の支払の取扱、代理事務（財産の取得、管理、処分または貸借、財産の整理または清算、債権の取立、債務の履行）を営むことをうる。以上のほかに担保付社債信託業をも営むことをうるが、この場合には信託法および同業法によらず、別に担保付社債信託業法の適用を受けることになっている。

この両法規が施行されて以来、つづいて数社の免許申請が提出されたが、たまたま関東震災に遭遇したため、手続きが延引して、そのはじめて免許が与えられたのは震災後の十二年〔1923〕末であった。したがって現行法による信託会社がはじめて開業したのは翌十三年〔1924〕中のことである。この信託法および信託業法の制定事情ならびにその内容などに関しては、金融政策上、幾多の論議されるべき点を存するが、それは便宜上、後に当業創始以来の業況を詳説するところに譲ることとし、ここには、しばらくそれが制定施行された事情だけを述べるにとどめておく。

二　産業組合中央金庫

新設された金融機関でもう一つの重要なものは産業組合中央金庫である。これは最初、寺内内閣のもとに計画されたもので、農村ないし一般庶民の金融を円滑ならしめるという主意に基づくものであった。すなわち第一次世界大戦中の好景気時代に際し、産業組合が資金難のために十分の活動をなし得なかったのは、ひっきょう適当な資金供給の源泉を有しなかったためであり、しかも勧業銀行および各府県農工銀行は将来においても、なお、それぞれに本来の金融業務につとめる以外には、とうてい多くの融通余力を期待されないような状態にあるので、産業組合のために独立の中央金融機関を設立する必要があるという理由によるものであった。もっとも同内閣としては、これに関するだいたいの調査を了したのみで、いまだこれを実現するにいたらずして、総辞職した。

しかるに、その後をうけた原内閣および次の高橋内閣は、財政経済上、金融界の統制を一つの重要政策としていた関係上、勧業および農工銀行のほかに、さらにこの種の金融機関を新設することは、さながら屋上に屋を架するといういきらいがあるものとなし、かつそれが政治的勢力によって動かされるおそれも少なくないという見地から、引続きこれを保留したまま加藤（友三郎）内閣に及んだのである。そして、この加藤内閣としてもまた前二代の内閣と同様に、むしろこれが実現を避けたいと思っていたもののようで、政府としては、あえてこの問題に触れないような態度をとっていた。しかるに当時、同内閣に対して准与党の立場にあった政友会は、十二年〔1923〕春の第四十六議会（国会）に当該法案を衆議院に提出し、それが両院を通過したので、政府としては、むしろよぎなしという態度でこれに同意を表わし、かくて、ここに年来の懸案であった同金庫の出現をみるにいたった次第である。

産業組合中央金庫は法人とし、その資本金は三千万円であって、半額の千五百万円は政府の出資により、他の半額は所属の産業組合連合会または所属の産業組合の分担出資によることとした。その業務は所属の産業組合連合会または所属の産業組合に対して貸付、手形割引、為替取組、預り金などをなすことがそのおもなものである。この産業組合中央金庫法は十二年〔1923〕四月五日をもって施行され、直ちにその創立準備が進められたが、これもまた関東震災のために延引して同年十二月中に創立を了した後、翌十三年の三月一日から開業したのである。後に同金庫が農林中央金庫と改称された次第は昭和編中で述べるところに譲ることとする。

政府の所管事項に関する施設

以上は金融機関に関する法規もしくは制度の改正または新機関の創始についてのあらましであるが、このほかに、なお同期間中に、金融上もしくは金融関係の制度について改善または創始された幾多の重要なものがあった。以下、それらの事項について概説しよう。

一　国債に関する制度の改革

第一には国債その他債券に関する制度の改正であって、ことにそれは主として国債に関するものである。政府は財界に反動の起った九年〔1920〕の八月に、同年度ないし十二年〔1923〕度かぎり「国防の充実に関する経費支弁の為」、「国債整理基金特別会計法第二条の規定に依る元金償還資金」すなわちいわゆる減債基金の「繰入を為さゞることを得」るという単行法を施行した。これは、同年春に衆議院が解散されたために立法が遅れたものであって、その計画はつとに前年の冬以来公表されていた。そしてこの計画が公にされると同時に、国債市価はとみに低落して、国債取引をますます沈退せしめるような状勢を誘致したのである。

試みに二、三の例を挙げて見ると、当時における「帝国五分利」の各年中平均相場は、八年〔1919〕中の九十円四十四銭から翌九年中の八十三円六十四銭に下ったほか、特別五分利、甲号五分利、第一回および

第二回各四分利のごときもいっせいに低落した。かような状況にあったので、これが対策という目的をも兼ねて、政府はかねての計画に基づき日本銀行と協調して、国債取引制度の改善をはかることになった。すなわちその第一着手として東京株式取引所内に、新たに債券取引市場を開設せしめることになり、九年〔1920〕二月中にこれが認可を与えたのである。

この債券取引市場では、たんに国債だけでなく、地方債および社債も同様に取引されうるが、実際に取引される債券の大部分は国債である。ことに政府がその眼目としていたところは、国債の消化、流通を助長しようという点にあったから、政府としては、これが対策として国債の種類および利払期を漸次に統一し、かつ国債をもって担保または保証に供しうる範囲を拡張するとともに、いっぽう、日本銀行をして債券取引のためにする相場の建て方を改善させた。すなわち、日本銀行は九年〔1920〕九月二十日、右債券市場の開業に際して声明書を発し、従来、債券相場が利息の「含み」のままで取引されていたのを、以後、いっさいこれを「裸《はだか》相場」によることに改めた。このほかに日本銀行としては同時に同行自身が無手数料で国債売買の取次を行うことになり、これは「指値」または「成行」のいずれでも、依頼者の注文どおりに、国債仲買人を介して市場で売買させるという仕組によるものであった。

しかしながら、かように国債取引の増進につとめたにもかかわらず、かんじんの財政計画が減債基金繰入の復活を困難ならしめるような状勢にあったばかりでなく、前途なお毎年度、少なからざる新規募債の続行を避けられないという傾向に当面していたため、その後、国債市価はますます低落歩調をたどって、右に引例した「帝国五分利」のごときは十一年〔1922〕中の平均値段が八十一円八十七銭という安値にまで下った。ところが、たまたまその十一年二月にワシントン条約が成立して軍備制限が実現され、それにともなって財政計画が更改されることになり、十二年〔1923〕度から減債基金の繰入が再始された。その結果、一面において新規募債は、なお続行されたが、とにかく同年度以降、国債市価はいっせいに反騰して、同年の関東震災後における安値を通じても、なお、その平均相場は右の「帝国五分利」において八十五円二十一銭を算したというような次第である。

二　第二種所得税の改正

この減債基金繰入停止に関する法律と同時に、九年〔1920〕八月に施行された改正所得税法は、国防充実財源を調達するいっぽう、大戦中から戦後にわたって一変したわが国民経済の実情に即し、特に社会政策の目的に重きをおくという趣旨に基づき、従前の所得税法を全般にわたって根本的に改正したものである。たとえば法人配当金の第三種総合（ただし当時はその六割方だけ）課税制度の実現のごとき、ひとり銀行ばかりでなく、財界一般に対して重大な影響を及ぼしたものが、その他にも、なお少なくなかったが、特に銀行に関係の深い重要な改正としては、銀行預金利子の所得を第三種から第二種に移して、いわゆる源泉課税が行われるようになったことである。

もっとも第三種から第二種に移したとはいうものの、従前、それは第三種すなわち個人の所得としては、実際には課税されなかった。というよりも、むしろ実行不可能とみなされていたのであった——法規上では課税されるべきものとなっていても、きびしく追求するのでなければ取立てえられない——。したがって、この改正によって個人所得としての銀行預金利子は、事実上、はじめて課税されることになったものとみなしてもよいわけである。ただし、この改正においては所得税を課せられる預金利子は、「銀行定期預金又は定期預金の性質を有する銀行預金」（ただし、貯蓄預金は本規定によるいわゆる銀行預金ではない。貯蓄預金に関しては、別にこれを第三種の所得として、特に課税されないことになっていた。――旧所得税法第十八条）に限られることになっていて、法文の上からすれば、もちろん、それは預金者自身の負担であるべきはずであるが、その納税者である銀行としては、これを担税者である預金者に転嫁しないで、銀行自身に背負い込んでしまうこともできるわけである。この点はけっきょく、銀行自身の決定にまつよりほかはなかったから、この改正法施行後、東西の各組合銀行はそれぞれに協議を遂げた結果、双方同様に「預金利子に対する第二種所得税は預金者の負担とし、利子支払の際、銀行に於て控除すること」という申合わせをなし、銀行と預金者との間における租税負担の関係は、これで一応、解決されたのである。

しかるに、かく課税目的である預金利子を、定期預金または定期預金の性質を有する預金の利子のみに限ったことは、一つは、当座その他の預金との間に均衡を失するきらいがあるということ、もう一つは預金者がこれを他の名目の預金に振替えて、合法的に脱税をはかりうる余地があるという二つの理由から、後に十二年〔1923〕の改正により、これをいっさいの「銀行預金の利子」に適用することに改められた。しかし、それにもなお例外がある。すなわち小切手をもって引出す当座預金にして日歩一銭以下または年利三分六厘五毛以下の利子に対しては、「当分」課税しないというのである。

もっとも、これは法令上にはなんらそういう意味の規定があるのではなく、議会（国会）における政府当局者の声明に基づき、税務行政上の一つの方針として実行したにすぎないものである。その理由とするところは、つまり右のような当座預金の利子は、利子の取得そのことを目的としないものと認めるのが至当であり、かかる当座預金の利子は同法にいわゆる銀行預金の利子に「非ざるものと看做す」という解釈によるものである。いずれにしても、これらの例外的不課税そのことは妥当であって、もし、かかる例外を、たんなる解釈のみによって認めることが穏当でないとすれば、税法のほうを適当に改正すればよかろうと考えられた。

なお、このほか、前に述べた信託法および信託業法が十二年〔1923〕一月一日から施行された関係上、この「銀行預金の利子」と同様に、貸付信託の利益にも第二種所得税を課せられることになった。もっとも、これらの両法規によって設立された信託会社は、銀行預金利子への課税が実現されたころには、まだ存在していなかった。

三　米穀証券の創始

第三は米穀証券のことである。これは十年〔1921〕四月四日に施行された米穀法ならびに米穀需給調節特別会計法によって発行される短期証券であって、政府が米穀の買入代金を支払うために、「一年内に償還すべき証券を以て其の額面金額に依り交付」される。これは無記名式になっていて、日本銀行は「証券の所持人の請求に依り政府の定むる歩合を以て其の証券の割引を為す」の義務を負うものである。かように米穀証券は政府発行の証券であるから、本質はもちろん公債であるが、その作用から見ると、一種の手形のようなものであるから、一般銀行も、もしそれを欲するならば、これが割引をなしてもよく、また場合によっては日本銀行から買取ることもできるのである。したがって、これは短期投資物としてまた銀行の手許準備としてコール同様の作用をなし、大蔵省証券の発行が少ない場合などには、特に便利なものとして歓迎されていた。なお日本銀行の本証券に対する割引歩合は、前述のように政府の決めるところによることになっているが、当時は原則として証券発行当日における日本銀行の最低割引歩合によることとし、この制度が施行された時には日歩は二銭二厘となっていた。

四　会計法の改正

次に重要なのは会計法の改正である。これは直接には主として日本銀行に関することであるが、通貨政策と密接な交渉を有するという点において、銀行ないし金融界一般にとってもまた重要な一問題である。この改正は十一年〔1922〕四月一日から施行された。改正の主要な点のうちでも、特に金融界に対して比較的切実な影響を及ぼすものは、従前の金庫制度が預金制度に改められたことである。

これは従前、政府が「日本銀行をして国庫金出納の事務を取扱はし」めていたのを、「日本銀行に於て受入れたる国庫金は命令の定むる所に依り政府の預金とす」ることに改めたものである。つまり旧制度においては、日本銀行は金庫出納吏員である立場において、国庫金出納の事務を取扱うことになっていたために、日本銀行が受入れた国庫金はこれを中央金庫に保管し、日本銀行自身としてはこれに手を触れるわけにはゆかなかった。この点が非常に厳重なので、日本銀行の代理店が会計検査院の検査を受ける時には、銀行が流用している国庫金を揃えるのに四苦八苦したこともあったそうである。ゆえに国庫金は政府の支払命令が発せられるまでは金融界と絶縁されてしまわなければならなかった。しかるにこの改正によって国庫金が日本銀行の預金となることになったために、日本銀行としてはそれを普通の行金と区別して別途に保管する義務を負わなくなったのみならず、同行自身の営業上、任意にこれを利用してもよいことになったのである。

かく国庫金を預金とすることになった当然の関係上、国庫としての支払には従前の支払命令書を廃して小切手を用いることになったが、その小切手は国庫整理事務の便宜に資するため、特定の番号を付してあるほかは、性質においても作用においても、一般の小切手となんら異なるところはなく、またその小切手に関しての政府、日本銀行および受取人相互間の関係は、すべて商法の規定によって規律される。だから、この点では、政府が民間一般の銀行に対する一私人の取引と同様の関係に立つわけである。

日本銀行における政府の預金は取扱上これを当座、別口および指定の三種類に区分されて、別口は無利子、当座は政府の支払準備を除くほかは無利子、指定は大蔵大臣の指定条件に定める利子を付することになっているが、その利子も最高二分までに限られることになっていた。いずれにしても、これは同行の公定割引歩合に対して――ことにこの当時にあっては――はるかに下鞘《したざや》にあたる関係上、同行としては、その預金を利用しうるかぎり、これが利鞘を利得しうると同時に、財政上の収支と金融界とが直接の連絡を有するようになり、したがって金融界は日本銀行における民間預金の増減と同様に、政府預金の消長を重要視するにいたった。また発券事情という上から見れば、日本銀行としては無利子もしくは低利の預金を利用して貸出に向けることができる関係上、それだけ兌換券（銀行券）の発行が容易になるという点においては、あだかも保証準備発行制限を多少拡張したかのような効果があるものともいえると当時の高橋蔵相は説明していた。

五　発券制度上の改善

最後にもう一つの重要なものは日本銀行の発券制度に関する改正であって、これは在外正貨を兌換準備に繰入れないことにしたものである。元来、在外正貨を準備に繰入れることは、立法の精神から見てもまた兌換の意義からいっても、発券制度上の変則であることはいうまでもない。ことに前に述べた戦争景気の上昇期におけるように、金の輸入が困難であるにもかかわらず、通貨の膨脹が著しいという場合においては、それがためにいっそう通貨膨脹のいきおいに拍車をかけ、したがって物価の騰貴を助長するという関係にあるから、その当時つとに在外正貨の兌換準備繰入れを廃止すべしという説が民間に高調され、政治上においても重要な問題となった。もっとも兌換銀行券発行条例その他法令の上には、兌換準備としての繰入正貨の所在に関してなんらの制限もなく、また当時の政府当局者としては、むしろ通貨の収縮を避けようとする方針を採っていたなどの事情から、そのままに保留されてきた。

しかるに実際には、八年〔1919〕六月中、アメリカが金解禁を実行したので、それ以来正貨は引続きわが国に流入して、かねて正金銀行が戦時中から海外に集積していた在外資金の中から内地に取寄せた額は、同年中に三億二千万円を算したということである。ところが、翌九年にはいって以来、貿易の入超が意外に著しくなり、今度は、かえって在外資金を充実する必要に迫られたので、同行はついに政府の所有に係る在外正貨の払下げを受けたというような次第であった。しかし貿易はその後、さらにはなはだしく逆調化してきたにもかかわらず、当時は、なお為替相場がおおむね順調であって、正貨の輸入が比較的有利であったために、その流入はやはり継続して、九年〔1920〕中には累計四億円に達したのである。

そんなわけで、正金銀行は、いきおい海外資金の欠乏を免れないような事情に当面したが、当時たまたまインドおよび上海方面からニューヨークへ資金の回送されるものがあったので、同行はそれを利用して、在外正貨の払下げと政府の正貨政策とを同時に解決しうることになった。それは前に述べたように、政府は小額紙幣を発行するについて、同額の兌換券を日本銀行に保管することになっていたが、そのまた兌換準備には海外の正貨をもってこれにあてていたので、小額紙幣の回収を続行するとともに、この発行準備にあてられていた在外正貨を内地へ移し替えようとしていた。そこへ、右のニューヨーク向送金のことがあったので、政府は正金銀行をして、それらの資金を買集めさせた上、内地へこれを現送させて、政府に引渡させるのと振替えに、政府はニューヨークにおいてその代り金を払下げることとしたのである。

もっとも、この操作は、当時の加藤（友三郎）内閣が物価調節を重要政策の一つとして標榜していた折からのこととて、ちょうどその一策として通貨の膨脹を回避するという趣旨のもとにこの在外正貨準備問題を採り上げ、十一年〔1922〕八月十八日これに関する声明書を発して、即日これが繰入れの廃止を実行させたのである。かくて金本位制実施以来、継続されてきた兌換制度上の弊害の根源を、断乎として除去することを得たのは、けだし英断であったといわなければならない。ただし、この当時にあっては、前述のように国内の正貨準備が充実していて、在外正貨の準備繰入れ額は二、三百万円程度を算するにすぎなかったから、繰入廃止そのことは金融界に対しては、ほとんどなんらの影響をも及ぼさなかったのである。

この在外正貨準備の繰入廃止と関連し、やはり物価調節上の一政策として実行された施設に、さきに述べた小額紙幣の回収ということがあった。もっとも、これは、つとに第一次世界大戦後、徐々に続行されてきたことであって、ここで、はじめて着手されたというわけではないが、この物価調整策が発表された十一年〔1922〕の八月ごろには、なおその発行残高は二億円足らずを算していて、その準備の一部に右の在外正貨が繰入れられていたのである。しかし当時の政府としては、右の物価調節に関する声明書においては、在外正貨準備問題との関係には触れることなく、主として小額紙幣自体の粗穢性《あい》が、おのずから世人をして通貨としての貴重性を軽んじさせる一因となり、したがって消費を助長するような傾向があるとの理由に基づくものであった。とにかく、その代りとして新補助貨を増発しつつ、大体十二年〔1923〕末までを目標として、小額紙幣の残存全部を回収することになった。もっとも、その後においても、なお多少の未回収分が引続き民間に残存していたようである。

恐慌一段落後の財界状態

公私経済の整理不進捗

以上に述べたところは、九年〔1920〕春の財界反動から関東震災に至るまでの期間を通じて、金融方面から見た経済界の概況である。もちろん、それは経済界としての過渡期に属するから、経済界が全般的に多少の矛盾や変態を免れなかったことは是非もない次第である。ただし、それかといって、当時の財界における不安動揺がまったくやむをえない現象であったという意味ではない。すでに述べたとおり経済界は十一年〔1922〕、十二年〔1923〕と、ようやく沈退気運に向かってきたとともに、景気はだいたい逆転の傾向をたどってきたが、それにもかかわらず、実際には財界の整理はなかなか困難な問題であって、容易には進捗しなかった。たんに財界だけでなく、公私経済を通じて緊縮整理を遂行しなければならないという説は、つとに政界や言論界においても強調されていたが、何分にも、さきの好況期における放慢の惰性は公私を通じて容易に一掃されなかった。のみならず、財界として最も忌むべき傾向の一つは、いわゆる蛸《たこ》配当の流行であった。

事業会社たると銀行その他の金融機関たるとを問わず、財界の反動後にあっては、できるだけ生産費または営業費を切りつめると同時に、おのおのその将来における基礎の安定に資するため、減配なり減資なりを断行して経営採算の根拠を補強するという方針を採らなければならなかったはずである。それにもかかわらず、多くは、ただにそうした改善策を試みないばかりか、或いは積立金を切り崩したり、はなはだしきは資産のいわゆる水盛り評価をあえてしたりして、従来どおりの配当率を維持しようとするものが続出してきた。しかもそうした不堅実な分子がいつまでもその地位を持続しうるはずはない。十一年〔1922〕秋冬の交以来、事業会社の業態はようやく悪化して、翌十二年五月にはたとえば東亜製粉会社のような解散の悲運に陥ったものも出てきたのである。その他中小企業の経営難が、ようやく深刻になってきたのも、この時代からであった。

たとい、そうしたつまずきを演じないまでも、およそ蛸配などは、事業会社としてもまた銀行としても、あくまでも避けなければならないのはもちろんのこと、むしろ、それは国民経済全体の安定のために排斥しなければならない不当の処置である。しかし、またそれにはたんに財界のみを責むべきではないような事情のあったことも見のがしてはなるまい。およそ一国の経済的安定を期待するには、是非とも公私経済が相呼応して歩調を一つにしなければならないはずである。したがって、この間における歴代の政府当局者としても、しきりに整理改善の必要を高調し、また中央ならびに地方の財政について多少の緊縮を実行したこともあったが、しかも、それがとかく不徹底がちであったし、またその経済政策に関しても、或いは一般的救済施設において、或いはまた特殊銀行に対する政策において、その他幾多の方面において、その場しのぎの評を免れないものが少なくなかったことは、当時の諸新聞が筆をそろえて論難していたところに顧みてもうなずかれるものがある。

経済界の前途に対する観察

もっとも、それにもいちおうの理屈がないわけではなかった。それは主として当時のいわゆる財界楽観説にわざわいされたものであって、かかる楽観説は政府当局者だけでなく、民間の一部にも相当に有力なものがあった。その要旨を概括すると、わが国の経済界は、たとい大戦の好影響を受けて、かくまで著しい発展を遂げたとはいえ、とにかく、これはわが国力そのものが増大したのによるところである。してみれば、この発展のいきおいをいっそう助長することによって、かりに往々、多少の弊害をともなうことがあるとしても、せっかくこれまでに発展してきた経済界をして、いやしくもふたたび後退させるようなことは断じて避けなければならない。ことにヨーロッパおよびアメリカの旧交戦諸国のいわゆる戦後経営が進むにともなって、これらの諸国がおいおいと景気を回復しつつ、海外への経済活動を増進してくるのはみやすいことである。

かように考察すると、わが国の経済界としては、むしろ、この際、いっそうその活動を増進することが必要であるし、またヨーロッパおよびアメリカ諸国、ことにアメリカの景気回復にともなって、わが国としても、早晩、一陽来福をうたいうるにいたるであろうから、なまじいに緊縮整理などをあえてして、財界発展のいきおいを阻止するようなことは、とうてい時宜にかなうものではない、というような意味に帰するのであった。そして、かような楽観説が財界の一部における不健全分子をして、あてにもならぬ景気回復の期待をいだかせるところとなったのである。

かような観察がはたして正しいものであったか否かは、しばらくおくとして、さて、一面これを堅実主義の見地からすれば、かりに一歩を譲って、近い将来にそうした好景気の再来を期待しうるとしても、わが国自身が近くヨーロッパおよびアメリカ諸国の外国貿易その他、対外経済活動と競争しなければならないような局面に行きあたるとすれば、なおさらのこと、いずれにしても休戦後、一時のがれのつくろいを重ねて穴ふさぎをしてきた国民経済としての弱点は、むしろ、できうるかぎり速やかにこれを一掃しなければならないのであって、それには是非とも根本的整理を断行することを要する。しかるに、そうした根本的整理は、実は、いうべくして容易には行いがたいものであって、それがために、いつまで経っても経済界のほんとうの立ち直りは望まれないようになる。ゆえに経済界の真の復興を期待するには、一時、相当に重大な苦痛を忍んでも、是非ともそれを期待しうるような根本的対策にまつよりほかはなかったのである。

ところが、現にそうした徹底的整理を妨げていた障害は何であるかというと、それには何をおいても金輸出禁止そのことを挙げなければならなかった。もし、その金輸出禁止が解除されたならば、公私経済を通じて不可避的に整理を遂行しなければなるまいという趣意において、財界の反動後、民間の一部には、つとに金解禁論が擡頭してきたが、他のいっぽうには、また有力な反対論もあって、これまた実現を見るにいたらないままに関東大震災に遭遇したのである。なお、この「金解禁」は、ただに当時におけるわが一大国家的懸案であったのみならず、実にわが国の経済史上に特筆されなければならない大問題であった。

明石照男（あかし・てるお／1881-1956）

1906年東京帝国大学法科大学政治科卒業。1911年第一銀行入行、1935年同行頭取。1940年日本銀行参与理事。1943年帝国銀行会長。1945年貴族院議員。1946年公職追放。1951年日本経済団体連合会顧問。著書『明治銀行史』『青淵渋沢栄一』『三聖人の経済道徳観』等。

鈴木憲久（すずき・のりひさ／1889-1960）

東京商船大学中退。1930年東京帝国大学経済学博士。大阪毎日新聞経済部記者、時事新報論説員、拓殖大学教授・総長、日本大学教授を歴任。著書『最近日本財政史』『統制経済と景気の動向』『国民経済と広域経済』『財政新講』等。

近代日本金融史要（明治大正編）　創業・戦勝・国際化

刊　行　2025年4月
著　者　明石照男
　　　　鈴木憲久
刊行者　清藤　洋
刊行所　書肆心水

東京都渋谷区道玄坂 1-10-8-2F-C
https://shoshi-shinsui.com

ISBN978-4-910213-60-6 C0021

―既刊書―

日本銀行近代史

創設から占領期まで

三宅晴輝［著］

総裁の権力、通貨の信認、その歴史性

激動の日本近代の諸局面において、日銀は何を守り誰を救ってきたか。日本資本主義の建設と発展に大きくあずかった近代日銀。1882年の日本銀行条例による営業開始から、1942年の日本銀行法を経て、1997年の新しい日本銀行法により現在に至るまでの日銀――その簡潔平易な前半史。

本体5900円＋税

日本銀行・通貨調節・公益性

金本位制から管理通貨制への経験と理論

深井英五［著］

金利政策と公益、通貨量と生産力

日銀が視野に収めるべき公益とは何か――近代の経験からの示唆。近代日銀歴代総裁きっての国際派、第13代総裁深井英五が語る中央銀行通貨調節の基本。金本位制の有無を超越して貨幣経済に共通なるべき道理を探求した思索と実務の記録。実際的で理論的な、ドグマなき日銀経営の経験。

本体6900円＋税